アニメーション・インタビュー

伝説のアニメ職人《クリエーター》たち 第1巻

大工原章／森川信英／うしおそうじ（鷺巣富雄）
石黒昇／荒木伸吾／金山明博／鳥海永行／北原健雄

星まこと 編・著

はじめに

本書は、一九六〇年代の国産テレビアニメ誕生前後から、日本のアニメーションを最前線で作ってきた制作者のインタビュー集です。

日本のアニメーションは発展を続け、世界的にも注目されています。作品それぞれに、国内だけでなく海外にも世代を越え多くのファンが存在しています。

しかしそれらの作品を作ってきた方々は一部を除き、手掛けた作品への注目に比べ、あまりスポットが向けられているとはいえない状況です。

そこで、今もファンの心に残る名作を創られたスタッフは、一体どんな人生を歩んだ人なのか。どのような思いで、制作にたずさわってこられたのか。その人物像を知ることで、より作品や当時の状況などを理解できるのではないか、という思いから取材を続けてきました。

長年インタビューを続けて感じたことは、それぞれお人柄も素晴らしいクリエーターであることはもちろん、それとともに「技術者としての矜持」をお持ちだったことです。

テレビアニメや劇場版にせよ、商業ベースで製作される以上、あくまで放映日や公開日は守らねばなりません。時にはスケジュールの都合上、不本意な出来だったこともあったかもしれません。

それでも皆さんは、与えられた条件の中で精一杯やってきたという自負をお持ちでした。この仕事で生きてきたというプロフェッショナル意識には、感銘を受けました。

もちろんアニメーションは、決してひとりの秀でた才能だけで出来上がるものではありません。

多くの才能がある時期に集い、それぞれの持ち場で熱を込めた仕事をされたからこそ今も心に残る名作が出来上がった、ということを改めて知ることができました。

お話をうかがった方々が生きてこられたのは、激動の昭和の時代です。戦前からアニメーターになられた方、戦時中に兵士として最前線で戦われた方、戦争で親を亡くし、家族のために早くから働かれた方。劇画やマンガの世界から、アニメに転身された方。そこには様々な人生がありました。

アニメやマンガも、決して時代と無縁ではありません。それぞれの方の歩みを教えていただくことで、アニメやマンガの世界からもその時代の姿が見えてきます。

長編映画の始まり、そしてテレビアニメのスタート時に、先人たちの素晴らしいお仕事があったからこそ、今のアニメーションの隆盛があるのです。

私は〝アニメブーム〟の始まった一九七七年頃は、まだ一〇代でした。子どもの頃、好きなアニメ作品のテロップに出てくるスタッフのお名前をまぶしく見続け、いつしか記憶にインプットされていました。あれから三〇年以上の年月が経ち、それぞれの方々にご自身の歩みを振り返っていただけたことは、人生の先輩からの言葉としてより深く心に響きました。

また作品を見てきた次の世代へ送るメッセージとしても、含蓄のある言葉があちこちに出てきます。このような敬愛すべき人たちだったからこそ、あのような革新的な作品たちが生み出されたのでしょう。

アニメのレジェンドたちによる、味わい深いお話をご堪能ください。

星　まこと

二〇一八年四月

目次

大工原 章

東映動画の初期の頃は、森さんと二人で楽しい雰囲気に心がけました。

すべては『白蛇伝』から始まった。

大工原章さんは東映動画（現・東映アニメーション）の発足に森やすじさんと参加され、現場のアニメーターを指導しながら『猿飛佐助』、『西遊記』、『安寿と厨子王丸』など、数々の劇場長編作品に中心的スタッフとして携わってこられた。大塚康生さん、宮崎駿さんをはじめ、大工原さんの薫陶を受けた東映動画出身のアニメーターは数多い。

また大工原さんは、戦前からの動画制作者であり、東映動画の発足からテレビアニメのスタート、そしてアニメブームまで、同社の現場を一貫して支え続け日本動画界の歴史を文字通り生きてこられた重鎮である。

この偉大なる先駆者に、激動の時代を生き抜いた貴重な体験を語って頂いた。

大工原章（だいくはら・あきら）
1917年（大正6年）生まれ。アニメーター、画家。

戦前より、アニメーター、背景画家として漫画映画製作に携わる。戦後は、日本漫画映画社や、日本動画社作品などの原画や背景などを手がける。後の東映動画（現・東映アニメーション）の前身となる日動映画に参加し、東映動画初の長編『白蛇伝』ではキャラクターデザインと、原画を森やすじと二人で担当。以降も、後進を育てつつ『西遊記』や、『安寿と厨子王丸』、『アラビアンナイト シンドバッドの冒険』など東映動画の長編作品を手がける。

テレビアニメ時代に入り、『狼少年ケン』や『少年忍者風のフジ丸』などの作画監督も担当するが、争議の影響で次々と主力スタッフが退社する中も同社に残り、『少年ジャックと魔法使い』や『アンデルセン物語』、『ちびっこレミと名犬カピ』、『魔犬ライナー0011変身せよ！』などの作画監督として、奮闘を続けた。

1980年代には、スタジオカーペンターを設立し、東映動画作品や『めちゃっこドタコン』や『ハニーハニーのすてきな冒険』などを手がけつつ、若手を現場で養成し続けた。

戦後の少年雑誌『譚海』に連載された絵物語西部劇『999（スリーナイン）』や絵本なども手掛け、端正でリアルなその画風にもファンは多かった。2012年6月没。

――今日は『まんだらけ』という雑誌の取材で、お邪魔いたしました。この本のことはご存じないと思いますけど。

大工原　**東映アニメーションの人に聞きましたよ。『まんだらけ』って知ってる？　って言ったら知ってますよって。**

――元々は古本マンガの専門のお店だったんですが、今は古本マンガのカタログを出版しています。それでアニメーターの方々にもインタビューさせて頂いているんです。

大工原　**（『まんだらけZENBU』9号を見て）これは誰？**

――高橋信也さんです。

大工原　**へえ。知らないな。**

――大工原さんはたぶん指導されたことがあるのではないですか。東映の後輩の信也さんです。あのハンサムな……。

大工原　**ええーっ。こんなに年とったの？**

――このコーナーでは、アニメーターの方に、作品の思い出とか、どういったお仕事をされていたかについて、お話しをお伺いしているんです。今は、もの凄いアニメブームになりました。その歴史を考えますと、大工原さんが森やすじさんたちとお作りになった東映動画（現・東映アニメーション）が、本格的な商業アニメの始まりだと思います。会社組織でアニメを製作した、という意味で。そして、大工原さんたちが指導された大塚（康生）さんや宮崎（駿）さんなどの方々が、今のアニメ界で大家になられてます。つまり大工原さんたちの蒔かれた種が、今、様々な形で開いていると思うんです。この間、東映動画が四〇周年の式典をやっていました。四〇年の歴史のなかで、多くの人が出くしまわれましたが、最初から東映を守って、柱となってこられたのは大工原さんだと思います。そこで戦前からのいろんな話を伺えれば、と。

大工原　**いやいや、そんなことないけど。とにかくね、見た？　あそこの会社。今はなんか小さくなった感じがあるんだけどね。その頃は、あまり家が建ってなかったから、白い大きなビルが出来て、それが東映動画になったんです。社員六〇〇人いてね。一年か二年経つと、アニメーターだけでも一〇〇人位に増えたんです。僕と森さんが教えているだけで。**

――日動の頃が、二〇人ぐらいの会社と伺いましたが。

大工原　**そうそう。少なかったの。それで募集したんですよ。アニメーターが一〇〇人、あと彩色とか進行とか美術とか、いろんな人が入って来たでしょう。それで最終的には、六〇〇人位になったと思います。**

――それを藪下さん、山本早苗さん、そして森さんと大工原さんが束ねておられたんですね。

大工原　**そう。本社からも大分、人が入ってきましたけどね。**

――ですから、いきなり大きな会社になったんですね。

大工原　**そうそう。それで、ちょっと、落ち着かなかったんですよ。立派できれいな会社になって、机から何から全部変**

わったからね。

――新品が用意されてるわけですね。

大工原　全部ディズニーを見て来て真似してね。回転する透写台だとか。いろいろと入れたんです。その前はどこだったたっけ。

奥様　若松町じゃない？

大工原　それが十五人ぐらいかな。社長から何からね。山本善次郎さんと藪下泰司さんと、それから森（やすじ）さんと茂呂（清一）さん。あと田島（実）君とか、もう忘れたけど、教えてるのがいて。その程度だったんですよ。それを東映が買収して、こっちへ行くってなったから。その頃の会社っていうのは、なんかボロっちくてね。間借りしてたでしょう。汚いんですよ。床に穴が開いてたりね。それが買収されて行ったら、今度はきれいになったからね。もう落ちつかないでね。それで僕と森さん藪下さんとか、美術の橋本さんという……、まだいたな。そういう人達と『白蛇伝』を初めて作りだしたでしょう。その頃、ここ（練馬区大泉）には何もないんだから、会社以外は。

――田んぼとか畑ですか。

大工原　うん。ここらへんは、川が流れてて、蛇やなんかいるようなところで。ちょっと向こうへ行ったら肥だめとか。そういう所だったの。

――じゃあ、いきなり瀟洒なビルが建って、びっくりですね。

奥様　撮影所はあったんでしょう？

大工原　でも撮影所は、そんなにきれいな感じでもなかった。とにかく新しい三階建てのビルの、東映動画ができたの。大川（博）社長が、そういうのとにかく好きだったから。だから作ってくれたんだと思う。

子どもの頃から絵が好きだった

――元々、大工原さんは、お生まれが大正六年。一九一七年生まれということですね。

大工原　そう。とにかくその頃はね、うちの家族、全部病気で死んでいくの。結核って、あとになるとだんだんと治るようになって来たけど。だからおふくろが、子どもの頃から僕も死ぬと思ってんだ、やっぱり。二十五になると、皆死んじゃうの。兄貴も二十五になってね、「俺もこれで死ぬんだな」と思ってたって。そしたら、死ななかったけどね。

――はあ。

大工原　僕は弟のほうだから。僕もそんな長く生きられないな、と。それで絵を描くだけしかやってないし、おとなしいし。まあ学校へ行くのもイヤだなって、休んだりしてあんま

大工原　……り行かなかったからね。そして姉が東京へ嫁いで行ったんですよ。その頃、僕は絵を描くの好きだけど、遊ぶのも好きですから、東京はいいだろうなと思って、出て来た。

――お生まれはどちらだったんですか？

大工原　長野県の佐久鉄道っていうところ。小諸から小淵沢への小海線というのがある。そこの羽黒下というところにいたんですよ。

――じゃあお姉様が嫁がれるまでは、ずっと長野にいらして、絵を勉強されて。

大工原　そうです。嫁いで東京へ行ったというのは、僕のすぐ上の姉です。その上はもう死んでたんですね。

――それでお姉様が東京へ出られたということで。

大工原　そうそう。東京に親戚みたいな人がいたけれど、そこへ行って働きながら、遊びに行けると思って行ったんですよ。そうしたところがね、戦争……召集令状が。

奥様　ああ、それから。

大工原　うん。だと思うよ。

奥様　けっこう知らないことがあるわね（笑い）。

――では、そこらへんもゆっくりお教えください。

大工原　長野県から松本五〇連隊に行って、新潟から韓国へ行ってね。

――外地へ出たんですか。

大工原　そうそう。慶州のほうへ行って、通り抜けて、六カ月。上海に。ところが、その頃、支那事変というのがあったんですよ。僕ね、戦争に行くなんてイヤだなと思ったけど、とにかく兵隊が足りないんだな。第一補充兵っていうのに取られ

『白蛇伝』公開当時のパンフレット

『少年猿飛佐助』上映劇場用プレス

たの。ところが体が弱いでしょう。それでクリークって知ってます？　上海にクリーク、川があってね。水泳が好きだったから、そこで泳いだら病気になっちゃってね。

――水を飲んじゃったんですか。

大工原　いや、飲んだんじゃなくて、熱が出て来ちゃって。結核もあって、上海の病院に入院しちゃったんですよ。その時はもう、六カ月ぐらい、一年ぐらいかかってるかな。病院に入って、それからずっと長くて、二年行ったことになるけど、殆ど病院が多いんですよ。それで返されちゃったの。

――日本に、内地のほうですね。

大工原　ええ。内地に返されて。そして、軍隊から解放されるわけです。でも、そうするとまた召集が来るんですよ。そして、お前はまだ体が悪いから、治してこいって、また返されちゃう。だから坊主になったり長くしたりと、そんなことがありましたね。それから姉のところに行ったんだと思います。

――それで、当時は鈴木宏昌さんと名乗っておられた、芦田（巌）さんのところに？

大工原　いや僕の姉のところに、遊びながら。絵が好きだったからね、絵の仕事ないかなと思って。それから新聞かなんかで鈴木宏昌漫画研究所という名前が書いてあった。それでそこへ行ってみたの。そしたら、僕よりちょっと上の人が、僕より六歳ぐらい上で。何がなんだか、分からないんですよ。

戦前、新聞広告で見た鈴木宏昌漫画映画研究所へ

――その頃は動画っていうのは、あまりご存じなかったんですね？

大工原　ああ。漫画映画なんか、誰も知らないんだから。でも、面白そうな仕事だなと思って、ちょっとやってみようかなって。芦田さんがいい人だったから。一番最初、僕ね、漫画映画ってよく知らないし、誰も知らないんですよ。そしたら芦田さんがね、練習用の絵を二つ、黒いのと白いのを持って来てね。「この黒いのと白いのを変えると電気が点くんですよ」って言うんですよね。なんのことか分からないでしょう？

――黒いのと白いのを変えると電気が点く。

大工原　電気が点くって。昔の、裸電球があったでしょう。あれと同じ。これが電気がつくようにするのには、白い電球を描いて、黒い電球から白い電球に取り換えると、点いたと。

――ああ、電気が点いたように見えると。

大工原　そうそう。「見える」っていうことなんですよ。それを、点くって言うんですよ。なんのことか、はじめ分からなくてね。

―― 本当ですね。

大工原　もっと面白いのがね、トラック・アップていうのがありますよね。敷居に目盛りをつけておいて、片方の柱に手回しハンドルのついた古い箱型のカメラを固定させて、ふすまに取りつけた絵をカメラにむかって目盛り通りに動かして、撮っていく。

―― 一コマ、一コマ、カメラに絵を近づけて撮影していくんですね。

大工原　そういうことをやってた時代に入ったの。まあ絵を描くのは好きだったし、芦田さん自身は、絵はあまり上手くなかったから。

―― ハハハ。その頃は、背景とか原画とかに分かれてるわけじゃないんですよね。全部やらなきゃいけないんですよね。

大工原　そうそう。

―― それこそ大工原さんは撮影もおやりになったし、線画も手掛けられたんですね。

大工原　背景はね、村田安司さんが上手いからね、見てて覚えちゃった。教えてもらったわけじゃないけど、自分で描きだした。その頃は、白黒ですからね。色なんかついてないから。それを一回真似て。背景を描いて撮影して、いろんなことをやったんですよ。

―― その鈴木宏昌漫画映画研究所時代は、どんな作品を作られたんですか。

大工原　いや、もう覚えてないよ、そんなの。そのうちに芦田さんが、兵隊にとられちゃった。戦争へ行っちゃったんですよ。しょうがないから、この当時は山本善次郎さんって世

『西遊記』上映劇場用プレス

『安寿と厨子王丸』上映劇場用プレス

田谷にいたんだけど、山本さんが僕に来てくれないかって言って、それじゃあ行きましょうと。そこでまた何年かやって。

奥様　ああ、代田橋かなんかだった？　そうでもないのかな。

大工原　それから海軍省教材映画っていうのが出来たの。そこに僕はいって。それで海軍省の教育局、教材研究所の仕事をしてた。その時、横須賀とかいろんな所へ行ったりした。まだ食べる物がね。その頃無かったから。

――戦争中でしたでしょうしね。

大工原　その頃は、そこで美味しいものをくれたり、食べられたから（笑い）。

――海軍省の仕事だからですね。

大工原　それが魅力で楽しかったんだけど。

奥様　なにか飛行機なんかを、ずっと動かすようなね。線画をこうね。

――線画。パイロット用のシミュレーションの指導用の映画とか。

大工原　そうそう。

――爆弾の、こういう点々とか。

大工原　そう、なんか幼稚なもんですよ、その頃。本当すごいんだから、昔の漫画映画は。それから日本漫画映画になった。

――日本漫画映画は戦後ですよね。

大工原　もちろん戦後。

奥様　それで私は、戦後、日本漫画映画ができた時に入ったんですよ。だからそれから先の、大工さんのことはよく分かるんだけど（笑い）。

――じゃあ大工原さんのお勤めの会社に、奥様も入られたんですか。

奥様　彩画で入ったんです。

――それで、ご縁があったんですね。

大工原　いろんなことがあって、結婚したんだけど困りましたねえ。食べ物がない時代だから。

――あの当時は、まだ漫画映画でも食べられないんじゃないですか、そんなには。

大工原　そうですよ。

奥様　結婚が昭和二十三年の七月なんですよ。その前、二年間ぐらい漫画映画にね。

大工原　確か、その頃でも絵を描くのは好きなんだけど、弱いんですよね。

――お体が。

大工原　ところが、それはどうして治したかって言うと、ストレプトマイシンという新薬。あれが出て来てね。だから早く死ぬと思ってたんですよ。早くにコロッといくんじゃないかと思ったら、どうにか生きてこられた。

——でもそれで亡くなられていたら、日本の動画界も変わってましたでしょうね。

奥様 まあ、おおげさな（笑い）。

大工原 ハハハ。まあ、どうにか生きてね。それで良かったのは、この仕事がね、そんなに重労働じゃないでしょう。

——まあ、当時はそうかも知れませんね。

大工原 それに好きでしょう、描くことが。だからもったんだと思いますね。治療しながらでもなんでも。他のことは分かんないけど、よくここまで生きてこられたな、とは思います。

背景の指導もした『白蛇伝』

——それで東映動画の始まりの頃のお話も、伺いたいんです。『白蛇伝』では大工原さんは、作画とともに背景の指導もされたと聞きました。

大工原 一番最初、トップのところでね白蛇が木のところから出て来るの。『白蛇伝』の最初、大きな木が出て来ますね。あれなんか、僕が背景を教えたの。

——ああ、そうだったんですか。

大工原 僕が最初からね。だって背景、美術の人だって素人なんだから。水張りも知らなかったんだから。

奥様 私のほうが分かってるわね（笑い）。

——画用紙に水を最初吸わせて。

奥様 ピッとなるんですよね、あれ。

大工原 張りつけて乾いて来るとピッとなる。描きいいでしょう。美術のほうに、そういうのを教えてたんですよ。僕も描いたりなんかして。最初は、美術と動画と両方ね。ほら、だんだん美術は小山（礼司）君なんて、上手い人が出て来たから、そっちになりますけど。

奥様 江古田の漫画映画の時なんて、私の印象は背景描いててね。それで、動画なんかやってる横のほうに、自分の机があって背景描いてて、それでエアブラシなんかでシャーッなんてやってね。かっこいい！　っていう感じ。そんな印象でしたね（微笑）。

——背景を描いてらした大工原さんのほうの印象のほうが。

奥様 あの頃は背景は殆ど、村田さんに任されてたから。この人が全部描いてたんですね。

大工原 ちょっとね、だからいろんなほうをやり過ぎてね。

奥様 やり過ぎ。器用貧乏ね（笑い）。

宮崎駿さん、ひこねのりおさん、りん・たろうさんの東映動画での若き姿

――東映動画のお話をもっと伺いたいんです。これは『白蛇伝』の動画ですけれども。

大工原　これは森やすじさんの絵をコピーしてますね。

――僕らも、アニメブームになってから、上映会などで見るようになって、すごく魅力を感じました。

大工原　これは二作目かな。

――はい。『少年猿飛佐助』のパンフレットです。

大工原　中村和子さんが、この担当。

――ああ、夜叉姫の。

大工原　うん。あの人に合うなあと思って。僕が原画描いて、あの人にやってもらったの。

――セカンド制というヤツですね。大工原さんがラフを描かれて。クリーンアップを……。

大工原　そうそう。

――やっぱり中村さんも、当時から上手い方だったんでしょうね。

大工原　そうですね。まあ、慣れたっていうか、だんだん上手くなっていったね。

――ですから、東映動画になって、それこそアニメーターだけでも多い時は一〇〇人になったんでしたね。森さんと大工原さんで、素人さんを指導されていくわけですよね。

大工原　そうそう。素人が殆どでした。

――すごいことですよね。それでいて、あの映画を一本作られたわけですから。

大工原　それでなんていったって一番びっくりしたのは、宮崎（駿）君ね。あんなになっちゃうとはね。

――ああ、そうでしょうか。

大工原　うん。教えてる中ではね。

――当初から、才能はあるなとは思われたんですか。

大工原　うん。大塚（康生）君はね、ほとんど最初からいたんだけど、始まってから、すぐ教えて覚えも早いし。でも宮さんの場合はね、あの人、作家だね。絵より感心するんだ、味があるというかなんていうか、感覚が共鳴するような。誰か弟子でいい職人がいるのかな。それは、知りませんよ。あの人は、そういう才能があったんだよ、最初から。

――最初からそうですか。

大工原　森さんと二人でやってるでしょう。あの頃もね、いいアイデアっていうか、あの人が、ああなかなかいいこと考えるなあ、というのを出して来る。

――では動画とか作画に関しても、何か光るものがあったわけですね。

大工原　うん。その頃からね。この人は才能があるんじゃないのかなあ、と。だって、自分で考えて、自分でやってくところがね、面白いですから。

——こちらが原画で指示した以上のものを作って来るっていうことでしょうか。

大工原　自分で作って来て。こうしたら、ああしたらってアイデアを出して来るんですね。そういうのがうまいんですね。いちばん宮さんが、そういう感じがした。

——他にも月岡貞夫さんとか彦根範夫さんとか、たくさんいらっしゃいましたよね。

大工原　月岡氏ははね、テレビのほうにはずれちゃったから。あの人も上手いんだけどね。

——ああ、『狼少年ケン』ですね。

大工原　あっちのほうへ、回って行っちゃったから。

——惜しかったっていうか、もうちょっと長編をやってもらえれば、と。

大工原　テレビのほうに行くとね、お金になるんですよ。金貸ししてるのまでいたし。でも森さんも僕も、そういうことやるのダメなんですよ。恥ずかしがり屋でね。見学が来るでしょう。そうすると僕もそうだけど、人が見てると描けないんですよ。

——後ろで立って覗かれると。

大工原　こうやって覗かれて。そうすると森さんは、こうやっちゃうんです。

——こう、手で隠しちゃうんですね。

大工原　僕も恥ずかしがりなんだけど、あの人なんかは、僕以上に恥ずかしがりでね。あの、りん・たろうさんって知ってますか？

——はい。

大工原　あの人の、変なこと覚えてる。これが芝居っていうか、顔にテープなんかつけて顔を変えて、見学の人だと思わせてやって来て、覗くんですよ（笑い）。あれ誰だろうと思ったら、あの人。そんなひょうきんなことをね。それからユニークなのが、彦根さん。あれがおかしな人でね。よくテレビに出て来る絵がありますよね。なんだっけ、あの……。

奥様　カールとかは、ずっと有名だったわね。

大工原　あの人は、全くあの絵の通り、みたいな感じ。優しい人というか。

——はい。いたずらとかするんですか？

大工原　いや、いたずらっていうんじゃないけど、あの人も割合、面白いことをやるんですよ。こんなこと言っていいのかな（笑い）。

奥様　言っていいのかな、だって（笑い）

大工原　皆、電車で通ってるでしょう。そうすると『猿飛佐助』をやってる頃かな。紙でカツラを作るんですよ。そして刀差して、風呂敷包みを持ってね、そして猿飛佐助の恰好をするわけですよ。それでこれで大泉学園から池袋まで、このままで行ったら一〇〇〇円あげるよっていったら「やります」って。

――彦根さん、やったんですか?

大工原　皆、盛り上がったので、こっちから見てんの。平気なんですよ、あの人。そうすると、学生やなんかがね。手を頭に向けてまわして(笑い)。

――ちょっとおかしいんじゃないかって。

大工原　そういう楽しい会社の一面もあるんですよね。一生懸命やってるんだけど、時々変な人がいるんですよ。彦根君だけじゃないよ。他の人でも、ゲタでガタンコトン歩いてうるさいとかね。そういうのがいたりね。

――でもそれは、森さんや大工原さんが、若い人たちのそういう面を、野放しじゃないですけれども、けっこう自由にやらせてた側面があるんじゃないですか。

大工原　ありますね。こっちも一緒になってやるほうだから(笑い)。

――それこそ最初は生徒ですけれども、仲間になられて、やっぱり楽しくやろうという。

大工原　だいたい二〇歳でしょう、それはね。僕が四〇ぐらいの、『白蛇伝』をやった時に、学生で入ってきたりなんかして。

森やすじさんと二人で楽しい雰囲気に心がけた東映動画の初期

――なにか先生と生徒みたいで、楽しそうですね。

大工原　なんか伸び伸びとね。僕は好きだったから。だって遊んでるような会社だから。

――それは遊んでるような雰囲気を、お作りになられたわけですから。

大工原　うん。森さんもそうだしね、僕もそういうところあるから。

――当時は毎回長編が終わったら、皆で慰安会をやって、チームごとに出し物をやったって聞きましたけども。

大工原　そう。入って来るのが、皆、僕達に似て来るところがあるんだよ。

――感化されちゃうんですね。

大工原　これでもやってけるんだ、って言われましたよ。だから楽しい会社になっていくんですよね。他の会社みたいに、硬いところっていうのは絶対ないよね。東映の本社のほうも、監視してるんだろうけど、絵描きっていうのは、そういうもんだと思ってるから、あんまり何も言わないし。仕事はしてるんだからね。だから始めの頃、作品が出来りゃあ、森さんと僕にこっそり金一封とか、大川（博）社長直々に他の人には内緒でくれてね。

——そのお仕事を認められたという意味では、嬉しいですね。

大工原　だからそういうこともあるし、いろんなことがある。いろんなことで面倒みてもらったっていうか。それで仕事が楽しいでしょう。作画してても、なんか自分でポーズとってみてやったりね。鏡置いといて、こうやるとか、いろいろ。それで教えたり、自分でやってみたり。自然になんかそういう雰囲気ができてきた。

——お仕事上、絵に関しては厳しい姿勢で臨んでも、それ以外のところは楽しくやろうよということですね。

大工原　あの頃のほうが、作画に対してはね。最近はよく知らないけれど、機械になっちゃってるから。動画なんかも、変わってるんでしょう？

——いや、まだ動画の機械化は実験段階のようです。ペイントからがデジタルですね。

大工原　ほら、リアルな、実写みたいなのありますね。

——ああ、3D映画の『ファイナル・ファンタジー』とかですね。

大工原　あれ、僕はあんまり感心しないけどさ。今は、あんなのできるんだなあと思って。まるで劇映画と同じようなね。

——人間がやってるような感じで、それこそ実写のように描かれた人が出てきますね。

大工原　そうそう。あれは面白いのかどうか、よく分からないけれど。いいか悪いかは別にしてね。

——ただ、そこまで発展した日本のアニメーションの基礎に『白蛇伝』からのスタートがあったわけですよね。

大工原　そうですね。でも、僕達の教えてるところにも、その先生がいたんだからね。それはディズニーですよ。あれを見た時、びっくりしましたね。

——いつごろ、ディズニーをご覧になったんでしょうか？

大工原　なんでしょうね。ディズニーを一番先に見たのは。『白雪姫』などでしょうか。

大工原　そうそう。あの動物とか人物とかね、見てて、あ、これはダメだと思いましたね。本当に。

——太刀打ちできない、と。

大工原　太刀打ちできない。こんなのを作ってるところもあるんだなって。ねえ、思いますよ。とても出来ないなと思って。だけどだんだん慣れて来ると、日本には日本の独自のやり方があるっていうのかね。

——ですけど、手塚さんが、『西遊記』とか『わんわん忠臣蔵』に参加された時は、キャラクターがあまりにもディズニーすぎるから、大工原さんのほうで、直されたこともあったと、うかがいましたけれど。

手塚治虫さんの東映動画劇場版作品参加秘話

大工原　そう、それ。僕は手塚さんには悪かったんだけど（笑い）。手塚さんってね、どうもディズニーを真似するような感じがしたからね。僕は真似が嫌いでね。何か新しいものを作ろうって、才能もないのに、そういうことを考えるからいけないんですよ（笑い）。

——いやいや。

大工原　あれは、僕が間違ってたの。手塚さんごめんなさいっていうかんじだけど。

——それは違いますでしょう。

大工原　僕は手塚さんの絵が似てるなと思っても、それをやっぱり真似してというか、そういう感じで作っていけば良かったんですよ。だけどね、変えようっていうのは間違ってるんですよ。

——うーん、そうでしょうか。

大工原　そうだったんだと思いますよ。だって手塚さん、最高のものを作るんだから。演出がね、白川大作さんっていたでしょう。あの人がね、結局それを持って来て、これと同じ絵でってね。そうすると、どうも『わんわん忠臣蔵』っていうタイトルだけど、『一〇一匹わんちゃん大行進』とか、ディズニーに、なんか似てるのね。でも本当はそうじゃないんですよね。だって僕だってディズニーに感心して、真似から入っていくわけでしょう。なんでもいいものからいいところをとって。それをモデルにして、自分のものにだんだん取り入れていく。それは本当はそうなの。

——ですけど、東映の『わんわん』とかは、ディズニーの影響を受けた手塚さんの絵を大工原さんが東映調に直されたから、もっと可愛くていい絵になったんだと思いますけれど。

大工原　いや、手塚さんがやったら、もっとよくなりますよ。

——いやあー、それはどうでしょう……。

大工原　だから僕、生意気言っちゃって、間違ってるかなと思ったけど、あの時「どっちがオリジナルか知りません」なんて言ってね。ちょっと気まずい雰囲気になって。だから僕ね、手塚さんに、悪いなー、怒ってるんじゃないかと思ったんだけど、黙ってた。

——向こうも大人だから。

大工原　うん。

——では、大工原さんご自身は、自分の絵を動かしたいと思われなかったんですか。

大工原　それがね、出来ないんですよ。変なのが出来ちゃったんですよ。本当の自分の絵に作ったのはね。えーと、なんだっけ。『アリババと四〇匹の……』

――ああ『四〇匹の盗賊』ですよね。

大工原　あれ、失敗だと思いますよ。なんか変で。

――えー、変でしょうか。四〇匹の盗賊。

大工原　森さんが大嫌いな絵で。森さんの絵はとにかく可愛くてね。森さんの絵は、どれでも分かりますよね。だから品のない変な動物が出て来るのは嫌がるんですよ。だから僕はそれを意識的にやってみようと思ったら、それがいけなかったんですよ。

――大工原さんの絵っていうのは、すごくいつも変わりますね。進化しますよ。

大工原　だから、それがいけない。いいか悪いかは別として。

――うーん、ダメでしょうか。

大工原　油絵だってなんだって、ホント変わっちゃうもん。

奥様　そのうち、いい物できるんじゃないの。

――いや、いい物いっぱい作って来られてると思いますけど。

大工原　もうダメだけどね。

――いや、僕は『白蛇伝』とか描かれた、この絵とか欲しいですよ。

大工原　僕の絵になってるっていうことだね。

――おっしゃるように、森さんの絵は分かりますけれど、大工原さんの絵は分からないですよ。しかし、だんだん消しこんでいくと、あ、この絵がそうなんだってわかりますよね。

大工原　『白蛇伝』のパイニャンもね、僕なりのあれになっちゃったしね。森さんがそれを描くと、可愛いパイニャンになっていくし。だからそういうあれがありますね。

――ただ、人間の色気っていうのでしょうか、そういうものがにじみ出ていたパイニャンとかが、大工原さんのお仕事なんじゃないでしょうか。

大工原　いや、よくわかんない仕事だけどね。

奥様　動物は森さんでね。色気があるのは、こっちが。それですごいのは古沢さんの絵ね。

――『少年猿飛佐助』での山賊の、ユーモラスなこういう動きとか。

奥様　そうそう。もう、そういうふうにパートが決まっちゃって。

大工原　森さんらしいっていうのは、もう出来ちゃってるからね。だから今でもたまに見ると、森さんの絵だっていうのが分かるのが出て来るものね。小田部羊一さん、って知ってます？　森さんにそっくりな絵が描けるの。

――はい。奥山玲子さんのご主人で『アルプスの少女ハイジ』や『母をたずねて三千里』の作画監督でいらっしゃいますね。

大工原　そういうふうになっちゃってるのね。

――ええ。影響を受けておられる。

大工原　だからいいか悪いか分からないですよ。僕はね大塚さんの絵は、だいたい分かるんです。ああいうの、いいですよね。でも、こんなこと言っちゃあいけないけど、森さんの絵のようなのを描けって言ったって、描けないでしょう。大塚さんもね、森さんのような可愛い女の子は描けないですよ。

――大工原さんはお描きになったんじゃないですか。

大工原　僕は器用だから。なんとか真似してでもできるだろうと。そういう点はね、合わせることは出来る。

奥様　あまり器用なのはダメですよ、本当に。もう典型的。

――大工原さんは、宮崎さんみたいに作家みたいな感じで、関わろうとは思われなかったんですか。原作を考えて。

大工原　いや、あれはびっくりして。僕もちょっと出来ないと思ったね。

奥様　ちょっと出来ないわね。ただ、東映動画にいると、割

『真田十勇士猿飛佐助』天の巻、地の巻（集英社刊）1975年7、9月発行。装幀・装画・本文イラストを大工原さんが手掛けている。

連載西部活劇絵物語「999スリーナイン」絵・大工原章『探偵王』昭和28年10月号（三和出版社刊）より。この他に「電光キッド」という絵物語も描かれている。

合と企画やなんかに自分の意思は入らないということは確かなのね。

——上から下りて来る、ということですね。

奥様　宮崎さんは、それから出ちゃってるから、自由にやれる、そういうことはありますよね、確かに。

大工原　ああ、それはね。とにかく東映動画が始まってから、最初は何も言わなかったんですよ、東映は。キャラクターに関して、最初は言わなかったけど、だんだん劇映画に近くなって、あの『安寿と厨子王丸』あたりから、ものすごい影響を受けてるんですよね。リアルな物の考え方というのが、だんだんと手が長いとか脚が短いとかね。そんなこと言ってたらできないですよ。デフォルメなんて。

——漫画映画なんですから、いろんなデフォルメとかあっていいですよね。

大工原　そう、それが本当でしょう？　それが違うんですよ。上の人がね、社長とか、あっちの人にそういうふうに言われると、直さなきゃならない雰囲気という状態に入ってきますね。

——しかし今、結果論で申し上げますと、その『安寿と厨子王丸』があったから、あのリアルな芝居っていうのが、日本のアニメの中に、ある意味で出来て来たんでしょうね。

大工原　そう。ただ、そのいいところというかね、あれを作ったから、勉強になったんです。リアルなものから、だんだんデフォルメが始まって、こう変えていくでしょう。実写を撮って、それを……。

——ライブ・アクションでやっていく。

大工原　それはそれ自体で勉強になってますよね。だからああいう映画があって良かったんだとは思うけど。だけどあれを見た時にね、これは劇映画でやったほうがいいんじゃないかって。

——ああ、人間で撮ったほうがいい、と。

大工原　だってね、大スターを使うでしょう。あのモデルの佐久間良子にしたって、有名な俳優でしょう。そういう人を実写で撮って、そしてそれを絵に直してるわけでしょう。だからそういうのは、勉強になりますよね。

——あのキャラクターは大工原さんがお作りになられたんですよね。

大工原　森さんと二人でね。

——でも人物のほうは、もちろん。

大工原　だからどっちかと言うと、色気を持って来る、大人っぽいのは、あれは僕なの。

——ですよね。それらへんが、けっこう影響受けてるんですよ。

大工原　可愛い、優しいものとか、動物に近いようなものは……。

奥様　森さんね。

大工原　動物のデフォルメが、もうある程度ね、完成されててびっくりしちゃうよ。おとなしいけどね。

漫画映画の職人として

――僕らがすごく知りたいのは、大工原さんは、東映動画を始められて、それこそ二〇歳も違うような若手をどんどん育てて、楽しい時代もありましたでしょうけれど、やはり争議とかいろんな問題も起きて来ますよね。

大工原　ああ、ありましたよね。

――それで、その度に若いスタッフも抜けたりとか、しましたし。

大工原　あんまり関係ないふうにやってましたけどね。森さんと二人で。

――そして、そのうちにどんどん抜けて行かれましたけれど、大工原さんは、結局最後まで東映動画に残られました。こういう言い方は僭越かも知れませんけれども、東映動画を守ってこられたといいますか、ずっと柱でいらっしゃいましたよね。それはなにか、哲学がおありになったんですか？

奥様　そう言えば格好いいけど、体が弱かったからね。

大工原　そういうことですよ。

――そんな、ダメですよ（笑い）。

奥様　本当ですよ。契約とか、大変なことをやると、体がまた参るっていう感じで。だから私なんかは、もう暮らせればいいのよって言ったから、こういう生活なんですけどね。

大工原　いろんな絵があるでしょう、僕の。だから漫画映画っていうよりも、いろんな絵が描きたいっていうか、大部分がその思いなんですね。だから挿絵を描いたこともありますよね。雑誌の。柴田練三郎の挿絵だとか。いろんなことをやったから。時々。

――それは漫画映画を続けながら。

大工原　そうそう。でも、漫画映画教えるのはいいですけれども、そういうことはあんまり覚えてないですよ。

奥様　雑誌の『少年少女 譚海』とかありましたでしょう。あいうのを描いてたんですね。それで結局、また二回目の喀血しましてね。私の知らない時に一度喀血しているんですけれども。編集の人も通って徹夜したり、ずっと無理しますでしょう。不規則になっちゃったんですね。そこでまた具合悪くなって。それから、ちょうどストマイとかいい薬が出てたもんですから、それをお医者さんがくださって、まあまあ元気になったんですけどね。

――『譚海』の頃は、東映動画の前ですね。

奥様　そうそう。日動に入る前の頃ですね。

大工原　こんな本があるね。

――ああ、柴錬の『真田十勇士 猿飛佐助』ですね。この絵も大工原さんですね。

大工原　そう。挿絵とか。

奥様　時々ね、そういう本なんかも出しましたけれど。

――ちょっと疑問に思ったのは、『イガグリくん』の福井英一さんは、元はアニメーターでしたけど漫画家になられましたよね。大工原さんは逆に、挿絵画家にならずにアニメのほうに戻られましたね、それはなぜですか。

大工原　ああ福井さんはね、あの人は漫画映画をやろうと思っているというよりも、自分の得意のことが分からなかったら、その会社に入っただけでね。柔道のマンガが得意なの自分でも分かって、頼まれるから、だんだんそっちのほうへ行っちゃったの。

――大工原さんは、やはり本分は漫画映画だと思ってらしたんですね。

大工原　いや、僕もわりかし遊び人のほうですから。なんでもござれだからね。気に入ればやるけど、気に入らなければやらないっていう。だから雑誌の仕事だって、あんまり面倒くさいのは受けないし。あのね、日本漫画映画っていう会社があったでしょう。給料出なくなっちゃったの、最後ね。あれは新橋にあったね。

奥様　そう。新橋虎の門。

大工原　その時もね、雑誌の仕事をしてるから雑誌の仕事が入るから、会社の給料なくてもあまり困らないと。そういうふうな感じで、なんとか暮らしていけるんですよね。

奥様　最低でも暮らせるから。でも結局、一番主力だった雑誌社が潰れて。そして手形だけになっちゃった時に体壊したでしょう。それで山本さんが、「大工さん、それじゃあしょうがないからウチへ入れ」って言ってくれたのね。入って間もなく本当に病気になっちゃって。それで江古田に家があったんですけれど、若松町のほうから、「大工さん、描けるんだったら描いてくれ」って持って来てくれるんですよ。それで布団の上でこうやって描いてたっていう。そのうちに、少し体がシャンとして日動へ行かれるようになったのね。あの時は本当に山本社長に感謝しました。何とか食べていけましたからね。

大工原　そうそう。本当にそういうところをやって来てたから。でもね、僕はあんまりお金儲けっていうのは好きじゃないっていうか、下手なんです。もう少しお金を儲ける方法もあったかも分かんないけど。

――いっぱいあると思います（笑い）。

大工原　その代わり、できないというかね。森さんもそうだけど。恥ずかしいしね。受けないこと、随分あったし。ところが困るとね、誰かが助けてくれるんですよ。

——ご人徳ですね。

奥様　人徳っていうよりも、そういう回り合わせだって私言ったんですけどね。

大工原　それで向こうがだめになったら、こっちに来てやってくださいって。そういうことが随分ありますよ。困った時に何かやってくれる。こっちから頼んでるんじゃなくて、向こうから。

——それは人徳と、それから腕が欲しいんですよ、大工原さんの。

大工原　それが今こんなに貧乏して（笑い）。宮さんみたいに才能があってね、上手けりゃあね、お金儲けっていうか、そういう人がついてくれたからね。大変なもんですよ。

——ですけど、僕らが考えるには、「アニメーション」と言わない「漫画映画」の頃から苦労されて来て、ずっと地道にやってこられた森さんとか大工原さんと違って、彼らは新しい時代に、東映という企業が育てたスタッフじゃないですか。それでは感覚が違ってきますよね。

大工原　そうだね。僕はね、やっぱり「職人」、そういうところがあるんですね。東映っていうのは、僕に随分よくしてくれたんですね。だから東映以外の仕事はしませんという。向こうからそう言ったんじゃないけど、そういうあれがあったんですよね。

——お気持ちが。

大工原　うん。辞めてからどこもやらないと。

——でもそれは、外部から見ても分かりますよね。東映アニメーションの今日があるのは、大工原さんのおかげだと思います。たくさんの若い人を育てて、それが出て行って、でも次の人を育ててということをずっとやって来られて、森さんまでも抜けられましたが、大工原さんは残ってこられました。

大工原　なんかほら、こっちも組合の人達をよく知ってるし、だけど会議には出ないっていうね。あんまり好きじゃなかったし。冷たくはないけど、職人だったから。

——確認させていただきたいのは、組合的なことはあまり好きじゃなかった、と。先ほどおっしゃった、自分は絵を描く職人だから、単なる労働者ではない、ということでしょうか。

大工原　そういうこと。だから描くので楽しいものをやってるよ、っていうかな。あとは川に流されてるように、なんとかなるさっていう感じ（笑い）。今でもそう。でもなんとかなってくんですよ。不思議に。

奥様　日本漫画の頃でもね、私は組合の活動で、メーデーなんかに一生懸命行ってね。でも大工さん、全然行かないんですよ。

——その頃から、いらっしゃらなかったんですか。

大工原　逃げて歩いてたの。

奥様　あんなもの、って逃げて歩いてんのね。

——それは政治的なところには、首を突っ込みたくないっていうお気持ちも。

大工原　それにね、ああいうこと出来ないんですよ。

奥様　嫌いなのね。

大工原　集団で、なんか話したりなんかすることができない。森さんもそうだけど。森さんと二人で逃げてた。

——いえいえ、それはお出来になるんでしょうけど、お好みじゃなかったんでしょうね。

大工原　アニメーションを教えるのは出来ますよ。だけど、集めて講義するっていうのはね、私は苦手なほう。

元気の秘訣は〝カラオケ〟!?

大工原　とにかくね、政岡（憲三）さんとか村田安司さん、あと山本善次郎さん、薮下さん、皆死んじゃったでしょう。森さんも死んじゃったんだ。残っているのは僕だけ……。

——一番長生きでいらっしゃいます。

大工原　それで腰が痛いのは、結核とは関係ないって言えば関係ないかな。

——でも、ずっとお座りになって仕事しておられたわけじゃないですか。

大工原　ええ、そのせいですよ。絵ばかり描いてるでしょう。それで腰に来るから。

——でもそれ以外は、お元気そうで。

大工原　ああ、ほんと。それはね、カラオケのせいなの。いろんな所で歌うから。あのね肺呼吸、そのせいもあるのかな。

——腹式で腹から声を出して。

大工原　うん。それに僕は遊び人だから、だいたい。カラオケでも知らない人に「僕、何だと思う?」って聞いたら、〝遊び人〟って。

——でもすごくダンディでいらっしゃるから、その雰囲気は分かります（笑い）。

奥様　しょうがないから、遊び人にさせといたの（笑い）。

——奥様公認で（笑い）。でも東映動画の昔の頃の写真でも、いつも大工原さんだけはビシッと背広で決めておられました。なにか池部良のようなダンディな印象でしたよ。

大工原　ネクタイはしてましたね。冬はトックリのセーターだったから、絵描きっていう感じではないですね。

——ですから、そういう服装にもすごく気を使っていらっ

玄関にて。お部屋やトイレにも大工原さんの素晴らしい絵があり、家じゅうが美術館のよう。

しゃるのかな、と思ってました。

奥様　おしゃれだから（笑い）。

――でも、これまで大工原さんは殆ど取材などには出て来られなかったですよね。

大工原　出るの嫌いなんだ（笑い）。

――すみません。

大工原　人の前に出るの嫌いだしね。

――でも、こうして直接お目にかかれてお話しを伺えまして、とても光栄です。

大工原　いやいや、そんなことはないけど。恥ずかしいのイヤだから。

――それなのに沢山お話し頂き、今日は本当にありがとうございました。そのうち今度は是非、また歌をお聞かせください。

大工原　うん、元気になったらね。

奥様　こんなに楽しいお客さんは、久しぶりだったわね。

――いえいえ。こちらこそ、勉強になるお話を長い時間、ありがとうございました。

（二〇〇一年一〇月十四日　於・大工原邸）

大工原章主要作品リスト

■劇場映画作品

小人と青虫	1950年	背景
ありとハト	1953年8月	背景
トラちゃんの冒険	1954年3月	作画
かっぱ川太郎	1954年4月	背景協力
うかれバイオリン	1955年3月	原画
一寸法師	1956年3月	原画
黒いきこりと白いきこり	1956年7月	原画
こねこのらくがき	1957年5月	原画
ハヌマンのあたらしい冒険	1957年10月	原画
白蛇伝	1958年10月	原画
少年猿飛佐助	1959年12月	原画
西遊記	1960年8月	原画
安寿と厨子王丸	1961年7月	原画
アラビアンナイトシンドバットの冒険	1962年6月	原画
わんわん忠臣蔵	1963年12月	作画監督
少年ジャックと魔法使い	1967年3月	作画監督
アンデルセン物語	1968年3月	作画監督
長靴をはいた猫	1969年3月	原画
ちびっこレミと名犬カピ	1970年3月	作画監督
アリババと40匹の盗賊	1971年7月	作画監督
ながぐつ三銃士	1972年3月	原画
魔犬ライナー0011発進せよ！	1972年7月	作画監督
パンダの大冒険	1973年3月	原画
きかんしゃやえもんD51の大冒険	1974年3月	作画監督

■テレビシリーズ作品

狼少年ケン	1963年11月～65年8月	原画
少年忍者 風のフジ丸	1964年6月～65年8月	作画監督
ゲゲゲの鬼太郎(第2作)	1971年10月～72年9月	作画監督
ジェッターマルス	1977年2月～ 9月	作画監督
若草物語(TVSP)	1980年5月	原画
めちゃっこドタコン	1981年4月～10月	作画監督
ハニーハニーのすてきな冒険	1981年10月～82年5月	作画監督

＊年月はテレビ放送、公開時期を表す

※なお戦前の鈴木宏昌漫画映画研究所、戦後の日本漫画映画社、日動など各社の作品にも参加されているが、大工原さんのご記憶が定かではなかったため、今回は除外した。

取材後日譚　その1

大工原 章さん

取材場所は、大工原さんのご自宅の居間でした。

確かこたつでしたが、腰を悪くされていた大工原さんはちょっとした椅子のような座卓に腰かけて、いろいろ話してくださいました。

ちょうどＮＨＫ‐ＢＳの取材がその前にあったということで、大工原さんがカラオケが趣味だと話されると、担当の女性ディレクターが、「ぜひ一緒に行きましょうと、しきりに誘ってくれるんだよ」と照れながら教えてくれました。

年を取られても、ダンディなお姿はそのままで、奥様も隣で微笑みながら聞いていらっしゃり、仲の良いご夫婦だということがお二人のご様子からもうかがえました。

この時は東映動画設立前の、しもた屋で手作業でアニメーションを制作していたころのことを、楽しそうに思い出してくださいました。

そして、東映動画発足時に時代を担う多くの若手スタッフに囲まれて、森やすじさんと奮闘した頃を、懐かしそうにお話いただきました。いろいろお伺いして東映動画が成功したのも、初期から現場で若い世代を育て続けてこられた大工原さんの功績が大きかったということが、改めて分かりました。

　大工原さんは、ご自身のことをあまり強く主張されません。ですが、その胸の内にはしっかりとした芯をお持ちだということは、いろいろお聞きしていると分かってきます。それこそが、大工原さんのダンディズムだったのかもしれません。

「今は、絵は描いていないんだよ」とおっしゃる大工原さんに、読者のプレゼント用にサインをいただいたことも、記憶に残っています。色紙に絵を描けないのはかわいそうだからと、ご自宅に保存しておられた『わんわん忠臣蔵』のセル画を切り抜いて集めたスクラップブックを、お土産に渡そうとしてくださいました。

　それは、大工原さんの大事なこれまでのお仕事の資料ですからと固辞しましたが、一介の取材者に対して示してくださった優しいお心遣いも忘れられない思い出です。

森川信英

『バット』、『ベム』は、韓国のスタッフたちと一緒に必死で作ってました。

『黄金バット』、『妖怪人間ベム』を覚えている方も多いだろう。六〇年代、異色のテレビまんがとして、当時の子供たちに強烈な印象を与えたカルト的アニメは、実は日韓共同制作作品だった。その際単身渡韓し、韓国側スタジオの監督として自らアニメーターらの養成にあたり、現地スタッフとともに二年以上にわたって奮闘を続けたのが、森川信英さんなのだ。

そもそも森川さんは日本政府の依頼で、韓国へアニメーションの指導に渡った。しかし、いつの間にか日本では受け皿の第一動画が設立され、自分も役員とされてしまい、テレビアニメの制作が決定していたそうだ。その第一作も森川さんの紙芝居作家時代の知人、加太こうじ氏に許可をもらい『黄金バット』になったのだという。

戦前わずか十四歳にして漫画映画『カヘル剣法』を手掛け、満映にも在籍しておられたというベテランアニメーターの森川さんに、今回は第一動画の『黄金バット』、『妖怪人間ベム』の制作当時の思い出話を中心にお話しを伺った。第一動画についての貴重な証言である。

森川信英（もりかわ・のぶひで）
1919 年（大正 8 年）京都府生まれ、アニメーター。

子供の頃両親を亡くし、移転先付近のの松竹蒲田撮影所内で遊んでいるうちに子役としてデビュー。その後、独学で動画を学び、12 歳の時、猿が主人公のアメリカのアニメ『ボスコ』のフィルムに出合う。そして猿をカエルに、ピストルを刀に変えて、1 コマ 1 コマ模写して短編『カヘル剣法』を完成させた。その後応召された満州で現地除隊し、満州映画協会に入社。アニメーターとして実写作品のオープニングなどを担当した。

戦後は、紙芝居などを描いた後、自身のプロダクションであるアニメーションＡを銀座で営み、短編映画『シンテリア嬢の花婿』や、ＮＨＫの『銀座の山賊』のアニメーションパート、ペンタックスのＣＭなどを制作する。

1965年からは、韓国に渡り、テレビ局内にあった東洋動画にてアニメを指導。養成したスタッフを率い現地で、第一動画の『黄金バット』や『妖怪人間ベム』の作画や背景を担当した。

第一動画の経営危機により帰国後は、フリーのアニメーターとして、『まんが日本昔ばなし』や『メガネドラック』のＣＭなどを手がけた。

まだ分業がシステム化される前からのアニメーターであったため、『まんが日本昔ばなし』では、担当作品の絵コンテから、作画、美術までを一貫して描いたという。2013 年12月没。

――今日はお疲れのところありがとうございます。森川さんは、第一動画の韓国スタジオでの責任者で、現地のスタッフを養成して『黄金バット』や『妖怪人間ベム』を制作されました。実は第一動画が解散したこともあり、この当時どういう形で制作されていたのかがファンの間でも長年の謎だったんです。それで今回是非当時のお話を伺えればと、お邪魔させて頂きました。

森川　まあ喋ると、えらい時間食っちゃう。出だしなら、これいきますけどね。韓国へ行ったのは、単に私が教えに行ったわけじゃないんです。これまでみなさんにはあまり言わなかったんだけど、国の日韓友好の一環としてだったんです。昔、三菱重工か三菱電機の頭領で高杉晋一さんって人がいたんです。それで力道山の『プロレスアワー』っていうテレビ番組があったんです。

――三菱の『プロレスアワー』といえば、試合の間に掃除機をかける〝風神〟が有名でしたね。

森川　あの時のコマーシャルは、私が全部やったんですね。それを高杉さんが認めてくれて、随分お金を出してくれたんです。そのお金がどういうことか日本の政府機関からで、韓国へ動画を、という動きになった。当時は韓国との関係が（日韓基本条約を結んだばかりで）まだぎくしゃくしたもんですから、友好関係を築く一環として、「漫画（映画）だったら無難だろう」ということでね。ですから、中曽根（康弘）さんとか、いろいろ偉い人、政界の人に会いましたよ。

――その前までは、森川さんは銀座でプロダクションをお持ちでしたね。

森川　そう、「アニメーションA」。あれは高杉さんから、場所を紹介されて、松屋かどこかが持ってたの。空いてるから使えっていわれて。で、古い一軒家を借りて、カメラを置いてね、ざっと自分でやってた。

――それで三菱電機のCMフィルムを作っておられた。

森川　ええ。そうです。もうあっちこっちの仕事持ってきてくれて。場所が、松屋と三越の間でしょ？

――はい。銀座の一等地ですよね。

森川　地下鉄降りたらすぐ、ですからね。みんなびっくりしちゃったわけですよ。アニメーターが、こんなことをやるってね。その前には第一企画のビルに私、一室を借りてたんです。でも、子会社の下働きみたいなことをやってるのが嫌でね。で、独立したわけですよ。そしたらそのうち日本銀行の人が、金ならなんとかなるから、アニメーションのスタジオを作る見積もりを出してくれ、といってきたので出したんです。今度は外務省が、韓国にスタジオを建てたいっていったんです。でも出来ないっていったんですよ。これは金がかかる仕事で、ほとんど儲かる仕事じゃないってね。ただ政府は、

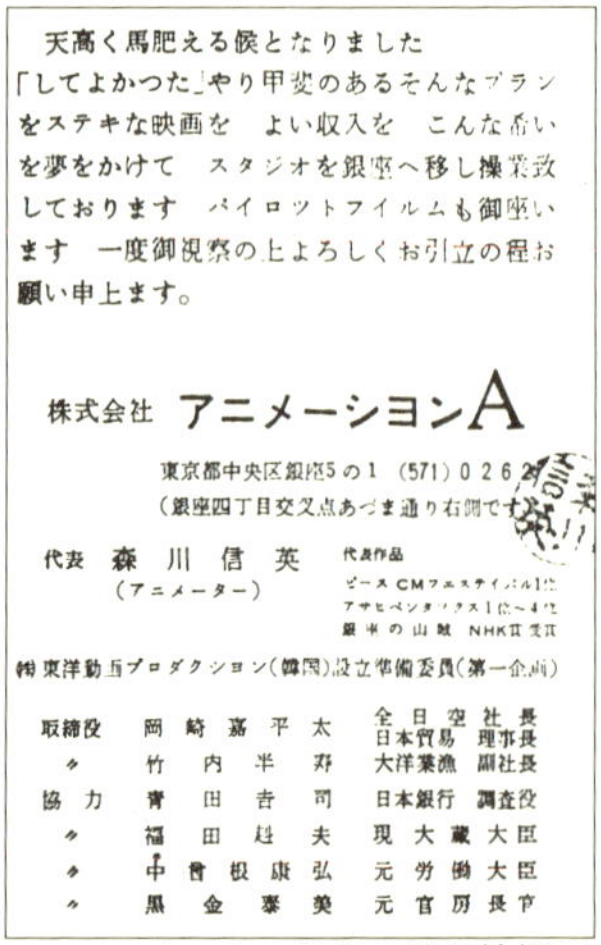
天高く馬肥える候となりました
「してよかつた」やり甲斐のあるそんなプランをステキな映画を　よい収入を　こんな希いを夢をかけて　スタジオを銀座へ移し操業致しております　パイロットフイルムも御座います　一度御視察の上よろしくお引立の程お願い申上ます。

株式会社　アニメーションA

東京都中央区銀座5の1　(571) 0262
（銀座四丁目交叉点あづま通り右側です）

代表　森川信英
（アニメーター）

代表作品
ピースCMフェスティバル1位
アサヒペンタックス1位～4位
銀河の山賊　NHK賞受賞

㈱東洋動画プロダクション（韓国）設立準備委員（第一企画）

取締役	岡崎嘉平太	全日空社長 日本貿易理事長
〃	竹内半寿	大洋漁業副社長
協力	青田吉司	日本銀行調査役
〃	福田赳夫	現大蔵大臣
〃	中曽根康弘	元労働大臣
〃	黒金泰美	元官房長官

アニメーションA時代の移転挨拶状。準備委員の名前には、当時の大物がズラリ。

友好機関でやるんで、商売じゃないからって。

――それは高杉さんを通じて来た話なんですか？

森川　はい、そうです。

――自分は三菱の人間だけど、これは実は政府の仕事だから、金はなんとかなるからやってくれないか、ということでしょうか。

森川　ええ。それで、私も偉いさんにも随分会いました、わかんないんですけどね、何か策略があるな、と思ったんですけど（笑い）。まあ、やるだけやってみようと思って。まだ若かったんですね、三十五、六でしたからね。それで、通信ね。通信で送れば……。

――あ、ファックスか何かで送って。

森川　うん、そうです。まだ出来たばっかりだった。ファックスは、当時はね。

生きるため松竹蒲田撮影所に潜り込んだ少年時代

――森川さんは小さい頃にご両親と死別されて、子役として松竹蒲田撮影所にいらっしゃったそうですね。

森川　そう、撮影所に自分で入り込んだ。雇ってくれるんじゃないんです。あのね、井上正夫って役者を知らないですか？　その人が何とかという泥棒の役で、それが拾った、ものが言えない子供役が私なんです。

――勝手に入りこんだのに、準主役になられたんですね。

森川　まあ、どうなっているか、私は見てないんですがね。

――それはお幾つくらいの時でしょうか。

森川　そのとき、十一か十二ぐらいかな。松竹に入ったときがそんなもんですからね。

――その映画があれば是非拝見したいですね。

森川　でも、撮影所の中に勝手に入っちゃうとは、図々しかったね（笑い）。

――でもそのまま一旦入られたら、撮影所から出なかったというのは、また凄い話ですね。

森川　もうね、よく寝ちゃってたし、働いてる者には食べ物もタダですから。もうバカバカ食べましたね。冷蔵庫だってセットには幾らでもありますしね。ただみんな、「こいつは何だ」って言わないんです。ああ手伝ってるなあって、助けてくれたんです。

――子供でも、仲間として受け入れられたんですね。

森川　ええ、みんないい人でね。昔はやくざみたいに、みんな義理人情が強いんだ。自分は親がちっちゃい頃に自殺しちゃっていないんで、みんなが助けてくれたんですね。

見よう見まねで作った『カヘル剣法』

――そして、森川さんは戦前の十二歳の時に『カヘル剣法』という作品に参加されていますね。あれは芦田巌さんと一緒に作られたんですか。

森川　私にとって神様的な先生は、二十五歳から撮影をやったんですよ。

――芦田さんは撮影だけで、森川さんが作画を担当されたんですね。

森川　はい、私一人でやったんです。『ボスコ』という漫画（映画）がありましてね、それを写してた。

――『ボスコ』、海外のアニメーションですね。

森川　ええ。これは面白いと思って、フィルムを回すのが私の役目だった。古いフィルム昔は燃えますからね。それで、マンガだったんでそれだけのぞいてね。それを自分がかえるにして引き写してたんです。

――ああ、フィルムから。

森川　ええ。幻灯室でね。昔、日本一の月給取りの上山草人ってのが……。

――はいはい、ハリウッド帰りの人気役者さんでしたね。

森川　その人が、「アメリカでこれやってるよ」って教えてくれてね。幻灯で壁に映して、それをガラスでスライドみたいにして、全部写したんです。二万枚くらい描いたですか。

――模写されたんですか。お一人で二万枚も。

森川　ええ。で、それを映画の人が、「これ面白いからいけるかもしれない」「映画にしよう」っていうことで。で、その切り抜いた絵を、撮ったのが芦田さんなんです。

――それで芦田さん制作になってるんですね。実は資料を見ましても、『カヘル剣法』は、制作が芦田さんになってたもんですから。

森川　ああ。みんなね、そう勘違いしてるんですけど、あの人、絵描けないでしょう？

満映（満州映画協会）へ押しかけ入社

――そのうち兵隊に行かれて、中国で現地除隊されますね。

森川　ええ、それで新京に行きましてね。いい車が満映に向かってってね。それを追いかけていって、出て来たのが甘粕（正彦）さん。それで「私はこういう者だけど、今度就職決まったから」って。

——いきなり、あの甘粕さんに押しかけ入社を掛け合ったんですか。

森川　そうしたら、人事課へ行けって言われて、履歴を書いた。で、「あなたは私を採りましたからね」って、強引に入っちゃった。でも、お金が無いでしょう。だからボロボロの服を着て乞食みたいだったですよ。そのうち周りが服を貸してくれました。で、この男は何をする男だっていうんで、甘粕さんがやってくれた。

——満映では漫画映画を作られたんでしょうか。

森川　加藤泰さんの『虱《しらみ》は怖い（子虱的怕可）』とか、李香蘭（の出演作）の実写と動画の合成です。

——では、満映ではセルに描かれていたんでしょうか。切り抜きですか。

森川　いや、セルです。セルだけど、材料が少ないでしょう。だから、ペンじゃなくて筆で描いた。無理に絵の具混ぜて。

——それで、終わったら流してっていう。

森川　はい、そうです。でもね私は、声が出ないの。実際、地雷にやられたんです。

——戦争中に地雷を踏まれた？

森川　ええ。ズタズタですよ。だから裸になると医者もびっくりしたですよ。体中傷だらけですからね。私は生き残った。

——はあ、よくご無事で……。良かったですねえ。

森川　ええ。だからソビエトに捕まってたけど絵描くってんでね、ソビエトの将校がアニメーターなんですよ。それで私を許してくれた。

——それは同業者だったからなんですね。

森川　ええ。それで指示されて、ソビエト側の宣伝の絵を描いた時期がありましたね。

——では森川さんは、終戦の時は中国で捕まったんですね。

森川　はい。向こうの若い人たちに、自分の覚えたアニメっていうのを教えてたんです。

——では持永只仁さんもご一緒だったんですか。

森川　ええ、一緒にね。あの人は戦争が終わってから来たんです。そのとき私は、内田吐夢さんと映画を作ってたんです。

——映画監督の内田吐夢さんと。

森川　ええ、あの人の企画でね。で、持永さんが入ってきたんで、こりゃいいやと思ってね。それから、大城のぼるってのもいたんですけど、本名は栗本六郎氏でね、動画の生徒だったです。

——漫画家の方ですよね？

森川　私が保証人なんです。それで、何でも私に言ってくる。で、寮が壊れて、みんな戦争でね。それを自分で手直しして、家を追い出される日本人の軍人の遺族を入れてあげた。それで持永さんや内田吐夢さんとか、そういう人がみんな来たんです。

――外地で敗戦を迎えて不安な人たちに、頼りにされたんでしょうね。

森川　ええ。中国人もいましたけどね、みんな日本人です。だから、あそこでは随分頑張ったですよ。まだ若かったですからね(笑い)。みんなに好かれたんです。それから、こういう身体にされて、親はいないでしょう、私は。だから死んでも何にもならないです。マンガを描くでしょう。それをみんな喜んだってことでね。

――その時に、森川さん終生の、「マンガは世界共通のことば」というお気持ちになられたんですね。

森川　ええ。これは原点ですよ……。戦争でしょう?　日本軍はもう残酷なことばっかりしてました。私も、人殺しですけどね……。

内地への引き揚げ後、紙芝居作家に

――……。ところで『黄金バット』は、森川さんが戦後、一時期紙芝居の画家さんになられて、そのときに加太こうじさんとお知り合いになられたことが、アニメ化のきっかけだそうですね。

森川　ええ、やってましたからね紙芝居。大鹿照雄っていう親分が親切にしてくれて。その前の家に、童話作家が住んでたんです。そのところへ、絵を買ってくれないかってことで行ったら、「こういう絵はちょっと向かない」と。

――向かない?

森川　うん。それで〝ともだち会〟って紙芝居の大鹿さんを紹介してくれた。で、そこ行って仕事ジャンジャンもらえるようになった。そのとき、裏の家では加太さんが頑張ってて。へえ、こんな職場にいるんだ、と思った。元々、加太さんの絵は知ってましたからね。そこで顔を知ってね。それで後に街を歩いてるときに、何を作るかってことで悩んでた。

――韓国との合作アニメ第一作目ですもんね。

森川　そう。で、加太さんをポッと思い出して、「そうだ『黄金バット』だ」と、思ってね。それで、やらないかって言ったら、加太さん「どうかなあ」って言ってねえ。「あんまり好きじゃない」って。

――あまり加太さんは乗り気じゃなかったんですね。

森川　それでも常務を紹介して。それで『黄金バット』を作るときに契約させて。それで私はまた韓国に行ったんです。

――では、そもそも『黄金バット』が決まったきっかけも、森川さんが加太さんとお付き合いがあったからなんですね？
森川　ええ（笑い）。みんな何かいろいろ言ってるけど、そうなんですよ。

国策として渡韓し、動画指導へ

――それで韓国でのご指導のお話を伺いたいのですが、最初は何もないところにとりあえず視察で行かれたんですか。

森川　ええ。とにかく韓国観光のつもりでね。庵原（和夫）さんかな、それから専務と三人で行ったんです。

――庵原さんと、後に第一動画の専務になられた浅井（孝晏）さんでしょうか。

森川　ああ、そうそう。で、どういう話かっていうのを知らないけど、まずアニメーションのスタジオを作るってことは金がかかるって。それで私が書いた動画教本をね、向こうの人に見せたんです。でも通訳もさっぱり読めないですよ。それで一週間の韓国旅行です。

――一週間。

森川　うん。それで、その間にずうっと大変だってことを説明してた。とにかくやろうってことで机からね、何もないわけでしょう？　で、ものすごい部屋をね、心配かけてもらって。それから、次が大事ね。設計した通り、手作りで机を一〇〇台作って。

――それはつまり、森川さんが入られるまでは何もないわけですから、アニメのスタジオとはこんなものだ、って資料を渡して作ってもらっていたわけですね。

森川　そうです。向こうで、まあ大体分かりますから。だから、乾燥台もね。

――塗ったセルの乾燥台ですね。

森川　うん。鉛筆も無いんですよね。

――ああ、絵を描くような鉛筆がない。

森川　ええ、あまり無かった。紙もない。だから、日本から送ることにしたんです。とにかく始めようとして。まあ東洋の社長っていうのが、内務大臣とか、それから大臣を何か二つ兼任してる人だった。

――えっ。政府の大臣が東洋放送の社長だったんですか。では、あちらも完全に国策なんですね。

森川　それで、スタッフを募集をしたときには、九〇〇名来たんです。八〇名の枠にね。

――八〇名の定員に、九〇〇名の受験者がやってきたんですか。

森川　ええ。

――でも、そのときもやはり森川さんは、あくまで政府の要請で行ってるおつもりで、まさか日本のアニメの下請けをやるとか、そんなことは一切考えてないわけですよね？

森川　アニメーションAもそのままおいて、空き家にしてね、女の子の遊び場にしてそれだけですよ。

――ただちょっと指導に行ったおつもりで。

森川　それで募集してね、これでやるだろうってことで思ってたんです。ところが、これじゃあ分からないっていう。それで、私に居てくれってことになった。

――ええっ、お一人で常駐ですか。

森川　それで、「うちには家内がいる。子供もいる。できない」っていったんです。そしたらこれは今後の日韓の関係もあるし、そこらへん日本がちゃんとしないとうまくいかない、と。

――国交のためだというふうに、説得されたんですね。

森川　ええ。それで決心して。日本も戦争でずいぶん迷惑かけたわけだから、やりましょうって、OKしたんですよ。

――はい。

森川　でも、それが間違いだった（笑い）。

――最初に一週間ぐらい行って、帰ってこられましたよね。それで、何回か行って、そのうちまた帰ってくるつもりだったら、そのままいてくれというふうにいわれてしまったんですか。

森川　そうです。それで、もう準備して行った。しばらく行ってくるよって。まあ三ヵ月はかかるだろうっていったんですけどね。その期間は一応まわることにして、行ったんですよ。ところが、日本語使っちゃいけない。

――敵性というか、占領下の同化政策で迷惑をかけたツケですよね。

森川　ええ。だから困っちゃったんです。

――ですが、森川さんは英語はしゃべれませんよね。

森川　できないですよ。だから、自分でね、カタカナで韓国語書いたりして。これはどうするのか、とかこうやるの、とか。

――身振り手振りで。

森川　一秒を二十四コマのフィルムにするから、ファッとくなら……、もしこの動きを二枚ずつ撮れば三枚ぐらいでいい。一枚ずつやれば六枚いる。だから二十四コマ、大体一秒ですか。それを目のごまかしを利用した方法でやるからっていうんでね。一応動物とか見ても、あれは何コマ、これは何コマで動いてる。それをみんな暗記させたんです。

――それも身振り手振りで。

森川　ええ。みんな何してるんだろうっていうんだけど、真剣にね……。

――その八〇人の生徒さんを連れて。

森川　あの男は八コマで歩いてるとか。頭のなかに、いつも秒数を数えて。何かやるにしても、秒数はこうだ、なんて。

スタッフとの集合写真。前列左から６番目が森川さん。

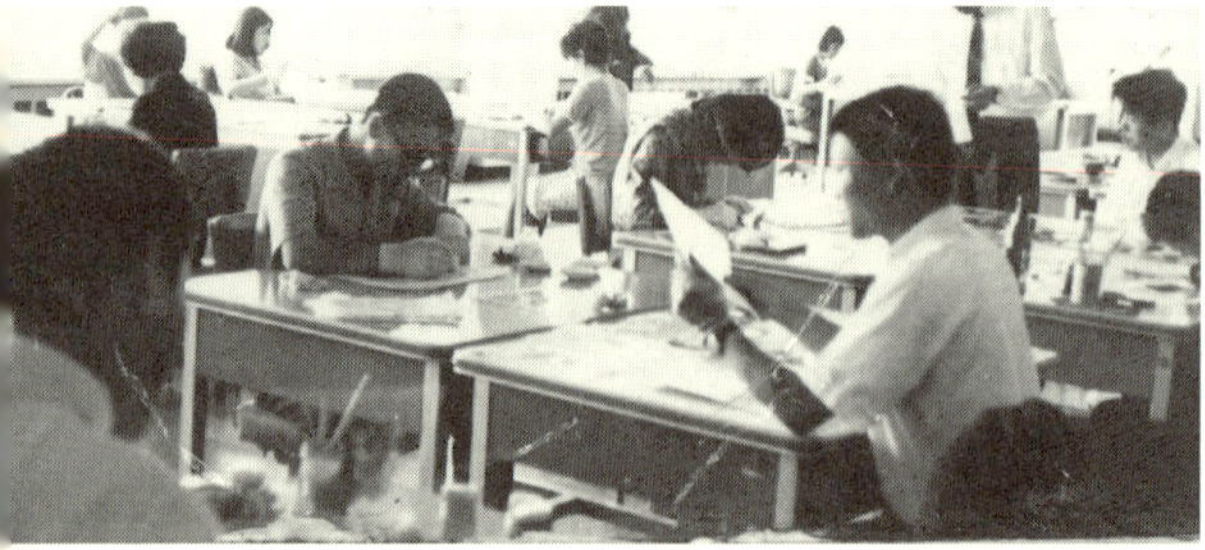

東洋放送のワンフロアが東洋動画だった。

スタッフに教えている森川さん。

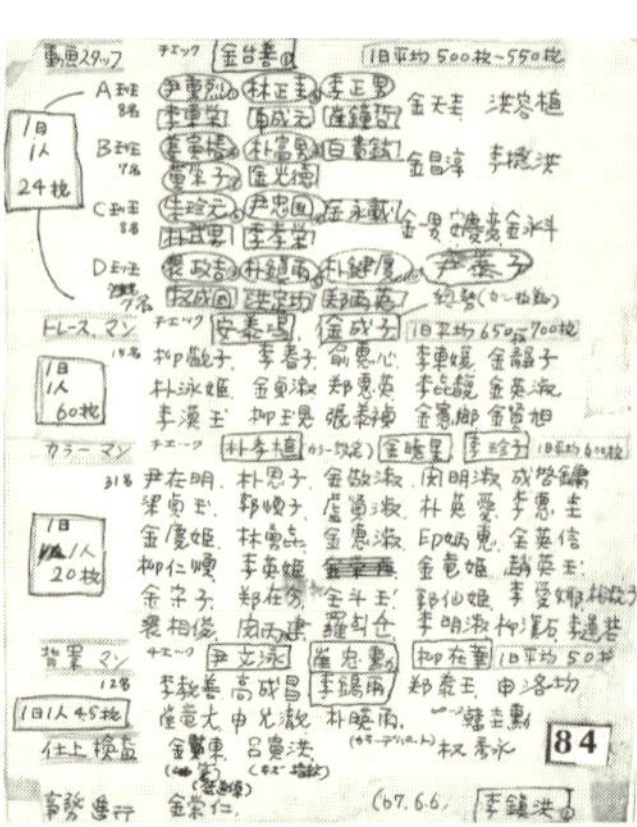

今、明かされる歴史的事実。これが『黄金バット』、『妖怪人間ベム』の韓国側スタッフリストである。

900名以上の応募から選ばれたスタッフは優秀だった。

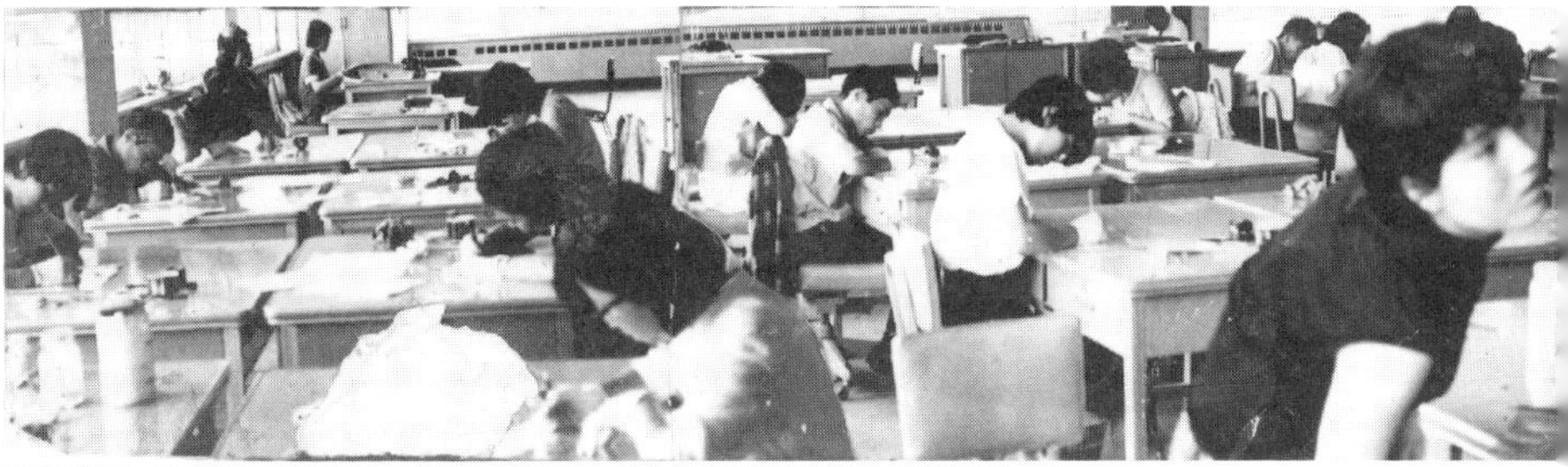

東洋動画スタジオの仕事場。韓国でのアニメ作りの様子が分かる貴重な一枚。

でも、秒数でいったら、とても時間をくいますよね。だから、ここは物を取ろうとする動きを描く。でも次のカットは、もう手で食べてるとすれば、絵がそれだけでできるんです。例えばそういう省略法を教えるんですね。それから音楽。これはどういう音楽入れるか。それからせりふね。この秒数のなかに何行入れるか。一話三〇分ですからね。二十七分ぐらいですか。そもそもみんな、アニメーターじゃないんです。ただ絵を描くのはたくさんいるんです。だから、向こうではどういうふうにしてコマ数を計算するか、どういうふうにやるかをまったく知らなかった。だからそれを教えるのは、やっぱり三ヵ月ぐらいかかるんです。

――当時、最初から森川さんは、二コマ撮りじゃなくて三コマ撮りで教えてましたか？ 一秒八枚で。

森川 いや、そうじゃない。一コマ撮りで。

――では、最初はフルでちゃんと教えられたんですね。

森川 そう。こうチャッチャッチャッ、なんてね。それで、一応ひと月くらいやって日本に帰ってきたら、第一企画の人が来てくれっていうから行ったら、何か人が一杯いるんですよ。何だろうと思ったらね。そしたら、ここは私たちの会社ということになって、ＴＣＪから庵原さんたちが連れて来てた。

――その庵原さんたちが第一企画に来て、「実は森川さん、いっしょに第一動画やるから」っていうふうにいわれた、と。

いつのまにか第一動画という会社が出来てたんですね。

森川　そうそう。ただ、みんなあまり上手くなかったからね。宮崎（駿）さんたちの東映動画と違ってね、三コマ撮りでやってるからね。そんな連中が来たから、何だろうと思ったんだけど、とにかく社員だって。顔をよく知らないんですよね。まあ、庵原さんは昔から友達だったですけど。

反日感情の残る現地で、アニメ指導に奮戦

―― しかし、そうやってご指導されるなかでも、写実的な絵は巧くても、つまりアニメーターとして動かす、動体視力みたいなものはやはり差がありますよね。
森川　ええ、絵はみんな描くんですよ。ただ動かし方ね。それが自分の仕事なの。それで全部三〇分以内でやらなきゃいけないから、秒数割りが大変なんです。
―― だから、そのなかでも、これはちょっとおとなしい芝居とか、これはアクションとか、そういうのも森川さんが分けて、動画を振っていくわけですね。
森川　振ってやるんですけど、十六歳の子が入ってるとね、美術学校を出たりした連中が「十六歳っていうのはおかしい」ってね。でも私はこの子は必ずなる。
―― 伸びる、と。
森川　そう思ってやりましたけどね。そういう子もちょっと

「動画辞典」。森川さんの手書きによるもので、160ページにわたり、アニメーションのノウハウがぎっしりつまっている。これをもとに指導したという、貴重な歴史的資料。

指導用に描かれた『黄金バット』の動画設定資料。

入ってました。私も小さい頃やりましたからね。出来ないことはない、と。こういう小さい子は、頭はいいわけですよね、少なくとも。

――でも当時は、もちろんソウルの街中で日本語喋ったらそれは怖いでしょうけど、会社のなかでもダメなんですか？

森川　ダメなんです。だから、それがだんだんと分かってきて、疲れるようになった。あんまりおおっぴらにやると、どうなるかわからないから、会社が、そんなの作ってるってのがね。これは秘密なんです。

――つまり、韓国の当時の国民感情からしても、日本からスタッフが来て教えられているなんて、絶対バレちゃいけないわけですね。

森川　日本人から教えられるなんて最も屈辱的、そういう気持ちを持ってましたね。それは部長からそうだった。でも偉い人だった。部長は昔の知事だったんです。その人は日本語で聞いてくれて、助かりました。でも若い人は知らない。

――ああ、戦時中に日本の教育を受けてらした方なんですね。

森川　でも、又野（龍也）くんっていうのが気が短いから、前にいた大学教授で通訳してた人を、「君は違うことを言う」って、首締めて殴ろうとしたから、びっくりして止めてやめさせた。

――一緒に指導に行ったアニメーターの又野さんが怒って、通訳の首締めちゃったんですか？

森川　うん。みんな大変だった（苦笑）。あの人は九州男児だから気が短いの。あとは、色塗ってる木村さんてのがいたんですけど。

――色彩（色指定）の木村和夫さんでしょうか。

森川　ええ。この人が肺病だったんです。それで寝たりして、殆ど出来なかったですね。

――韓国に来てはいたんですか？

森川　居たんです。

――最初は指導にいらしたけど、ずうっと寝たきりで。

森川　はい。日本に帰って、また時々来ましたけど、亡くなられました。だから、かわいそうだったです。

――では韓国の水が合わなかったのか……。

森川　ああ、合わなかった。水も飲んじゃいけないけど、環境と緊張と。まあ私だって緊張してましたけどね。なんだかんだいっても日本人だからね。一応〝イルボンナントカ〟っていう、言葉は聞こえてるから、ああ何か言ってるなっていうのはわかるんです。

――だから、反感も持たれつつ指導しなきゃいけないっていう、もの凄く苦しいところですよね。

森川　ただ私はね、マンガ的だったんです。だから、みん

な可愛いがってくれてね。写真を見てても、みんな一緒に踊ったりしてね。それはこれ（スクラップ）を見ればわかるんです。

『黄金バット』制作開始

――それで、『黄金バット』をやることが決まります。でも森川さんご自身は、まだ韓国のスタッフの指導をしなきゃいけないわけですよね。だから、日本である程度話を決めておいて、また韓国にお一人でお戻りになられたんですね。

森川　ええ、そうです。

――日本でシナリオとか絵コンテ、原画まではやるんですね。

森川　そう、原画は日本で描いていく。厳重に見ますからね。

――では韓国は、背景と動画、中割りですね。

森川　そう。中割り。日本から来る絵コンテは、意外に大したことない。結構直しましたけどね。

――ではコンテも変えられたんですね。それでは単に作画や、背景、彩色だけではなく演出的な部分まで見ておられたんですね。ということは、日本で描いた原画も韓国で描き直していたんですか。

森川　ええ、日本の原画と違うでしょう。向こうで描き直すから。

――日本から来た原画をそのままトレスせずに、向こうで描き直していたんですか。

森川　描き直した。それでいこうってことで。

――それであの多国籍的な、日本のものではない独特の雰囲気が出たんですね。

森川　うん。向こうじゃ描けないっていうの。だから、じゃあ自由にやろうって。それで色も全部やり直したんです、第一回目は。木村さん、あれでまいっちゃった。

――一話の色ですか。すごく色が鮮やかでしたよね。

森川　最初バットも、黄色だけ塗ってあってね。金に見えない。それで、全部直した。勿論フィルムは撮ってましたけど。それでオープニングありますよね。あれも最初見たとき良くなくて。それで私が居残って三日間徹夜して、又野くんと必死に直したの。

――それは日本に帰っていらした時に？

森川　帰ってた時に、ちょうど試写があるから来てくれっていうから。何だか出だしが、ノッコノコしてるんですよ。これじゃダメだっていって、それで音楽を合わせてね。

――シンクロさせて。

森川　フィルムの上でやるとね、こっち引き伸ばしたり、アップにしたりして。それで撮影は、東京裁判とか戦地の撮影をした、藤波（次郎）っていう先生ですけどね。カメラはね。

その人が来てくれて、やったわけです。

――やり直して。それで、あの格好いいのになったんですね。

森川　ええそう。大変なやり方だろうけど、やってみようかってやったら、良かったのね。三重やってるわけですからね。

――三重露出。

森川　ええ。だから、当時いい機械がなくてね、あの人はいい機械持ってたんだけど、現像場でうまく対応できないんですね。ちょっとズレちゃったりね。そのときはまだ昔ですからね、コピーが出来たばっかりの時代。技術もまだ良くなくて。

超多忙だった韓国での作業

――でも、僕らが驚くのは、森川さんは、まあ又野さんも時々来たりしましたけど、殆どお一人で韓国にいらして、原動画などの作画の面倒は見る。で、彩色も見る、背景も見る。要するに全部を見て。動画監督っていうより、出来たてのアニメーション現場の総監督として全体を見てらしたわけですよね。

森川　ええ。タイムとかね。この言葉は、これだけでは入らない。だから、日本語になるときは、ちょっと長くして秒数を増やすとかね。そのチェックもしなきゃならない。だから疲れましたよ。

――それで、毎週毎週新作を作らなきゃいけないわけですよね。

森川　三〇分物でしょう。だから、一応責任者は誰と誰ってことにしたけど、本当は一人じゃ出来ないんです、三〇分を一週間では。一週間っていっても、必死になってやらなきゃいけない。で、みんな習っていったんですね。

――でも、それこそ九〇〇人から選ばれた八〇人だけれども、その一年前は素人だった人たちを率いて、森川さんが作ってたわけですね。

森川　大変だったですよ。

――すごいですよね、考えてみると。

森川　で、日本語が（笑い）。

――しかも喋ってはいけない。

森川　それでも、こうだってパッと分かってきますからね。みんな頭いいですよ。日本語はそのうち、喫茶店で喋っても……、おもてではいけない。おもては一人で歩くと危ないんで、必ず仲間と一緒に。だけど、食堂はもう慣れて。

――だいぶ雰囲気が。つまり国交条約を結んでから、変わってきたわけですね。

森川　はい。私も大きい食堂には行かないで、みんなと同じ真赤な辛いどんぶり飯をね、「ダメだ」っていうんだけど、食べたですよ。昼間ね。

――辛いキムチの飯を。

森川　とにかく辛かった（笑い）。だけど、みんなと仲間にならなければいけないんでね。

――本当に同じ釜の飯ですね。

森川　はい。みんなもう後ろから足グッと倒したりね。

――あ、イタズラして（笑い）。

森川　私が眠くてしょうがなくて水かぶりに行くと、生徒たちが本当に脇で一緒に水をかぶってくれるんですよ。だからこれはみんな真剣になってるんだと思って、いいかげんなことはできない。そう思って一所懸命だったです。というわけで、あれもこれもできましたけどね。でも本当は私『黄金バット』、あれ嫌いだからね。

――お嫌いなんですか。

森川　嫌い。私、『昔ばなし』をやってましたから。

――森川さんはその後、『まんが日本昔ばなし』を七十六歳になるまで作られておられますし、それは第一動画での後味の良くない経験からのご発言だと思いますが、今もう三〇、四〇代になってる当時の子供は、みんな『バット』と『ベム』が印象にあったんですよ。

森川　私はまあ、仕事としてね、やろうと思って。終わったらすぐ『昔ばなし』にいっちゃって（笑い）。（第一動画は）解散しましたからね。

――そう、そこら辺もお尋ねしたかったんです。森川さんは『バット』や『ベム』以前には何も、日本のテレビアニメのお手伝いはされなかったんですか。

森川　そう、CMの仕事は一杯やったけど。

――では『ベム』を終えられて失意のもと帰国されて、そこから『日本昔ばなし』までちょっと時間が空いてますよね。その間は何をされてらしたんですか。

森川　暮田っていう、六〇年来の友達がいるんです。芦田さんとこで会ったりね。この人と時々会うんです。それで「何をしてるか」っていうから、実は、と話すと『昔ばなし』をやってくれる。

ね、その人が教えてくれた。仕事が無くなると、誰かがそうやってくれる。

――ご縁なんでしょうね。

森川　不思議なんですよね、あの人は。日本帰って仕事がないかなって思ったら、赤本がありましたよ。

――ええっ、森川さんは赤本マンガも描いてらしたんですか。それはご本名で出されたんですか。

森川　ええ、東シロウという名前でね、五、六冊頼まれたんです。トウシロウですよ。

――そうだったんですか。

後味の悪い第一動画と東洋放送の提携終焉

森川　実は第一動画がつぶれた頃、秋田に指導にいってるんです。

――今度は、秋田でアニメのスタジオを。それは第一動画の仕事で、でしょうか。

森川　そうそう。「ええっ？」っていってるうちにね、ちょっと第一動画で『ベム』を整理したり、グラグラと案を考えたり。そのうちに、向こうにもうアニメーター来てるっていうんで行ったら、五〇人ぐらいいるんですよ。雪の降った日でね。それで、ちょっと似顔絵ね、自分の顔を描けっていって描かせたんですけど、全然ダメなんですよ。それはアニメーターじゃないんです。農耕の暇な時に、息抜きというか。

――出稼ぎの代わりですか。

森川　そうなの。そんな連中だから、出来っこない。東北新社がやったんですけど。それで、一カ月ぐらい居たんだけど、全然使えないですね。いくら絵描いたって描けない。手は震えるし、三角、丸描いたってダメだしね。だから、この会社はできない。「私は辞めるから、これはもう放棄します」って言って、帰って来ちゃった。

――それは森川さんがその前に、言葉は通じないけど情熱的で一所懸命やってる韓国の若者たちとやってきたわけですから、より差が見えるわけですよね。

森川　だから私は韓国でもっと援助して、もうちょっとうまくできないかってことで考えてたんだけど、「あんた韓国のことはいいから、第一動画のことを考えてくれ」って言われてね。そういわれたからもう、黙っちゃったですね。

――要するに、最初は国交のために行って。そして、指導して一所懸命やってるうちにいつの間にか、自分も第一動画の役員になってらして。

森川　それで、月給取りになって企業になっちゃってね、政府は逃げちゃったわけです。何も関係なくなっちゃって。

――ああ。民間の単なる下請け業になってしまったわけですね。

森川　ええ。第一企画の下に入ってね。これはおかしいぞ、と思ったんですね。それで私は、もう辞める考えを持ってましたからね。韓国もみんな描ける連中だから。だけど、どうするんだろう、と思ったことがある。

――『黄金バット』が終わった後、『ベム』になって。で、『ベム』はオリジナル企画で、早すぎましたけれど、二十六本で終わりましたよね。

森川　『巨人の星』とかね、ああいうのが出てきたでしょう。だからね、代理店が降りたんです。そのために『ベム』もね結局、止めるということになったわけです。

――森川さんも、指導で行ってたはずなのに、企業として作品が終わったから帰って来いっていう帰国命令が出るわけですよね。

森川 そうです、ええ。それで帰ってきましたね。

――でも、後ろ髪引かれますよね、そんなの。

森川 私は朝鮮語がわからないんでね、手のひらに韓国語で「さよなら元気で」って書いて、それでみんなと握手したら、泣いてましたね。変な別れ方してね、言葉が出ないんですね。涙声になっちゃうんで。そうして、空港に全員お別れに来た。

――見送りに来てくれた。

森川 で、それっきりもう行かない。それからも、韓国どうしてるんだっていったら、浅井さんは「あなた韓国に手紙出したりしたら殺されるよ。住所いったらダメだよ」っていってね。

――それは、会社として不義理をして引き上げたからっていうことで。

森川 そう。放り出してきちゃったから。あとはもう知っちゃいないって。それが第一動画のやり方。私は憤慨しまして、自分から辞めたんです。

――しかもまだ国交を回復したばかりで、友好事業として始めたものを……。

森川 またおかしくなっちゃった。だから、その後のことを聞いてないですしね、聞かないようにしてる。

――ご自分としても、向こうの元お弟子さんたちに、悪いことしたなと思いつつ、連絡も取っちゃダメだと言われてますし。

森川 「殺される」って。事実を言っちゃいけないっていうんでね。それでも、誰かまだ連絡してますから、秋田の下宿先を韓国側が察したみたいでね。それで、私がそこに行ったと聞いて、そこへどなりに来たことがあったですよ。

――韓国の東洋放送の方が、「どういうことだ。本人を出せ」と。

森川 うん。ところが私は、もう辞めちゃっていません、ということになる。なにか私は病気になってる、ということになってた。みんなひどすぎるんですよ。だから、そういういきさつでね。でもかなり後で、電話が一本入りましてね。韓国の人だけど、名前は名乗ったけど忘れたですけどね。

かつての教え子からの嬉しい連絡

――それはかつての韓国の教え子のお一人ですね。その方は日本語で話されたんですか?

森川 喋られないけど、日本語を誰かに聞いたんじゃないんですかね。だから、その時はちょっと感激しましたね。私を憎んでない人もいる、と思って……。

――いえいえ、皆さん憎んではいないと思いますけど。

森川　東京見物に来たときか何かわからないですけどね。他にもまた何人か、孫さんていったかな、会いに来るっていうことを言ってきた人がいました。

――お礼を言いたいと、ですね。

森川　はい、だけどまだ連絡してないです。で、これ（小包を指して）も今日韓国から送って来たんです。午前中ね、お礼に送ってきたの。

――それは嬉しいですね。決して韓国のスタッフも森川さんを恨んでなんかいないじゃないですか。きっと、皆さん韓国のアニメ界で活躍されてるんでしょうね。

森川　そうらしいですね。だけどあなた、よく知ってますね。

――はい。本当にあの当時の話が知りたいんですよ。影響を受けてますし。森川さんがどちらにいらっしゃるか存じ上げないときに、若林忠生さんとたまたま知り合えまして、いろいろお話しを伺いました。

森川　ああ、そうですか。

――若林さんは「僕はキャラを描いただけで、実際の作画は韓国にいた森川さんなんだ」っておっしゃってたんで、森川さんはどこにいらしたのかな、と思ったんです。

森川　実際、あの人知らないでしょう。

――ただ、日本から送られてくるキャラクターの設定表を描いたのが、若林さんだったそうですけど。

森川　ああ、そうですね。日本に帰って来た時ね、ここを直したらいい、とかこうしたらいいとか。私も参加したんだけど、みんな顔知らないんです（笑い）。

――その場の人達と面識がないわけですね（笑い）。

森川　もちろん。何、うるさいことというんだよ、と（笑い）。だから実際の制作とは違うんです。私が責任者ですからね。

――やはり、あの当時の子供が魅せられたのは、ストーリーは勧善懲悪の和風なんですが、絵のタッチが洋風といいますか、異国風の独特な感じがありましたよね。

森川　だから変なとこがね、結構いいってことでね。それで日本で描いたのが、レンガ造りの……。

――変わった洋館が出てきて異国情緒漂う美術も良かったです。

森川　あれは、日本から何も言ってこないから、これでいこうって、みんなで自由にやった。何か変なうちに、どこの国かわからないから、外国に売れるかもしれないってね。そうそう、あの頃ね、オリンピックってのがあったんです。で、先頭に出てくるのが、韓国の国旗持ってくるんですよね。あれは困っちゃってね。

――ああ、オリンピックの選手入場シーンがあったんですね。

森川　アルファベット順だから、韓国が先に出るわけがない。ところが、向こうで変えちゃうんです。特に看板に背景に韓国語で書いてある。何て書いてあるのかわからない。だけど、日本に送るときには草野さんといっしょに直して。

――美術監督の草野和郎さんですね。

森川　で、やはり日本にそれだけ憎しみを持ってる。私も友達みたいとはいっても、何か言えば必ずしっぺ返しがくるから、用心はしてたけど、最後はみんな涙流してくれたんでね、良いことした、と思いました。

――それと森川さんはやはり、戦時中に満州とか中国で悪いことした、という慚愧の念、そういうお気持ちがあって、お返ししてあげなきゃいけないっていう使命感がすごく強くお持ちでしたでしょうから……。

森川　絵やマンガはね、これは中国でもそうですけど、言葉がわからなくても絵でやればいいやすい。だから落ち込んでる必要ないし、どんどん何かひとつ、一芸は身を助けるという。頭なくてもいいから、何かひとつ、釘打つの覚えるとかね。

――一芸に秀でよ、と。

森川　一流になれば食っていける、マンガは。それで私は始めたんです。私はもう親もなくて、悲しくてしょうがないから、自分が楽しくなるためにマンガを描いたのがきっかけなんです。自分が悲しくなったときは、ハーモニカ吹いたり、それからマンガ描いては楽しむ。そういうことでしたね。だから世界だって、マンガを描けば、言葉は分からなくたって、今みたいにああおかしくならないと思うですよね。だから、マンガはね、言葉で音楽だっていうことを書いたことがある。

――世界中の万国共通語だ、と。

森川　ええ、分かりやすい共通語。

――本日はお疲れのところ長い時間お話し頂きましてありがとうございました。大変勉強になりました。

森川　いえ、喋り過ぎたね(微笑)。

――いえいえ、本当にお身体くれぐれもお大事になさってください。

（二〇〇二年三月三十一日　於・埼玉県森川邸）

森川信英主要作品リスト

星まこと／編

■テレビアニメ作品

黄金バット	1967年4月～68年3月	動画監督
妖怪人間ベム	1968年4月～69年3月	作画監督
まんが日本昔ばなし	1976年1月～	演出・コンテ・作画
「鵜戸さん参り」	1980年5月30日	作画
「雨を降らす白なまず」	1980年7月12日	演出・作画
「スズメどんの鬼征伐」	1980年9月27日	演出・作画
「猿とつがねの餅つき」	1980年12月20日	演出・作画
「鬼と九十九塚」	1981年4月1日	演出・作画
「空飛ぶ船」	1981年7月11日	演出・作画
「名主がくれた苗」	1981年10月17日	演出・作画
「猿っこ昔」	1982年1月23日	演出・作画
「納豆」	1982年4月3日	演出・作画
「おかげ参り」	1982年7月10日	演出・作画
「善兵衛ばなし」	1982年10月16日	演出・作画
「いたちとねずみの栗畑」	1983年2月5日	演出・作画
「狐鞍」	1983年4月23日	演出・作画
「はちとあり」	1983年8月20日	演出・作画
「大泉寺のころがり石」	1983年11月15日	演出・作画
「源ェ門ポット」	1984年2月4日	演出・作画
「春日様のにぎり飯」	1984年4月21日	演出・作画
「田の神さまと吉蔵どん」	1984年9月1日	演出・作画
「シジミの恩返し」	1984年12月8日	演出・作画
「干柿と塩びき」	1985年2月9日	演出・作画
「てんぐ飛び」	1985年5月4日	演出・作画
「権兵衛峠」	1985年8月3日	演出・作画
「花咲じいさん」		演出・作画　ほか多数

■短編、ＰＲ映画作品など

カヘル剣法	1933年	作画
シンテリア嬢の花婿	1954年	作画
水っ子の旅	1956年	作画
子熊ちゃんの花束	1957年	動画
犯人は誰だ	1957年	作画
結ちゃんの肺戦記	1958年	作画

■ＣＭフィルム

ブリジストン
アサヒ　ペンタックス
メガネドラック
メルコム
ピース　など多数

＊年月はテレビ放送、公開時期を表す

取材後日譚　その2

森川信英さん

取材先は、埼玉県比企郡嵐山町のご自宅。

奥様は外出中でしたが、リビングにご案内いただきお話をうかがいました。

若い頃は、銀座でご自身のプロダクションを主宰しておられたという森川さんですが、温和で優しい方でした。

生い立ちから、戦前の満映時代、戦後の混乱期を経て、アニメプロダクションの設立。そして、韓国でのアニメーター養成と彼らを率いての制作の日々などを、落ち着いて語っていただけました。

驚いたのがご自身の自分史として各時代の資料を、絵入りできちんとまとめておられたことです。それを見せてくれながら、各時代を思い出していただき、取材を進めました。

この時も八十三才とご高齢だったはずですが、記憶もしっかりとしておられこちらが理解しやすいように話そうとされるお姿に、真面目なご性格が垣間見えました。

取材を終えると、「久しぶりにいっぱい話したから、ノドが疲れたね。だけど、ここまで自分の歴史を話したことはなかったですよ」と、微笑みながら冷蔵庫からアイスクリームを出して勧めていただきました。

また帰り際、書架にある一冊の本を取り出した森川さんは、ちょっと照れながらもあるページを開いて見せてくれました。

その本は、昭和五十八年（一九八三年）に出版された『現代人のための情報源大百科』（糸川英夫／編）で、各マスコミや作家、写真家、制作会社、図書館などの連絡先を網羅した、当時としては最新のデータベースです。

その中の、人材情報源の美術という項目に、森川さんのお名前があり、そこにはアニメーションと記されていました。そのページを見せながら、

「昔からこの仕事をやってきて、こうしてアニメーターとして個人で出ているのは私くらいだったんですよ」と、はにかみながらもお話しくださった、その誇らしそうな表情は忘れられません。

大きな組織に属さず、あくまで自分の腕一本でアニメの仕事をやってきたというプライドが、そこにはうかがえました。

記事も喜んでいただき、お褒めのＦＡＸを頂いたことも良い思い出です。

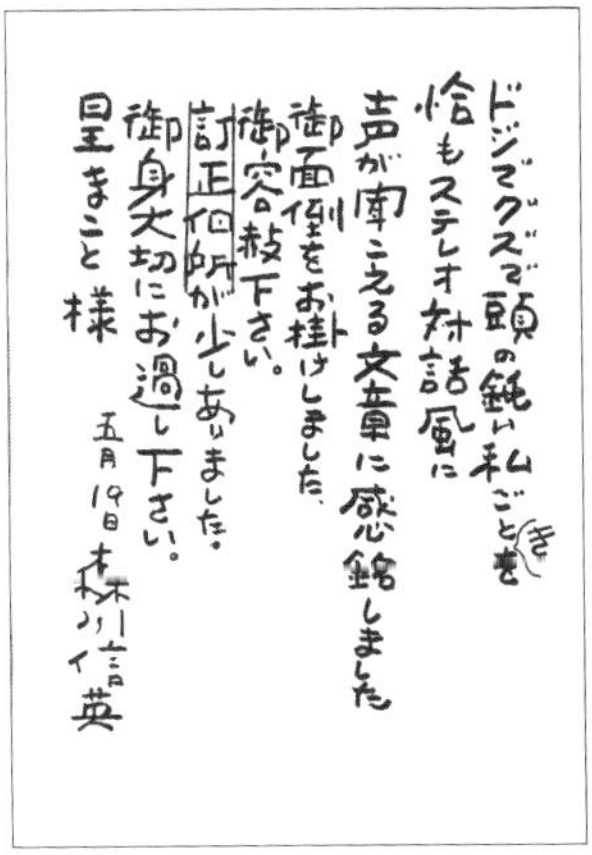
ドジでグズで頭の鈍い私ごときを
恰もステレオ対話風に
声が聞こえる文章に感銘しました
御面倒をお掛けしました。
御容赦下さい。
訂正個所が少しありました。
御身大切にお過し下さい。
五月19日
森川信英
星まこと様

いただいたFAX

うしおそうじ（鷺巣《さぎす》富雄《とみお》）

僕は特撮とアニメーションを分けて考えてないんです。

テレビアニメ黎明期に『０戦はやと』、『ハリスの旋風』、『ドンキッコ』などを送り出したピープロプロダクション。その社長である、うしおそうじ（鷺巣富雄）さんは、かつては手塚治虫と人気を二分する人気漫画家でもあった。

実はうしおさんには『まんだらけZENBU』7号（二〇〇〇年六月刊）のインタビューで、漫画家時代からピープロ特撮時代までを振り返っておられた。だが、その後我々はとんでもない事実を突き止めた。なんと、あの東京ムービーの設立のきっかけにも、ピープロの存在は大きく関係していたようなのだ。

今回はテレビアニメ創世期の経営者としての思い出とともに、その辺りの真相を伺うべく、執筆活動などでお忙しいところ、インタビューをお願いした。特撮の神様、円谷英二とは戦前に机を並べ、マンガの神様、手塚治虫の友人でもあったという、うしおそうじさんの語るテレビアニメ黎明期の真相とは。

うしおそうじ／鷺巣富雄（さぎす・とみお）
1921年（大正10年）東京都生まれ。漫画家、元ピープロダクション社長。

淀橋工学院中退後、東宝撮影所に入社。特技技術課線画係で円谷英二、大石郁雄の下で働く。戦後復員後、東宝争議に巻き込まれ退社し、漫画家として『チョウチョウ交響曲』、『朱房の小天狗』、『おせんち小町』などを発表する。アニメーション制作の夢を持ち続けていたところ、1959年（昭和34年）に東映動画の『少年猿飛佐助』の背景画の手直しの依頼を受け、戦前から技術的には変わっていないことを認識する。1960年（昭和35年）には、独立プロダクションであるピープロダクシンを設立。『マグマ大使』や『怪傑ライオン丸』、『スペクトルマン』などの特撮作品のほか、『ゼロ戦はやと』や、『ハリスの旋風』、『ドンキッコ』などのテレビアニメ作品も制作した。

ピープロの制作が中断した後は執筆活動に意欲を燃やし、自身のアニメーション体験をマンガにした『ヒトコマ賛歌』を、『アニメージュ』に連載。

また、親交の深かった円谷英二や手塚治虫を書いた『夢は大空を駆けめぐる 恩師・円谷英二伝』（角

――ご無沙汰してます。うしお先生の新刊『夢は大空を駆けめぐる～恩師・円谷英二伝』を読ませていただきました。

うしお　ああ、どうも。そうでしたね、感想を送ってくれたんでしたね。ありがとう。

――以前、伺った手塚治虫さんのお話も、現在執筆中だそうですね。楽しみにしてます。

うしお　僕は伝説じゃなくて、生の手塚治虫を一番よく知ってますから。みんな「それはもう絶対書いてください」って言うからね。手塚本は一五〇〇冊以上の本が出ているんです。僕は四、五年前から、ミッションとして「人間三部作」というのを企画してたんです。まず恩師、円谷英二。それからマンガの友達の手塚治虫、戦友の三船敏郎。これを生きてるうちに書き残さないと、そういう秘話みたいなものが全然伝わらないで、そのまま終わっちゃうんじゃないか、という思いがありましてね。それで、一念発起して。五年ぐらい前から準備して、まあ資料集めとか取材とか全部やりましてね。この『夢は大空を駆けめぐる』の場合は、ロンドンまでね。

――そのお年で、海外に取材に出かけられたとお聞きして本当にびっくりしました。

うしお　フフフフ。それからリヨンのリメール兄弟の話。もう今は全部草っぱらになってますけれど。そこに昔、リメール工場があって。やっぱり僕は、どうも現場に立たないとね、もうひとつそのイメージが定着しないもんだから。で、わざわざ出かけて行ってね。

――はい。読後に思いましたのは、テーマとしては円谷さんでしたけど、うしお先生が実際に生きていらした特撮映画史という側面も、とても大きく感じました。僕らからすると伝説の部分が、うしお先生ご自身が歩まれた道として書いてあったのが、すごく勉強になりました。

うしお　今度の手塚治虫も、そういう形でね。やはり皆さんのご存じない秘話や、実録みたいなものを、どうしても書かなきゃいけない。

――是非お願いします。今はどうしても、神様としてあがめる手塚像がメインになっています。そうじゃなくて、我々と同じ生身の人間で、怒るし笑うしという。それを書けるのはもう、うしお先生しかいらっしゃらないと思うんですよ。

うしお　そうそう。非常に人間的なんですよね。ただそれは、あの人の環境も良かったし、育ちも良かったしね。

政岡憲三さんがピープロの若手指導で力を発揮してくれた

――今日お邪魔したのは以前、大石郁雄さんやP・C・L(東宝の前身)時代の話は伺ったんですけれど、テレビアニメ

「夢は大空を駆けめぐる〜恩師・円谷英二伝」角川書店刊・うしおそうじ著、カバー・本文イラストもうしおさんによる。

の時代を全然お聞きしてなかったんです。やはり虫プロの『鉄腕アトム』が始まって、それから様々なプロダクションが生まれてテレビアニメを作り始めました。でもその当時、アニメーターは殆どいませんでしたね。多分、スタッフを集めて養成しながら、『0戦はやと』を作られたと思うんです。ピープロといえば、若い人は特撮と思っているところがあるんです。ですから、テレビアニメ時代の話などもお聞かせ願えばと、伺いました。

うしお　うん、僕が『0戦』でさんざん苦労したのはね。局からもらえる制作費がもう決まってたんです。それで、これは手塚さん自身が漫画家なのに、虫プロの社長としてアニメの会社を経営し始めた。この時の話なんか、もう本当に今考えると笑っちゃうようなことが、いっぱいあるんですよ。

——手塚さんが『展覧会の絵』を作られて、ヤマハホールで『アトム』の一話と一緒に上映しましたよね。その時、ご覧になられましたか。

うしお　僕、確か見てるはずですね。

——まず『アトム』がスタートした昭和三十八年頃の話を、お尋ねしたいんです。うしお先生は東映動画などができる以前からのアニメ作家で、全セクションをやってきたから、やれたとおっしゃいましたね。ただ実際問題、今度は『鉄腕アトム』がヒットして、ＴＣＪなどあちこちの会社が作りはじめます。そうするとやはり描き手が足りなくなってきますよね。その時ピープロは、五人ぐらいしか社員がいなかったと聞いています。そうなるとスタッフを急遽集めなきゃいけないですよね。

うしお　それは新聞広告を出すわけ。そうするとウキウキ来るんだな。アニメの業界でひとつ良いことは、人間の心配がないんです。要するに、募集するとワッと来るんだよ。どんな時代でも。

——でも、使えるかどうかは、分からないですよね。

うしお　いや。だから、それで教育できる人間が中にいるかどうかっていうことですよ。うちには政岡（憲三）さんが居たの。だいたい政岡さんには、そういう狙いでお願いしたんだけれど、あの人の教育で三カ月やると、一人前になっちゃうんですよ。だから女子美とかからその時期になると、就職の申込みがありませんかって、必ず学校のほうから。

——ああ、学校から問い合わせがありますね。

うしお　そうすると、今年は最低一〇人は欲しいですからと、お願いする。その中で使えるのが三人ぐらいですよ。

——一〇人採って三人。

うしお　うん。三人。だから、その三人が三カ月の間に絞られてくるでしょう。すると三カ月経つと、もう一人前になるんですよ。

——即戦力になるんですね。

うしお　そう、即戦力。これは、政岡さんのおかげですよ。それと募集すると、例えば一〇人採ろうとしても、それには一〇〇人ぐらい。

——書類選考までに、応募があるんですね。

うしお　そう。そうすると、とにかくアニメの仕事がやりたいっていうのは、当時から本当に大勢居たの。ただ中には前歴が、パン屋だったり、新聞の配達員だったり、中には大工やってたなんてね。それで、「おい、大工さん」って呼ばれてるんだ。大工原（章）さんと間違えるんじゃないかと思うけど。当時スタジオの二階をちょうど工事している時に下りて来たヤツが、どう見ても大工に見えるんだよ。それで僕なんか、「おい、大工さん。ここのとこ、ちょっと具合が悪いから見てよ」って言ったら、うちの社員なんだ、それが（笑い）。

アニメとは作画だけでなく、撮影の要素も非常に大きい

うしお　それでね。僕が独立していた時に、一番力を入れて金をつぎ込んだのは機械ですよ。キャメラそれから線画台、それから特撮のできる二枚掛けの、いわゆるベルタイプとミッテルタイプ、これに一番金をかけた。だから円谷さんが、僕が独立したって言ったら、すぐ来ましてね。「おい鷺巣君。君のとこ、すごい機械入れたなあ。独立したけど、こんなに個人で機械を揃えてるのは」って驚いた。でもね、例えばワイドになると、レンズを一本買わなきゃいけない。レンズは当時の金で一本五〇万だったんですよ。それでもどうしても必要だからって入れて、僕は機械が好きだから、自分でテストしたんです。暗室を作って、そこでテストピースを現像して、ちゃんと合成がうまくいってるかどうか、自分で見てね。それで撮影の連中に指示してました。大体、みんなアニメーションって言うと、絵のことばっかり言うんだよ。それは当然だけどね。だけど実は、撮影の要素が非常に大きい。だから特撮とアニメというのを、僕は決して分けてないんだ。アニメをやって『ドンキッコ』の後が、僕の原作の『ヤダモン』。それで、ずいぶんいろんな怪獣が出て来てね。

――あれは、実写の怪獣と戦いましたよね。

うしお　そうそう。あんなのもね、僕がこれやってくれって言ったら、社員がもう、僕の考え方を知ってるから、よしやろうっていうことでね、放っといてもそれぞれのパートが、一本作っちゃった。ですから「ピープロで育ったヤツはつぶしがきく」って、いうのはね、いろんなところへ行っても、やっぱり僕の教えた精神が、ある程度は伝わってるはずなんですよね。

――ピープロにいれば、虫プロとか他の会社と違って、原画なら原画とか、背景なら背景じゃなくて、一応一通りはできるようには教えたと。それをやってもらったんですね。

うしお　そうそう。

ピープロ流テレビアニメ制作術

――それで、ピープロに『0戦はやと』の話が来た時は、一本三〇〇万円の予算だったと以前伺いました。

うしお　ええ。どんどん安くしてやったわけ。

――それは、出来ると思われたんですか？

うしお　まあ手塚さんのところも海外売りで殆どトントンで、うち自身も赤字を出しましたけれどもね。僕が『0戦』で成功というか、一応やれたのは、アニメ会社の経営者は、技術的には絵描きで出てる人が多いでしょう。横山（隆一）さんのところもそうだし。だけど、僕の場合は総合的に物事を判断するから、三五〇万で出来る範囲では五〇〇〇枚なんか描けないです。せいぜい三五〇〇枚だよ。もっと減らしたい。減らせる方法っていうのは何かっていうと、セルの繰り返しを使う。それから撮影でカバーする。つまり急降下爆撃なんていうのは、あれは全部一枚一枚描いていたら、大変な費用なの。だからそのために発明したテクニックがあるんです。その時は初め、苦し紛れで考えたんだけど、レンズの前に割り箸を四本吊るして、そこに小さいガラスをセロテープで巻くと、そこで固定するんですよ。それにタップをつけて、急降下する飛行機のセルを1枚載せるの。あと一番下の大きな絵は、波の絵と航空母艦の俯瞰を描いておく。そして撮影を、はい、一コマ、一コマって少しずつ下ろしていくと、これがリアルな急降下爆撃になる。そんな、レンズ前に物をぶら下げて撮るなんてことは、誰も考えない。僕は昔、鈴鹿海軍航空隊の映画を作っている時に、そういうものをさんざんやったし、それからスチールを全部伸ばしてね。

――背景にしたんですね。

うしお　そう、一二〇枚の印画紙にして、それで撮るとかね。つまり全部手で描かないで、なんとか埋め合わせをしようと。そうすると三〇〇〇枚以内で納まっちゃう。飛行機のプロペラっていうのは三枚あれば、あれだけ回るの。そういうテクニックを使うとね。要するに物凄いリアルな雲の絵を渡辺善夫さんに描いてもらって、それを引っ張りでもって、一コマずつ移動する。それでプロペラは三枚で繰り返す。そうすると一〇秒でも二〇秒でも、それで飛ばしてると、立派にワンカットになっちゃうんだ。だからワンシークエンスを幾つに割るかによってカット数が出るけれど、うちの場合はカット数は決して少なくしないですよ。むしろ逆に増やす。

――多かったですね。編隊飛行とかも、いろんなカットでやってて。それも引きセルなんですけれども、動いてる感じがでてました。

うしお　そうそう。それから急降下する時に、こっちからバーッと突っ込んでいく。これをワンカットの絵で描かせるんです。今度は裏返しにして、こっちからずっと。そういう編隊飛行なんかをやってると、決して手抜きだっていう感じがしないんです。絵に映らない事には絶対お金をかけない。これが僕のテーゼだったわけ。

――いわばポリシーだったんですね。

うしお　そう、ポリシーです。ピープロは終始一貫、絵にならないところにお金は一切かけない。最低必要限度これはどうしてもっていうところは、しょうがないけどね。ピープロっていうのは、そういうものだってみんな認識してくれたわけ。だいたい社長は酒飲めないし（笑い）。

――飛行機とか、そういう撮影には、けっこう社長自ら立ち会われたそうですね。背景も海の写真を伸ばされたりと。キャラクターも、政岡さんがお描きになってたんですか？

「0戦はやとビクターミュージックブック」MBK-109・ビクター出版発行。A面B面ともに作詞は倉本聡さん。

「ドンキッコ」MG30-10・ミュージック・グラフ発行。

うしお　いや、違う。やっぱりさっき言ったパン屋を育てたり、新聞配達を育てたり、それでみんな間に合わせたの。

——辻なおきさんの原作マンガがあったわけですよね。あの絵で僕達は動いていたと認識しているんですけれども、あの作画の直しとかは、うしお先生もやってらしたんでしょうか。

うしお　僕もやったし、僕自身が一本作ったのは、『幻の空飛ぶ戦車』っていうのがある。これは大変面白いシナリオでね、絵コンテも僕が描いた。その動画は、全部バンクシステムで棚にしまってあるヤツを使って、それで一本作っちゃった。

——新作カットの描き下ろしは無しで、多少の繋ぎくらいでしょうか。

うしお　それは全部自分で描いちゃった。だから三〇〇万、浮かしちゃって。そういうことが出来るのは、やっぱり俺だけしかいねえなって（苦笑）。

『0戦はやと』には、『北の国から』の倉本聰さんが若き時代に参加していた

——それであと興味深いのは、『0戦はやと』の作詩もシナリオも、今をときめく『北の国から』の倉本聰さんですね。あれはうしお先生が探して引っ張ったんでしょうか。

うしお　いや、代理店のオリコミ広告に、慶応出の星野さんっていう営業マンがいたんですよ。

——その方のご紹介で、シナリオ書ける人がいるんだと。

うしお　そうそう。

——倉本さん、まだお若い頃ですよね。

うしお　若いですよ。まだ当時学生服ぐらい着てたんじゃないのかな。

——でも、それは習作か何かを見たんですか。それで、これは使えると思われた。

うしお　いや全然。知らないんだもの。

——でもお仕事を、発注してますよね。

うしお　ただ、星野氏が責任持つからって言うから、「ああ、それだったら任せますよ」って。そしたらね。

——いい物を書いてくれたんですね。

うしお　うん。それで主題歌もそうだし、シナリオの一編もそうだしね。ただ倉本さんは、あんまりそれは発表されたくないんじゃないかって、逆にこっち側が慮るぐらい、どんどん良くなっちゃった。もうテレビ界では大巨匠ですよ。

今明かされる衝撃の事実　東京ムービー誕生秘話

――あと、お尋ねしたかったのは、『0戦はやと』っていうのは、三クール続くはずだったのに、放映途中の二クール目で一回危なくなったと。それをなんとか先生のほうで局にお願いして延ばしてもらったと、聞いているんです。

うしお　そうそう。

――ただ東京ムービーの藤岡豊さんは、生前TBSとして『ビッグX』の権利をピープロでやってもらうためにとったのに、ピープロさんが『0戦はやと』を延ばしてしまったためにやれなくなったとおっしゃってました。これはどういうことなんでしょうか。

うしお　これは裏話だね。要するに、時代を変えちゃったわけですな、アニメのプロダクションと業界の。

――そうなんです。ですから簡単にいうと、ピープロさんが『ビッグX』を断ったがために、東京ムービーができたという訳なんですよね。

うしお　そうなんですよ。あなたは非常によく知ってるけれどもね。その裏話を知ってる人はあまりいないですよ。あのね、それはこういう話なんです。まず集英社の『少年ブック』編集長の長野（規）さん。

――『おもしろブック』の編集者で、後に『少年ジャンプ』を創刊した名編集長ですね。

うしお　そう。当時あの人は、テレビ化がいかに自分達のメリットになるかを、一番知っていたんですよ。やっぱり売れ行きがまず違う。売れちゃうんですよ。それが証拠には『マグマ大使』をやった『少年画報』が、あれでもって一挙にバーッと上がっちゃった。それで『怪獣王子』をやったわけですからね。大分経ってから、『マグマ大使』を僕が目をつけて、手塚さんの所に行って、手塚さんに一筆書かせて。

――名刺の裏に書いていただいたんですよね。

うしお　そうそう。松崎プロの実写版『鉄腕アトム』と違って、今度僕がやる『マグマ大使』は、絶対ひどいものじゃないから、とにかく一筆書いてくれっていって、あれができたんですよね。それと当時、虫プロは手塚原作のものは全部虫プロがアニメにするんだと。

――手塚さんは『アトム』の実写版で、イヤな思いをされたので、実写化には抵抗があったんですね。それでも、うしおさんがやるならと『マグマ大使』の映像化権を渡されました。そして幾ら『少年ブック』とTBSが『ビッグX』のテレビアニメ化を希望しても、当時アニメは全部虫プロだと決めていたわけですよね。しかし手塚さんも、うしおさんなら『ビッグX』を渡してもいい、とは言ったと思うんです。だいたい、普通なら許可しなかったと思うんですよ。

うしお　しないしない。僕は手塚さんに話をすれば分かってくれるっていう、最終的な自信があったからね。それでその

アニメーションの歴史

うしおそうじ

「昭和のアニメーション」

〔前　史　（1904年〜1927年）〕

アニメの草創期

エジソンやリュミエールたちの発明で活動写真が誕生してから八年後、フランスの画家エミール・コールが静止する絵を動かして動画を創作した。つづいて一年後にはアメリカのウインザー・マッケイが『恐竜ガーティ』という一万枚の描画で製作した本格的アニメーションを生み出している。日本では一九一七年（大正6年）下川凹天が始めて『芋川椋三玄関番の巻』という動画を作りこれが日本のアニメ第1号である。当時 サイレント一秒間が16コマなので、一秒間に8枚の変化する絵を描きこれをカメラで一枚二コマづつ撮影するときれいに動いた。ところが昭和10年代の透明セル画が使用される迄は、動く人物・動物キャラクターは全部鋏で切り抜いて背景画の上へ足許をポイントにピンセットで一枚づつ置き換えてゆくという高度のテクニックを要求された。一時間もの長篇を作るには凡そ四〇万枚もの動く絵が必要で気の遠くなるような仕事である。ボクがこの世界に入った頃には、徒弟制度の空気が残っていて撮影から現像の上りまで全工程をたたきこまれた。

トーキー漫画映画登場！

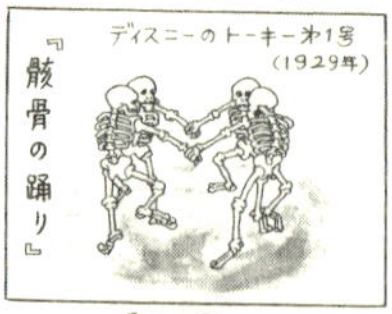

トーキーになって1秒間24コマが決まりとなり、1秒間12枚の描画が原則となった。これが劇場アニメのフルアニメーションである。1930〜40年代はアメリカのアニメ産業が一世を風靡して、カラー化するとディズニー製作の大作が次々と送り出された。

マックスとディヴのフライシャー兄弟プロダクション作品の傑作！
『ベティ・ブープ』

ディズニー初の長篇
『白雪姫』
〈総天然色作品〉

（日本では昭和10年ごろまでセル画はなかった）

『ギャング』と踊り子』
（トーキー2作目）

『動絵狐狸の達引』（PCL）

日本のトーキー漫画は松竹と政岡憲三が組んで昭和7年に製作した三巻『力と女の世の中』が第一作である。翌8年にPCL（東宝）大石郁雄作品もトーキーの名作といわれる。

忘れられない村田漫画作品

うしおそうじ　僕は特撮とアニメーションを分けて考えてないんです。

ウォルト・ディズニー
大統領の名は知らなくても彼の名を知らぬアメリカ人はいないといわれるくらいウォルト・ディズニーの名は不滅である。世界中の大人も子供も、戦争の時も平和の時もディズニーのアニメの世界を語る時、そこには限りなくハッピーな夢がある。彼は第2次大戦中、多くの教材戦意昂揚アニメを作り国家に多大の貢献を果したという理由でカルフォルニアに広大な土地を贈られそして出来たのが、あのディズニーランドだという秘話を、ボクはセントラルモーションピクチュアに勤めていた頃に聴いた。真偽の程は判らないがよく出来た話である。
昭和17年5月、漫画トーキー映画史上画期的というふれこみで中国の万四兄弟が三年の歳月と二百人の画家を動員したという長篇漫画が日本中の各地で封切られ大成功した日中戦争たけなわの頃のこと、翌18年日本では『桃太郎の海鷲』封切
堂々二時間半
長篇漫画
鐵扇公主
製作・張善琨
作画監督・萬籟鳴 萬古蟾
中國映画
日本語版演出 徳川夢聲
西遊記
日本語版 全九巻
桃太郎の海鷲
昭和18年 芸術映画社
日本の長篇第1号
昭63年度
『となりのトトロ』
『風の谷のナウシカ』『天空の城ラピュタ』など独自の境地を開拓した宮崎駿の作品は素晴らしく特に『となりのトトロ』は表現する作風が独創的でしかも日本風土の美意識に説得力がある。『魔女の宅急便』もユニイクなアニメで成功している貴重な作家なり。
東映長篇動画『白蛇伝』
昭33年度
東映の再建社長大川博は念願の長篇アニメーションを実現するため東映動画創立。
日本の劇場長篇アニメ登場！
鉄腕アトム
テレビアニメ現わる
昭38.1.1放送開始
アメリカテレビ界に遅れること約10年で日本にも商業放送がスタートした。当然CFにアニメーションはなくてはならず　まず60秒、30秒、15秒、5秒のアニメCFが急速にブラウン管を賑わした。しかし毎週一本30分物シリーズを製作することは不可能視された。手塚治虫は　その不可能を可能にしたテレビアニメの風雲児。アトムの成功は業界に火をつけた。忽ちアトムにつづけとばかり続々とシリーズが踵を接して各局が放送する時代を迎えた。
影絵アニメ
毛筆アニメ
人形アニメ
ピン・スクリーンアニメ
スチールアニメ
ダイナメーション
などなど……
ギャグ
テンポ
物語性
日本のアニメはスタイル、テクニック共にワンパターンで進歩がない　新分野に挑戦すべし！　そして三大要素のアンバランスが目につく　アニメとは動きが武器　往年のポパイのギャグとテンポが懐しい！
（イラストはコピーを使用していません　すべて模写です。）
ハンナ・バーバラ オールスター
1950～60年（昭25～35）代アメリカのテレビアニメ界に次々とニューキャラクターを出現させたのがハンナ&バーバラプロダクション。彼等はそれ以前に劇場アニメの『トムとジェリー』という傑作をシリーズで作っている……
猫と鼠の『トム&ジェリー・シリーズ』
一九四〇年（昭15）創作した名作
徹底した動きとギャグの洒落た大人受け作品

うしおそうじさんによる「アニメーションの歴史」
この原稿は、うしおさんよりインタビューの際お借りし、編集部で抜粋して掲載した。

話が来た時に、TBSから誰が来たかっていうと、橋田寿賀子さんのダンナさん。岩崎嘉一っていうの。嘉一ちゃんとは、僕は前にTBSの海外進出をする、これもやっぱり長野さんのところが連載していた、横山光輝の……、なんて言ったっけ。

――『宇宙船レッドシャーク』でしょうか。

うしお　そう『レッドシャーク』。あれを岩崎さんと一本作ったの。その時の上司が有名な局長ですよ。あの制作費をTBSが出して、カラーで一本作った。これも政岡さんが一番大事なとこ、全部やってくれたんです。この『レッドシャーク』は、今ウチに無いんだけどさ。

――ええっ、フィルム無いんですか。

うしお　無い。どっかへ、貸しちゃったんだな。

――昔、みのり書房の『OUT増刊ランデヴー』という雑誌でフィルムストーリーが出てましたね。とても格好良かったんです。これが動いているのを見たい、と思いましたよ。

うしお　あれはアメリカでも非常に評判が良かったんです。政岡さんの大きな絵が、フルアニメでね。本当は実写だったらキャメラがクレーンで移動するような。それをアニメで全部手書きでやった。そういうシーンは、政岡さんしかできないね。

――回り込みのシーンですね。

うしお　そうそう。それが入ってるんだよね。だから、パイロットは絶対気に入ったはずなんだけど、結局アメリカ側は乗らなかったんだ。

――買ってもらえなかった。

うしお　そう。カラーで作ったって、結局売れなきゃあね。日本じゃ買える力がなかった、当時まだカラーの出始めだから。そんなことがあって、長野さんが岩崎嘉一ちゃんとまた組んで、『ビッグX』はTBSも放送するばかりでスポンサーも用意した、という段階でウチへ来たの。しかも、このおいしい話は、現金で三〇〇〇万用意してあるって。

――当時で三〇〇〇万円ですか？　スタジオが建てられる位の金額じゃないでしょうか。

うしお　そうですよ。だから僕は乗ったのよ。

――最初はOKしたんですね。

うしお　OKした。だってこの映画までしかないんだから。いくら前渡し金を出すと言っても、当時一〇〇〇万でも出さないんだから。それが三〇〇〇万用意するって。

――今だったら億単位ですよね。

うしお　うん。だから僕はウチを五階建てぐらいのビルにして、エレベーター入れて一番地下は撮影スタジオで。あとはアニメーターとか彩画とか、そういう構想まで頭にね。しかも当時、銀行がウチに目をつけてたから、今度新しい仕事がいっぱい入るって言ったら、ビルに関しては援助しますって。そういう話までなってた。

――そこまで、具体的な話が。それがなぜ…。

うしお　それで、今仕事に入ってる連中にOKとらないと、僕の一存じゃできない。

――だって経営者なんですから、ご自分で判断されれば。

うしお　いや、そんなことはできない。現場がうんと言わなきゃ、やるとは言えないから。しかも時間が限られてるでしょう。スポンサーまで決まって、枠ももう取れちゃってるんだから。それでイエスかノーかの返事をしなきゃ。僕は初めイエスと言ったんだ。それで各部長を集めて、どうだ、と。そうしたら「社長、それはもう絶対無理です。もし社長が引き受けておやりになるならやってください。だけど社員はみんな、それだったら辞めちゃいますよ」。そう脅されたんです。でも僕は、なんとかなるよ、それだけまた引っ張って集めてね。それで半年やれば、政岡さんが養成してくれるんだからね。

――戦力になるよ、と。

うしお　だけどね、もうほとんど当時満杯でね。もうTCJだろうが、どこだろうが、もう引き抜かれるのを警戒してね。それで皆、だから…。

――囲い込んでたんですね。

うしお　そうそう。だから僕は、もう泣く泣くね。

――TBSに頭を下げに行って。

うしお　そう。そしたら向こうは困っちゃった。

――放映の枠をおさえてますよね。しかもスポンサーもいますよね。手塚さんには、『ビッグX』を断ったよっていう話はされたんですか。

うしお　いや、それは後でしましたけどね。その時はしなかった。それでね、僕が断ったでしょう。TBSが大変なことに……。

――てんやわんやですよね。

うしお　それで編成局長の決断で、結局、新しくどこか振り向けろという至上命令が出て。そしたらもうやる所ないわけですよ、当時はね。ところが、そこでムービーの藤岡氏が、三〇〇〇万にまず魅かれちゃったんだろうね。仕事はとにかく間に合わせりゃあいいんだ、と。当時、国際放映に山根さんというプロデューサーがいたわけよ。その人が大体、藤岡さんの相談に乗っていた。それで、要するに藤岡氏が自分が責任もって、人集めとプロダクションを作るから、国際放映の名前を貸してくれということで動いて作ったのが東京ムービー。しかし、これも寄せ集めだから、絵だってひどかったし、時間だって本当にスレスレだった。だけど、それのおかげで東京ムービーが出来ちゃったんだな。

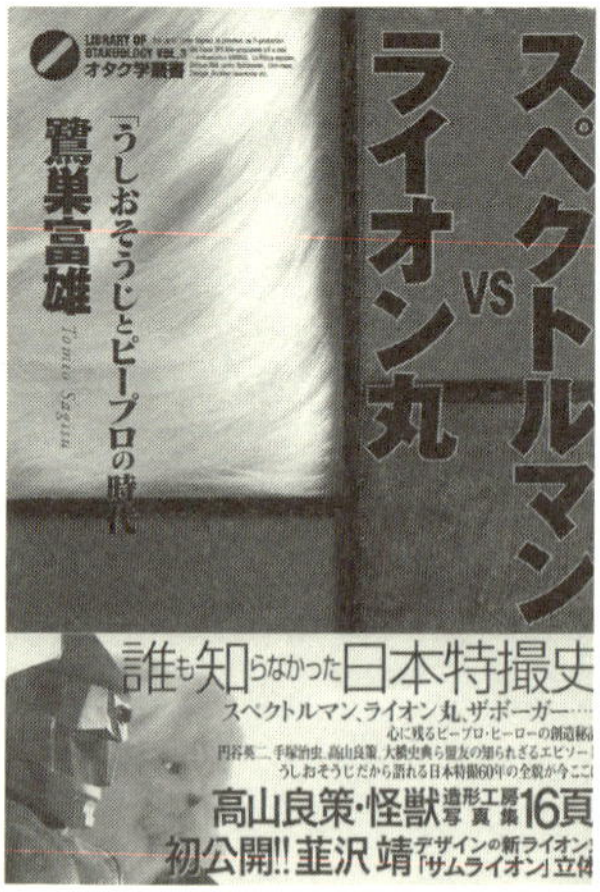

「スペクトルマンVSライオン丸」太田出版刊・鷺巣富雄著。

――実は当時の東京ムービーの最初の入社試験を受けた人がいたんです。それで聞いてみたら、最初は東京ムービーと言っていなかったと。TBSでアニメをやるからということで、TBSの社屋に試験を受けに行って、準備室もTBSの中にあったはずだと言うんですよ。

うしお　ああ、そうですね。

――だから今の若い人の感覚から言うと、東京ムービーっていう会社ができて、それでTBSから『ビッグX』の発注を受けた、というように思いますけど、そもそもはピープロが受けるはずだったものを断ったがために、TBSが無理やりアニメ会社を作らせて、それが東京ムービーになったという話なんですね。

うしお　そう。要するにドロナワでできた会社が東京ムービーであり、藤岡氏と言えるかな。

――ただ藤岡さんが運が良かったのか、その後で東映動画の争議などで、東映から実力のあるスタッフがみんな来てくれましたよね。

うしお　そう。だからその後作った赤塚不二夫のパイロットなんか、良く出来てましたよ。ウチでも一本もらって、社員の皆に見せたんだけど、赤塚作品では一番良かった。だからあの後、どんどんあそこが良くなったのは、やっぱりなんと言っても、あの棚からボタ餅があるから。

『ハリスの旋風』、『ドンキッコ』の思い出

――それで、ギャグ物と言えば、『ドンキッコ』。あれはけっこう僕らは印象が深いんですけれども、あれは先生から石森さんに?

うしお　いや、そうじゃない。あれは大阪電通。あのね、その前の『ハリスの旋風』っていうのは、あそこがスポンサーをつけたんだな。

――カネボウハリスですね。

うしお　カネボウっていうのは、たまたまハリスガムを吸収合併しちゃって。そこがスポンサーについて『ハリスの旋風』が始まった。それであの『ハリスの旋風』は、ずいぶん、出

る前から反対がありましてね。

――それはなぜでしょうか。

うしお　なぜかっていうと、要するにちばてつやさんの原作が、あまりにも当時の学生の物語の中では、ずば抜けて、なんか……。

――まあ優等生じゃないですよね。

うしお　うん。ドロップアウトしたヤツで、前評判は非常に悪かった。確か五月の子どもの日に、放送を始めたのかな。そして案の定『週刊新潮』とか、あのへんにみんな取り上げられてね。こんな作品を企画したヤツの気が知れないみたいな、悪評サクサクだったのよ。ところが視聴率がいきなりボンと上がっちゃって。一番最高は三十八％いった。それで僕は大阪のカネボウに呼ばれて、お偉方が皆出て来て、深々と挨拶されて。その時に賞状みたいなのもらった。副賞は大したものじゃなかったけど（笑い）。

――三十八％ですか。

うしお　最高はね。

――でも、なぜ放映延長しないんですか？

うしお　いや、だから僕は、あれをあのまま続けてもらいたいから、ずいぶん働きかけたんだ。そしたらスポンサーはね、もうハリスのガムは終わりだと。売れ行きがどんどん落ちていくから、テレビは新しい番組に切り換えたいと言ってきたわけ。それで、やっぱりスポンサーがそう言うならしょうがないから、いろいろ物色したら、石森（章太郎）さんの『ドンキッコ』がいいんじゃないかってね。僕は反対したんですよ。このまま続けて、ウチもせっかくこれから儲かるっていうところに来てるのに、それがもう打切りじゃあ困ると。だけど社員は、気分が変わったせいか、それでいこうっていうので、とりかかったわけ。だから僕はやめたくなかった。

――まだ原作もありましたからね。今は若い人達は、みんな虫プロ版の『国松さまのお通りだい』しか知らないんですよ。だけど『ハリスの旋風』で思い出すのは、オープニングでグーッと回り込むのが、かっこいいですよね。みんなで並んで行進するところも。

うしお　そうそう。ちばさんに時々会うと、よく「うしおさん、『ハリスの旋風』見たいなあ」って言うからね。

――やっぱりちばてつやさんとしては、虫プロ版もお好きでしょうけれど、最初にやった『ハリスの旋風』の方が印象深いんでしょうね。

うしお　絵は、はるかに劣りますよ、虫プロよりはね。でもやっぱり、アニメーターの連中が、みんな乗っちゃって、やっぱり一生懸命描いたからね。それは見る方に多少伝わるんですよ。

――出て来るんですね、フィルムから。

うしお　ちばさんも、そう言ってくれるのは、あれは家中で毎週見ながら応援してくれてたから、感情移入が非常に大きいんですよ。

――その後、やむを得ない理由とはいえ、『ドンキッコ』を始めることになりました。一応、スタッフは喜んだと。ただやっぱり、あれは早すぎた作品だと思うんですよ。

うしお　当時はまだ無理だったんだね。

――ええ。今見たら、面白いと思うんですよね、あれは。ヒロインもかわいいし、少年達の夢である、独立して廃電車の中に住むみたいな、斬新な設定でしたから。

うしお　石森さんも、あれにはだいぶ力を入れたらしいからね。石森作品の中で、テレビ化した中で、あの『ドンキッコ』というのは、意外に見られてないんですよ。今の段階で。ソフト、何もないでしょう。だからあれは、何本かとってあるんですよ。

――ああ、良かった。

うしお　一番とってあるのは、『ヤダモン』なんだけど。

――だって『ヤダモン』は、うしお先生唯一の原作アニメ作品じゃないですか。

うしお　うん。だから、それはとってあるんだ。

庵野監督の実写志向が見えた『エヴァンゲリオン』

――そういえば、そこに(鷺巣)詩郎さんの『新世紀エヴァンゲリオン』のビデオがありますね、うしお先生もご覧になったことあるんでしょうか。

うしお　だって、一回見てくれって言うからね。僕はどうしても、あれ行列するのが分かんないんだけどさ。ミラノ座でやってた時、並んで行列ができるから、六時起きして行ったのよ。

――えっ？　先生、ビデオじゃなくて劇場でご覧になったんですか。

うしお　そうですよ。家内と二人でね。そうそうこれが詩郎がやった、中国と韓国と日本の合作だね。日本では詩郎が音楽をやっただけでね、あとはメインの役者やなんか、監督もみんな。

――向こうの方なんですね。でも、若い人が熱狂した今ドキのアニメはいかがでした。

うしお　庵野さんてね、なかなかいいですよ。

――やっぱりそうですか。世界観は、ちょっと置いときたいんですけどね。

うしお　うん。世界観は違うんだな、ちょっとね。ただ、よく字が出て来るでしょう。

――ああ、あの岡本喜八みたいな。

うしお　あれなんかも、よく分かるんだけどさ、庵野さんというのは、よくは知らないんだけれど、やっぱり今のアニメーションを作る一人として、評価はかなり高いんですか。

――高いです。

うしお　絶対的なファンがいるわけね。

――割とそうです。だからカリスマ性を帯びかけた方ですけれど、でもご本人がそれがイヤで、映画ではああいうラストになったところもあるみたいですね。

うしお　僕は詩郎から聞いたらね、やっぱりあの人は特撮指向っていうか、実写への思いがあるんでしょう。で、僕はこの本（『夢は大空を駆けめぐる』）を出来た時にあげたんですよ。だからなんて言うかな、見てると実写でここのところをやりたい、みたいなのを感じるんだよね。それから見方によっては、「けれん」みたいだけど、音楽の使い方もそうでしょう。詩郎に言わせると、非常に音楽の造詣が深くて、このシーンには、こういう音楽にしたいっていうのは、二人で相談して、すぐパッと決まっちゃうらしいね。だから、大変な才能の人だと思う。ただ朝の六時頃から、あれだけ長蛇の列で行列してね、僕はそこのとこが、もうひとつ理解できないんだけど。

――それはやっぱり少年小説のひとつのジャンルとしての流れですね。昔で言えば佐藤紅緑の世界から始まって、梶原一騎のスポ根ものがあり、『宇宙戦艦ヤマト』や、『機動戦士ガンダム』が出てきました。そして『エヴァンゲリオン』も、今の時代の若い世代が求める世界に合致したんでしょう。ですから手塚先生が作られた『鉄腕アトム』から、うしお先生の『0戦はやと』や『マグマ大使』。そして、円谷さんの『ウルトラマン』があり、そういったテレビ番組を見て育ってきた人間が、今、モノ創りの現場の中心になってると思うんですよ。

うしお　そうですね。

――これまでうしお先生は、殆どこういった執筆や、発言をされませんでした。昭和五〇年代に、唯一『ファンタスティックコレクション』のムックが出ていたぐらいでしたから。ただ、ここ最近、特撮関係では結構精力的に出版されてます。今後は、是非ピープロのアニメのことも、ご執筆いただきたいんですよ。

うしお　それは、命があればね（微笑）。

――いやいや。

うしお　もう八〇過ぎましたからね。満がくると、もうじき八十二ですよ。

――そんなお年には、見えないですよ。

うしお　うん。おかげさまで、まだボケないからね。それと割合身体が丈夫だから、まあなんとか書けるんじゃないかな。

だから今書きかけて、もう本にするのは、ひとつは山本嘉次郎伝ね。これは今度出します。それと『昭和漫画雑記帖』というのがあるんですよ。これの続編を一冊分、もう原稿ができてるんですよ。

――あの名監督といわれたヤマカジさんの本は楽しみですね。『昭和漫画雑記帖』も、図解が楽しくていい本でした。

うしお　それと、この『ヒトコマ讃歌』っていうのをね。

――ええ、そうなんですよ。これの続きを是非描いて欲しいんですよ。気になってしょうがないんです。『ヒトコマ讃歌』は連載中からとても好きだったんですよ。この頃の『アニメージュ』は『ヒトコマ賛歌』と、ジブリの記事が気になって毎月買ってましたから。

封切りの日に必ず劇場で見ている宮崎駿作品

うしお　ああジブリね。僕は、宮崎さんは非常に人間的に好きなんだね。特別二人で会ったことはないけど、人を介しては良くね。やっぱり、あの人もずいぶん苦労してるな。それから手塚治虫のことをちゃんと批判できるのは、今や宮崎駿しかいないよね。あれは正論だからね。

――ただ、最初にテレビを安く受けたからみんな苦労している、というのは、一概に手塚さんだけの責任とは言えないと思うんですが。

うしお　うん。まあ、必ずしもそうじゃないけどね。

――うしお先生と宮崎さんの共通点は何かといいますと、うしお先生がおっしゃる、撮影とか背景とか、全部見れないとアニメ作家じゃない、という事を、宮崎さんはやっておられますよね。そういった意味では、うしおそうじ先生たち昔からのアニメ作家の、正統な後継者のお一人と言える方かも知れませんね。

うしお　うん。僕は、彼と一回会ってるのは、阿佐ケ谷にいる時に、これから大きな仕事を引き受けて、アメリカの『指輪物語』だったかな。

――『リトルニモ』あたりだったでしょうか。

うしお　いや『リトルニモ』の前。僕が行ったら、見せてくれたからね。穴の中にずーっと、洞窟に入っていくと、水の色、それから人物、乗ってる船。これの色がだんだん変わっていくんだね。それのために全部色を新しく作らせて。それで撮影の時に、要するにキャメラの前に仕掛けをしたりなんかしないで、全部色でもって表現するんだ。

――セルの絵の具でですね。

うしお　ああいうのを見ると、この人はやっぱり凄えなと思ってね。で、僕のファンだって言うからね、僕の絵を見ると、「うしおさんの絵の中には、どこかに必ず石が二つ描いてある」と。小石がね。そういうのは、僕は言われるまで気がつかなかったけど、本当に彼が言うように、自分のものを後で見てみるとね。

――小石が二つ描いてありますか？

うしお　描いてあるの（笑い）。あれなんかもそうよ、いわゆる『朱房の小天狗』なんかも、必ず描いてあるんだな。宮崎さんが今度何を作るのか、非常に期待をしているね。だから僕は封切りの日に、必ず小屋に行ってみるんですよ。

――劇場で。

うしお　劇場映画は劇場で見なきゃね。

――やっぱり、映画人でいらっしゃいますね。

うしお　そうですよ。それで、僕は大友克洋を非常に評価してたから、『ＡＫＩＲＡ』とかも見に行ったけどね。もう今か

「昭和漫画雑記帖」同文書院刊。うしおさんのイラスト満載。

「ヒトコマ讃歌」第１回連載扉絵「アニメージュ」93年10月号（徳間書店刊）より。

ら十数年前から彼の『童夢』とか、いろいろ買って読んでるから。

――『童夢』も、買って読んでらっしゃるんですか。

うしお　勿論、みんな揃ってますよ。だからあれを見て「ああ、こういうのが出てきたら、もう早く辞めて良かったなあ」とね（笑い）。

――大友さんは、うしおさんの『おせんち小町』とか『朱房の小天狗』での、緻密な背景を描いた流れの後継者とも思えますよね。

うしお　だからやっぱり、どんどん進化していくんだなと思いましたよね。アニメで言えば、宮崎アニメっていうのは、やっぱり世界に通用するね。いやあ、本当にすごいよなあ。

――それもこれも、やっぱり手塚さんや、円谷さん、そしてうしお先生たちが蒔いてこられた種が、育った結果が花開いてきたんじゃないでしょうか。まあこういうオタクの世界も出来ましたけれども。ですから本当に、いつまでもお元気で、執筆活動を続けてください。本日はどうもありがとうございました。

うしお　ぜひ出したいと思ってますから、必ず相談しますよ。

――光栄です。どうも長い時間、ありがとうございました。

（二〇〇二年一〇月五日　於・うしおそうじ邸）

うしおそうじ　僕は特撮とアニメーションを分けて考えてないんです。

うしおそうじ/鷺巣富雄　ピープロダクション　テレビアニメ作品リスト

星まこと／編

■テレビアニメ作品

0線はやと	1964年1月～10月	制作・脚本・原画・撮影
ハリスの旋風	1966年5月～67年8月	制作
ドンキッコ	1967年9月～68年8月	制作
ちびっこ怪獣ヤダモン	1967年10月～68年3月	原案・制作・脚本・演出

＊年月はテレビ放送開時期を表す

取材後日譚　その3

うしお そうじさん

取材場所は、うしおそうじさんのご自宅。広い応接間には、『スペクトルマン』のマスクなどが飾られていました。

Tシャツ姿でお若く元気そうなうしおさんは、いつも特撮の話ばかりでアニメ時代の話をするのは珍しいからと、明るく歓待してくださいました。記憶もはっきりしておられ、当事者ならではの臨場感溢れるお話ぶりはとても面白く、聞き入ってしまいました。

こちらが、以前に『アニメージュ』で連載されていた『ヒトコマ賛歌』が好きだったと申し上げると、とても喜ばれ、「構想もまだまだあるし、あれの続きを是非描きたいんだよ」と、おっしゃっていたことを思い出します。

うしおさんは、人気漫画家時代もありピープロダクションの社長でもいらっしゃいましたが、ご自身では、ずっと創作者であり映画人だと自負しておられました。

『0戦はやと』制作の際、スケジュールがなくなったため撮影技術を駆使してありものの素材で一本のエピソードを作り上げた時のことは、楽しそうにお話いただきました。その時の、撮影の方法を身振り手振りで説明してくださるお姿は、まさに経営者ではなくクリエイターでした。

この時も、まだまだ制作意欲は旺盛で、円谷英二さんのことを書かれたあとで、手塚治虫さんのことを書き、そして山本嘉次郎伝も描かなければならない。また、『スペクトルマン』も、もっとハードなSF作品として再映像化するつもりだ、と今後の構想をお話していただきました。

ご子息である鷺巣詩郎さんが音楽を担当した『新世紀エヴァンゲリオン』もご覧になっており、あれは面白かったとおっしゃる表情も印象的でした。

最後に、個人的に写真をお願いしたのですが、その際さりげなくこちらの肩を引き寄せて、ツーショットを撮らせていただいたのは良き思い出です。

石黒 昇

僕は何でも、声高に主張することが苦手なんです。

『宇宙戦艦ヤマト』のアニメーション・ディレクターとして有名な石黒さんは、故・手塚治虫氏にも信頼厚く『火の鳥2772』や『(新)鉄腕アトム』でもメインスタッフとして現場を任されていた。またアニメファンには、美樹本晴彦さん、河森正治さん、平野俊貴さん、板野一郎さんら若手スタッフを率い『超時空要塞マクロス』を制作したことは記憶に新しいだろう。

そんな石黒さんは、学生の頃は熱烈な映画ファンで、高校時代は遠藤政治さん、つげ義春さん、永島慎二さんらと交流のあった貸本漫画家であり、大学時代は自主アニメを制作する傍ら、プロミュージシャンとしても活躍していたという実に多彩な経歴の持ち主だった。

大学生時代から発足当初の虫プロに出入りし、『鉄腕アトム』の頃からそのキャリアをスタートさせた石黒さんに、今回はマンガ・アニメの道に進むきっかけや、クリエイターとしての姿勢を伺った。

石黒昇（いしぐろ・のぼる）

1938年（昭和13年）年東京都生まれ、演出家。元・アートランド取締役会長。

　小学生の頃に出会った手塚治虫の『新宝島』に影響を受け、マンガを描き始める。高校時代は映画を毎日はしごし続ける傍ら、遠藤政治やつげ義春らと交流し自身も貸本漫画家として『大宇宙の放浪児』（石黒昇流・名義）でデビュー。「ダイヤモンド小僧の冒険」シリーズなどで人気となる。ただ当時隆盛を誇った劇画調には馴染むことが出来ず、ペンを折る。

　そして日本大学芸術学部映画学科在籍中に出会った、上梨一也の影響で仲間たちと自主アニメを制作。学生時代は、放映を開始していた『鉄腕アトム』の虫プロスタジオに毎週訪れその週の演出家に話を聞いていた。

　卒業後、戦前からのアニメーター前田一の東京光映が改組した、テレビ動画に入社。そして、アルバイトでの『0戦はやと』で政岡憲三と知り合い、エフェクト作画に目覚める。その後移籍した大西プロでは、グロス請けした『鉄腕アトム』に参加。また『海底少年マリン』から、演出家として絵コンテも手掛け始める。

　『宇宙戦艦ヤマト』のアニメーションディレクターや、『超時空要塞マクロス』チーフディレクター、『銀河英雄伝説』シリーズ監督など、数々のヒット作を手がけた。2012年3月没。

――アニメファンには、『鉄腕アトム』や『宇宙戦艦ヤマト』、『超時空要塞マクロス』の演出家として有名な石黒さんですが、それ以前にマンガも描いていらしたことは、あまり知られていません。それで、漫画家時代のお話しを伺いたいと思ってお邪魔しました。それで、今日は『宇宙の放浪児』を持ってきました。

石黒　うわっ、すごい！　確か、これを描いたのは高校二年か三年の時ですね。

――そして、以前『イッツ・アートランド』という本が出版されましたが、そこに掲載された石黒さんの映画ノートの抜粋に驚いていたんですよ。ズラーっと、当時ご覧になられた映画のタイトルが列記されていました。

石黒　そうそう、ノートに書いてね。高校三年間は、殆ど映画ばかり見てましたよ。それが、僕の全ての始まりといったようなものですから。

――ひと月に十五本とか見てらしたようですね。

石黒　だから、学校帰りに映画館に寄ってね。あの頃は二本立て、三本立てが当たり前で、学割三〇円ぐらいの時代だったから、とにかく安かったんです。でも面白いもので、あの頃に見たものは、本当に結構よく覚えてますね。

――実は何故、石黒さんにお話をお伺いしたかったかと申しますと、少年時代『新宝島』に出会われ、衝撃を受けてマンガを描かれました。映画もお好きでいらして、小説もたくさん読んでおられましたね。また一時期はプロのバンドマンでもいらっしゃいました。その意味で、今の僕らマンガ・アニメファン世代の元祖と言いましょうか。マンガとか映像、音楽などのサブカルチャーに魅かれてその道に進まれた、第一世代だと思うんです。また、その石黒さんの作品に、僕達が多大な影響を受けたこともあります。今は、アニメはアニメで、マンガはマンガ、映画は映画、そして音楽は音楽で、また別なものだと、妙に細分化されているようにも思われます。そうじゃなくて、作品作りとか、クリエイティブの世界っていうのは、実は皆同じものなんだよというところを、一番最初に道を示されて、作って来られたのが石黒さんでした。そこで、アニメ監督として知られる石黒さんのそもそもの出発点からを伺うことによって、マンガ・アニメなどのコミックジャンルの歩みも分かるんじゃないか、と思ったんです。

石黒　そうですね。僕らの時代はご存じのように、手塚治虫さんという強烈な光を放つ人がいまして、その光を浴びて育ったようなところがあります。僕も年代的に、トキワ荘の連中なんかと同年代なので、あの辺と心情的には全く同じなんです。僕はたまたま早めにアニメのほうにいっちゃった、っていう感じなんですけどね。結局、彼らも手塚さんも映画ファンだったし、映画から相当インスパイアされて、マンガのほ

『宇宙の放浪児』1956年新生漫画社刊。漫画家石黒昇流のデビュー作。

うに軸を持っていったと思うんです。もちろん僕もそうなんですけれど。ですから、彼らはマンガを描きながら、映画を作っている気分だったんだろうと思うんですよね。実際、僕なんかもマンガを描いててよく感じたのは、ここでこういう音楽が鳴るんだとか、こういうしゃべり方するんだっていうのが絵の上では表現出来ないんですよ。これが物足りなかったというのがね。

―― もどかしい、というような感じでしょうか。

石黒 そうですね。まあそれはアニメをやることによって、ずいぶん実現したんですけれど。そういった思いは、あの頃の人達は皆持っていたように思います。

『It's ARTLAND』1983年創芸社刊。映画ノートの抜粋ページは必見。

マンガ少年だった小学生時代

―― 一番最初、『新宝島』に出会われたのは、やっぱり貸本屋なんでしょうか。

石黒 友達が持ってた本ですね。あの頃は、まだ貸本屋っていうものはなかったです。友達が買ったのを貸してもらって読んだ。この辺が最初だったろうと思うんです。

―― それ以前ですと、やっぱり『のらくろ』などが主だったんですか。

石黒 ええ。いわゆる戦後すぐ、小学校一年ぐらいの時ですから。あの当時は、マンガと言っても戦前のマンガしかなくてね。それであの頃、たまたま戦前の古い本を持った人達が闇市で貸本屋を始めたんです。その中に、昔の『少年倶楽部』

があって。これを借りて読んでいた覚えがあるんですよ。

――戦前の雑誌などですか。

石黒　ええ、戦前のヤツです。それでもって、マンガに限らず、いろんなね、南洋一郎とかね。

――少年冒険小説ですね。

石黒　そうそう。それから島田啓三ですと『冒険ダン吉』とかです。こういったものを次々読んでてね。その後、子ども漫画新聞だったかな。横井福次郎の『冒険児プッチャー』っていう、あの絵がえらくバタ臭くって、好きでしたねえ。

――小学生の頃から映画はご覧になってたんですか。

石黒　いや、小学校の頃に初めて見た映画っていうのは、小学二〜三年ぐらいに、父親と一緒に行った映画です。あれは確か『陽気な幽霊』とかいうカラーのハリウッド物です。それから『白雪姫』を見まして、これがもう強烈でした。もちろん、その頃はオリジナルのスーパーインポーズでした。確か親と一緒に行って、しびれちゃったというのが一番あります。それから小学校四、五年になると、友達に手塚マンガのファンがいて、次々持って来るんですよ。これを読みだして、「これは手塚オサムシと読むのか」とか、「ジチュウか」とか（笑い）。そんなこと言ったのを覚えてますね。

――そこで二つの出会いがありますよね。手塚マンガというのは、それまでの作品と違う『新宝島』とか、映画的表現を用いた革新的なマンガでしたね。また『白雪姫』という凄いアニメーションをご覧になられました。そこで、映像とマンガを一緒に捉えるようなイメージをお持ちになったんですか。

石黒　ただ、はっきり言って、映画漬けになるのは僕は遅かったほうですよ。よく通ったのは高校の頃ですし、それまでは映画なんて数えるほどしか見なかったんですよ。

――では、その頃はもうマンガ一本で。

石黒　まあ、そうですね。中学三年の時、とにかく高校入学試験が終わったら、その日に映画を見に行こうと自分で決めてたわけですよ。やっぱり、勉強を差し置いて見るほどのもんじゃないという気持ちがあった程度なんですけど。見に行ったのが、あれ何だったかなあ。

――ハリウッド映画ですか？

石黒　そうですね。『不思議の国のアリス』と、もう一本一緒に二本立てでやってました。確かミュージカルで、『錨を上げて』という映画ですね。これがまた、ものすごく豪華に出来てまして、「ハリウッド映画ってすごいな」と思って目覚めたのが最初なんです。それが中学生の三年の頃ですね。それから高校に入ったら、学校には電車で行くんで、途中に映画館がいっぱいありました。それで帰りに寄っちゃあ、いろいろ見ましたね。それと映画好きの仲間が増えたりしてね。

――高校に入って、映画好きのお友達がいて、映画を見るし、でもマンガも描き始めますよね。

手塚マンガだけは卒業できなかった

石黒 だから、小学校、中学と、もう手塚マンガを見たさに、貸本屋に行って借りて来るんです。毎月出る雑誌全部を、もちろん子どもが買えるわけにいかないんでね。ただあの頃は、マンガなんて小学校で終わりという時代でしたから、中学になると自分で借りに行くのがだんだん恥ずかしくなってきまして、妹に借りに行かしました。だから連載マンガは、全部リアルタイムで読んでましたし、殆ど網羅していましたね。手塚さんの、一番最初にやったのは『漫画と読物』という雑誌がありましてね、これに出ていたマンガで『タイガー博士の珍旅行』という。あれが連載になって。その後が例の、時間を止めることが出来る……

――『不思議な少年』でしょうか。

石黒 『不思議な少年』の原型になった『新世界ルルー』です。あれで〝SF〟というものに対して、相当刺激を受けました。「すげえ面白いな」と。これは覚えています。それから『漫画少年』だけは、結構買ってたんです。自分も投稿したりしたもんだから。やっぱり『ジャングル大帝』が始まって終わるまでは、とにかく全部買って熱心に見てたんですよ。

――電車の中でサラリーマンがマンガの本を読んでても全然不思議じゃない時代じゃないですか。でもあの当時、中学生で子どものマンガを買うっていうのは、すごい勇気がいりますよね。

石黒 そう。だからこの『宇宙の放浪児』が、昭和三十一年の発行でしょう。僕は三十二年に大学に入ってますから、高校三年の時ですよ。出来たっていうので出版社に行って、二、三冊もらって、待ちきれなくて電車の中で小さく開けて覗いて見たのを覚えてるんですよ。

――周囲の目を気にしながら、なんですね。

石黒 もの凄くよく覚えてる。帰りの電車の中で、こうやって本になった、っていうことでね。

高校生漫画家時代若木書房の『迷路』誕生秘話

――それは、すごく嬉しいですよね。〝石黒昇流〟さんの処女作なんですね。

石黒 そう。お恥ずかしい（笑い）。これが一番最初に出たんです。それで、忘れちゃったんだけど、引き続き頼まれて出した覚えがあるんですよ。

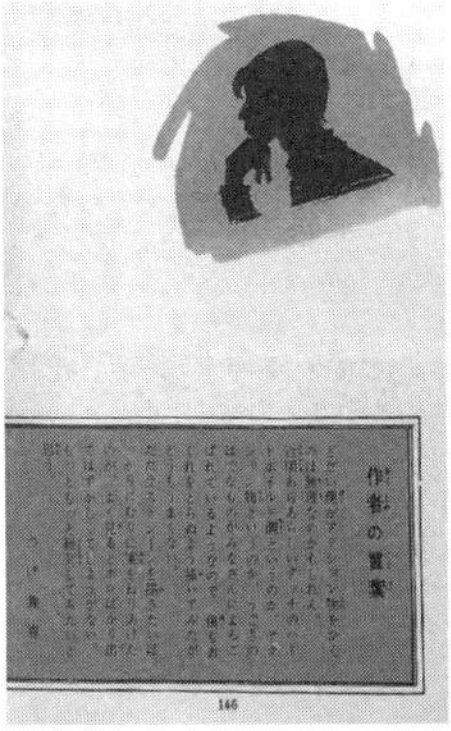

時の映画なんか、ちょいといかしますよ。」
M「マンガ映画はつくらないんですか？」
石黒「前に８ミリで作ったことがあるんですが、一分間の映画をつくるのに二ヶ
いずれ本格的なものを作ってみたいと思います。音楽も自分で作曲してね」
M「ついでに自分で主演したらどうですか」
石黒「いや、見るものがこわがるといけないから、そ

51

『迷路』15（若木書房刊）1960年発行
石黒昇さんの「ダイヤモンド小僧の冒険」が掲載されている。さらにインタビュー記事もあり、その中で８ミリでマンガ映画を作ったことがあることや、これから本格的なものを作り、音楽を自分で作曲したいと話している。

——持込みされたんですか。それとも何か紹介があったんでしょうか。

石黒　これは誰かの紹介。もう忘れてしまったな。

——しかし、いきなり新人で一冊本が出るっていうのは、すごいですよ。

石黒　そうですね、考えてみたらね。

——大型新人だったわけですね。

石黒　いやいや、そんな。あの頃は、訳分かんなかったですから。とにかくもう、描きたくてしょうがなかっただけの話でね。

——でも当時、学生で映画もご覧になられて、マンガも描いて、ＳＦに目覚められて小説も読まれたでしょうし、いつ時間があったんですか。

石黒　そう、どうしてそんなことが出来てたんですかね。本当よく考えたら。学校で眠ってたとしか思えないな（笑い）。

——今のお仕事のご多忙ぶりを、彷彿とさせるようです。

『迷路別冊・長篇力作3人集』（若木書房）1960年発行
石黒昇さん以外のふたりは、つげ義春さんとつげ忠男さんという豪華な顔ぶれ。

もうその時代からお忙しかったわけですね。

石黒　この頃の熱心さがあればね、今も（笑い）。

――遠藤政治さんやつげ義春さんとも、学生時代に交流があったんですか？

石黒　これはね、高校三年の時ですから、たぶんこの年ぐらいですね。友達が、近くに漫画家がいるっていうので遊びに行ったのが最初でね。遠藤さんの家へ行ったんです。

――遠藤さんも同世代だったんでしょうか。

石黒　あの人は五歳上ですね。確か一冊か二冊出してました。絵は、僕なんかよりずっとうまかった。一言居士で信念の強い人だから、あまりふざけたことは言わない人でね。だからそれからは、ずいぶん長い間付き合わせてもらいましたね。つげさんや永島さんは僕より一つ上かな。

――永島慎二さんとも、既に漫画家時代にお付き合いがあったんですか。

石黒　ええ。遠藤さんが友達だということでね。あの人の家に遊びに行ったり、どこかで会ったりして、映画とかマンガの話で盛り上がるぐらいの程度でしたけどね。

――今のファンと同じですね。お互いにインプットしあって。それで『迷路』に短編を。

石黒　はい。だから遠藤さん達が若木書房で描いてたんで、僕も紹介してもらったんです。『迷路』が出たのも、あれも大阪で『影』という雑誌が出て、結構売れたでしょう。

——はい、アンソロジーの分厚い本ですね。

石黒　ええ。若木書房は、前から貸本専門でやってたんですけどね。やっぱりああいったものが出て来て、この先どうなるんだという話をしている時に、遠藤さん達が、「これからはこういう本じゃなきゃあ売れねえんだ」とかなんか言って、若木にあれを作らせちゃったんですよ。

——ああ、それでだったんですか。

石黒　それで、短編集を出したいと言うんで、皆に十六ページとか三十二ページとかいう形で出して。でも『影』のような分厚いヤツとちがって、やっぱり売れ行きがイマイチでね。それでいっそのこと、ああいうふうにしようと、さんざんこっちも勝手なことを言ってたんです。最初は、まだ薄い体裁だったんですと言ってね。使ってる作家が古いとか（笑い）。

——若い読者向けに、若い感じにしようとか。

石黒　もっと斬新な編集じゃないとって、編集権を取り上げちゃってね。僕らがメインで編集をやって、毎月出すからとか言ってね。それで仲間うちで作ったんですよ。

——じゃあお三方以外に誰に原稿を依頼するかとか、そういうのも全部。

石黒　そうそう。それだっていい加減なもんでね。

——でも、つげさんが大家になられましたから、最近『迷路』が人気で全然手に入らないんですよ。

石黒　ああ、そうなの？　だからここで二ページ余っちゃったから、何かやろうかって。遠藤さんの案を勝手にいたずら書きしたりね（笑い）。

——いわゆる合作ですね。

石黒　そうそう。

——それは大学に入ってからも、続けられたんですか。

石黒　ええ。だから『迷路』っていつ頃でしたかね。大学入ってもやってることはやってました。実は僕、二〇歳前後でマンガのほうは、だいたい止めちゃったんです。

自主アニメ製作に燃えた大学生時代

——マンガを止められたのは、自主映画、自主アニメを作りはじめたからなんですか？

石黒　うん。それと、やっぱり僕は、手塚ファンというところがあってね。『影』あたりから、劇画主流になって来たこともあって、あまりマンガが楽しくなくなってきたというのがありましたね。

——ああ、ああいう劇画の世界がですか。ちょっと暗かったですね。

石黒　そうですね。やっぱりそういったものを強制されるしね。それで一時、ギャング物なんかも描いたりしたんですけど。それでもう、だんだんやる気を失くしてね。その時に、大学の仲間が八ミリでアニメ作ってるっていうんで、やりだしたら、これがえらい面白くて。

――そもそも一番最初に出会われた『白雪姫』とか、絵を動かすことの欲求が、出て来たということでしょうか。

石黒　そうですね。絵を動かすというようなことに関しては、やはり元々がアニメーター向きなところがあったんですね。絵の動きということに、かなり神経を使っちゃって。それで大学に入って、大学三年から七年ぐらいまでの間（笑い）、四年間ぐらいずっと、八ミリで作ってました。だから遠藤さん達も引っ張りこんでね。だから当初は、遠藤さん達が描いたのを一緒に作ったアニメの作品があるんですよ。八ミリの。どこへ行っちゃったか分からないんですよ。

――どなたか持ってらっしゃらないでしょうか。

石黒　ネガがないですから。一本しかないんです。どっか行っちゃったらしくてね。

――見たいですねえ。ぜひ拝見したいです。だってセルも一々、銀座とかに買いに行かれて、何回も洗って描いたそうですね。

石黒　ええ。そのうちに、セルはあまり高いんでね、切り抜きに走りました。これがまた面白いんですよ、本当に。今のアニメーターも、もうちょっとそういうことをやるといいと思うんですがね。動きに対して、自由な発想が出来ると思うんです。今は決まりきったパターンでしか、物を考えないからね。アニメの魅力がないっていうか、面白さに気がつかないっていうのも、もったいない話でね。

――自分たちで枠組みを決めてる、っていうことでしょうか。

石黒　そうそう。だから、動画とか原画という、自分の狭い所のパートだけで、両側ふさいじゃってるんですよね。だからマンガとか映画とか、なんでも限らず、とにかくいろいろ見てて、栄養分になるものは、どんどん吸い取ればいいんですよね。

――アートランドに学生時代に出入りされていた庵野（秀明）さんは、『新世紀エヴァンゲリオン』や、『彼氏彼女の事情』でも、そういう切り抜きなどの実験はしていましたね。

石黒　ああ、そうですよね。いや、当然するはずなんですよ。面白ければ、絶対に。だから今の若い人でも、そういう点では、刺激を与えて反応するヤツには、しないヤツもいますけど、やっぱり伸びて行ってほしいなと思ってます。

――今は刺激があり過ぎるから、それにマヒしているっていうのはあるんでしょうか。

石黒　どうなんでしょうねえ。

『ピンチとパンチ』ショウワノート。実はこの作品の企画者も石黒さんであったという。

——いつも最後、この話に戻っちゃうんですが（笑い）。それで石黒さんは、大学時代にハワイアンのバンドもやってらっしゃいましたよね。

石黒　そうですね。

——実際にバンドに入られて、キャバレーなどのドサ回りじゃないですけれど、ずいぶんやられたと聞いています。

石黒　そうそう。あの頃、ハワイアンしかなかったんでね。いわゆるグループサウンズが出る前でね。クレージーキャッツなんか、渋谷の実演喫茶と当時言ったんだけど、そういったところでやってたものね。

——大学の映画学科の時は、自主アニメを作られて、音楽もやっていました。それで卒業後、どの道に進むつもりでいらしたんですか。

石黒　なにも考えてなかったですよ。グルグル留年しながら七年もいたんですからね。実際、ただ卒業する頃には、もう映画の世界はもう全滅状態だったね、日本映画は。

——ああ、テレビに押されてましたから。

石黒　映画の方向にはもう行きようがないっていう話でしたからね。音楽も、それこそバンドの話だったらいくらでもあったんですけど、ただキャバレー回りして、それだけっていうのもね。

——当時のバンドマンって、吹き溜まりっぽいイメージもありますよね。なんか賭けばっかりとか。

石黒　本当に酒飲んで、ポーカーばっかりやってるんですよね。それも面白くないなって思ってたんですね。マンガにしても描くとなると、ちょっと自分自身が離れちゃっていたこともありましてね。

大学生の時、放映開始された虫プロの『鉄腕アトム』

——大学に七年間ぐらいいらしたころに、『鉄腕アトム』や『鉄人28号』とか、テレビアニメが始まったわけですか。

石黒　ええ。僕は三十九年の三月に卒業したんですが、三十八年に『アトム』とかが始まりました。だからその時『鉄人』の動画のアルバイトをやってました。それで実際に、昭和三十五年か三十六年頃、虫プロが江古田から近いものですから、できた時に年じゅう遊びに行ってたんです。

——では、『ある街角の物語』とかを作ってる頃を、ご覧になられたんですね。

石黒　はい。だから当時、手塚さんにも会って、いろいろ話をしたんですよ。向こうも単なる学生と思ってたんでしょうけどね。ただ、僕もアニメが好きでやりたいと言ったら、「じゃあ卒業したらぜひ来てください」なんてね、外交辞令にしても、そういう話をしたし、僕もそのつもりでいたんですよ。

——でも、まだ小所帯で小さい虫プロの時代ですよね。その後どんどん人を入れ始めましたね。

石黒　一年後にはすごいことになっちゃってて。三〇〇人ぐらいになっちゃってね。あのへん一帯いたるところに第一スタジオ、第二スタジオって出来ちゃってね。こりゃあ行ってもしょうがないなって思うんですよ。

——それでテレビ動画ということに。

石黒　そうそう。実際には卒論を書く時に、いろんな当時出来始めたアニメスタジオをぐるぐる、全部一通り回ったんですよね。

——取材ですね。

石黒　うん。ついでに就職活動もやってね。それで、当時テレビ動画って三鷹にあったんですが、いい感じでね。そこで出て来たのが、前田一という後々上司になる人でね。その人が割といい感じの人で。とにかくそこでは、最初から撮影まで全部一貫してやってる。非常に小さい所でね。これはいいなあと思ったら、あとからフジテレビの資本が入ったんですね。

——まあ、虫プロに入ると、毎日スケジュールに追われてということになってたんでしょうね。

石黒　そうですね。それと虫プロ自体にあれだけ人がいましたから、入れば当然上下関係というのができちゃいますからね。もしそうなった時には、その後どうなったかな、と。僕は外から付き合っていたから、山本暎一さんも、りん・たろうさんも、ある意味……。

——友人みたいなものでしょうか。

石黒　まあ、利害関係はなかったですから。その後の、ずっと若いのも。

——学生の頃も、毎週『鉄腕アトム』の感想を書いて、スタジオに行ってらしたそうですね。

石黒　あれは面白かったですね（笑い）。

——なにかノートに書いて、この演出がどうのこうのと、その担当演出家に会いに行かれたとか。

石黒　好きなことを書いてましたからね。

——いえいえ。でも怒る人もいるでしょうけれども、逆に子ども向け番組と思っていても、見てくれる人がいるっていうことは、やはりスタッフとしては嬉しいでしょうし。

石黒　そうですね。ただ今考えると、あの頃の虫プロのスタッフって、血の気の多いのばっかりでね。毎日、どこかで殴り合いやってましたから。本当、下手に巻き込まれたら、無事じゃあいられなかったですね、きっとね（笑い）。

――それで大きくなった段階で入っても、動画だったら動画班に入れられて終わりでしょうし。

石黒　そうなんですよね。

――だからテレビ動画に入られたから、撮影から全部見れたんですね。そもそも自主映画で、何でもやっておられたから、物を創ることが、単なる分業制ではなくて全部だっていう思いをお持ちだったんでしょうね。

石黒　そうですね。これはやっぱり強いですよ。だから逆に東映動画の出身の人だったら、どうしてもそのへんが、自由には考えられないっていうか。変な言い方だけど。

――そういう仕事のみというか、職制で入ちゃいますものね。でも逆にそのおかげがあって、石黒さんは、虫プロとは学生時代から付き合ってて、大西プロでは外部班として、『鉄腕アトム』も手掛けられてしますし。それは良かったかも知れませんね。

石黒　そうですね。今でも思ってるんだけど、テレビ動画に行ってた時に、たまたま帰りに一緒になった先輩のアニメーターの人がいましてね。その人と将来の夢みたいな話になっちゃって。僕は、将来アニメのスタジオを自分で作ってやりたいんだって言ったら、本当に露骨に軽蔑されてね。

――アニメーターが、と……。

石黒　要するに、そんなことができるわけないじゃないか、と。本当に夢物語だと思われたんでしょうね。僕なんかは、あれ、そうかな？　と思っちゃったんです。その人は東映動画出身だったものですから、やはりある意味、組織でちゃんと物を捉えていたとは言えるんですけどね。ただ、その後、アニメ業界の変わり様を見たら、僕のほうが正しかったなというのは、はっきりしていますけどね。まあその頃は古い意味で、そういう考え方のぶつかりは、よくありましたよ。

――ああ。余計なことをせずに、アニメーターは描いていればいいんだ、みたいなことですね。

石黒　跳ねっ返りというか、出る杭というか、結構ありましたよ。今考えれば、こっちはあんまり、世馴れたところもなければ、本当に学生丸出しでしたから。でも好きなこと言ってました。ある意味、相当型破りの新入社員だったというのがありますね。上のほうも、ある程度カバーしてくれてたんでしょうけどね。

――でも結局、八ミリ時代にシートをつけていたことで、いきなり最初から原画を描かれたそうですね。そういった意味ではすごい大抜擢というか。いきなり養成じゃなくて現場

だったんですよね。

石黒　逆に東映動画から来た人にとっては、あのシートはものすごく難しかったんです。彼らは、いわゆる二コマ打ちでしょう。テレビは三コマでしょう。僕は元々三コマ撮りでやっちゃったものですから、偶然にも、もろにその技術を生かせたんですよ。だから当時いた東映動画出身の人は、全部動画に二コマ用のシートつけて、それを三コマに直してるんだって聞いた時は、なんでそんなややこしいことするんだろうと思ったんですね。

――ああ。自分の中に、三コマで割る感覚がないんですね。

石黒　ないんですよ。だから歩きというのは十二枚のリピートっていうふうに覚えてるんですよ。彼らは。僕は八枚なんです。今でも八枚なんですけどね、世の中は。それが僕は偶然、そういうふうに覚えちゃったんで。だから僕が東映動画に入っていたら、たぶん苦労したろうなと思うんです。

――また三コマのものを、二コマにしなきゃならない。

石黒　そうそう。周囲の連中に、「お前、十二枚でやらなきゃダメだよ」なんて言われたんだろうと思うんです。偶然そういう世の中の流れが。

――テレビアニメ時代が、どんぴしゃだったわけですね。

石黒　どんぴしゃなんですよ。本当にね。だからそういった意味で、僕なんかは、テレビアニメというものの申し子みたいなところがあったんです。だから今、デジタルアニメにどんどん切り替わってるんですが、いわゆるデジタルというものが分かって、しかもコンピューターが分かって、それでアニメが分かる人は、本当に少ないんですよ。どっちかになっちゃって。そういう意味での申し子が出て来ないと、ダメだろうなと思って。

――この変化に追いつく革新的な人が出て来ないと。

石黒　そうそう。アニメというものの技術をもっとよく分かってて、なおかつコンピューターに興味があって。自分の中でないまぜにうまくできるヤツが。そういうモノを、生まれながらに持ってるっていうヤツが出て来たら、また変わる。新しい演出や表現方法が変わって来るな、と。

――今、確かにアニメ屋さんとデジタル屋さんって、すごい乖離しているようですよね。

石黒　ええ。だからゲーム屋さんなんかと話をすると、言葉が違うんで困っちゃうんですよね。だからあれが一言でできるような人ができて来ると。少しは増えてるような気がしますけどね。でも、まあ、やっぱりこれからでしょうね。実際、ハリウッドなんかでは、あれだけの作品を作ってるんで、そういった意味では3Dのアニメをできる、そういう人はいるんだろうと思うんですけど、いわゆる日本のアニメ向きの、つまりもっと安くあげる方法っていうことも考えてね。そう

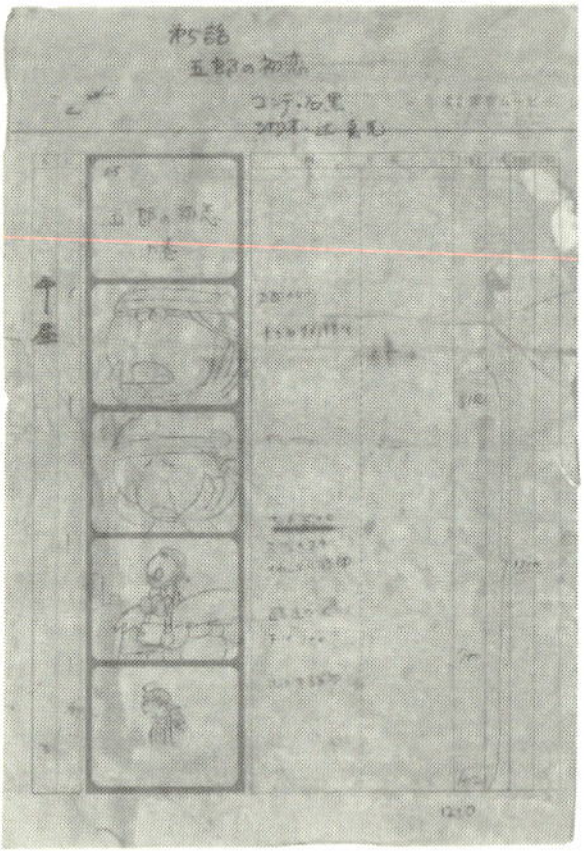

『ど根性ガエル』第５話「五郎の初恋」の石黒さんによる絵コンテ。

いうことができる技術の人っていうのが、もっと増えないと、ダメなんだろうと思うんですけどね。

演出家として手掛けた『マリンキッド』、『ド根性ガエル』

──その後『アトム』の演出をされて、『どろろ』の『雷火犬の巻』が最初の絵コンテでしたね。

石黒　絵コンテとして純粋に頼まれたのは、それなんですが、その前に『マリンキッド』なんです。

──合作の第一話ですね。

石黒　三日間であげたという。ふざけた話でね（笑い）。四日後にアメリカから視察に来るっていうんですよ。だから三日間で描いてくれって。これが最初だった。それですぐコピーして。

──しかも青焼きコピーですよね、当時だから。

石黒　当時はね。ジアゾ式の。それでアメリカ人が来た時には、それを置いてアニメーターが皆、仕事やってるフリしてたっていうんだよね。なんとか切り抜けた様子で、あとでお礼言われましたけれど。

──それが最初なんですね。

石黒　その後、『マリンキッド』が決まって、こっちが外注っていう形で。これは動研の頃ですね。これをやる時に、絵コンテを何本か描きましたね。絵コンテ、演出という形で、確かやっていました。

──その後『ど根性ガエル』の絵コンテを担当されたんですね。今日は当時のモノを持って来ました。

石黒　あれ、東京ムービーってこんな絵コンテ用紙だっけ。ああ、でもこれは僕のだな。

──あるときスタジオの、置いてある棚のところにある絵コンテが全部石黒さんのだったたっていうエピソードもありましたね。

石黒　そう。一〇話、常に回転してるんですけれども、そのうちの九本が僕のでした。数えた時にありましたね（笑い）。

──『ど根性ガエル』は、小林治さんとか、いいアニメーターが皆さん揃っていた印象がありますね。

石黒　Aプロの芝山（努）さんとか、小林さんとか、あのへんが悠々といい仕事やってたんですね。

――だから石黒さんの遊びとかも、すごく汲んでくれたんですね、向こうが。

石黒　そうですよ。あの頃は余裕があってね。ある意味、好きなことをやらせてくれたと思いますよ。好きなことを描いても、なんとか受け止めてやってくれたのね。それであの時、演出をやったのが、タナさんと三家本泰美君なんです。

――ああ、棚橋一徳さんと三家本さん。

石黒　これが終わった時には、二人が「仕事がねえ」とか言ってたんです。それで僕がちょうど『宇宙戦艦ヤマト』が始まったので引っ張って、西崎（義展）さんに紹介したんですよね。

――ああ、そうだったんですか。でも棚橋さんは、最後まで『ヤマト』と共に歩まれましたよね。

石黒　そうですね。すっかりね。

――この絵コンテはこれだけでマンガになってますね。

石黒　これは僕もずいぶん丁寧に描いてあるほうじゃないかと思いますよ。

――あとでコピーとってお送りしますよ。

石黒　いやいや、いいです。本当は、あんまり思い出したくないんです（笑い）。だってこの前、WOWOWで『ヤマト』やってたでしょう？

――やってました。やっぱり皆、一作目はいいって評判でしたよ。

再放送を見て愕然とした『宇宙戦艦ヤマト』

石黒　たまたま見ちゃったんですよね。そしたら、ひどいんだなあ。一話、二話あたりはね、時間かけて作ってるんで、まあまあだったんですけど。その後が何かなあ。八話とか一〇話とか、そのへんなんか、ちょっと見たらねえ、うーん……。

――現場の疲れが分かるって気持ちですか。思い出されるんですね。

石黒　今だったらありえないけど、絵と口がガタガタずれてるしね。あれはフィルムだから、もうどうしようもないでしょう。できちゃって、オンエアで映したら、ワーッとずれてるっていうのは、全くどうしようもなかったです。それを今でもあのまま放送してるんだなと思って、ある意味、感心しちゃったもんね（笑い）。

――まさかこうやって二〇年、三〇年たって、ビデオソフトになり、レーザーディスクになって、またDVDになってっていうふうには思わなかったですよね。作ってらした当時は。

石黒　思わない、思わない。あの頃、だってビデオなんてない時代ですから。一回放送したら、もうこっちのもんだと思ってましたからね（苦笑）。

――こっちのもんだ、と（笑い）。

石黒　一回放送をごまかしてしまえばいいんだから、多少ズレたって許してくれる、と。ワーッといっちゃえば、それで終わりだろうと思ってたらとんでもない。やっぱり悪いことはできないもんだねえ。自分でも知らないうちに美化してるところがあってね。この前改めて、この現実を見てね。頭かいちゃって。見なきゃよかった（笑い）。

――『ヤマト』の絵コンテは、だいたい石黒さんが全部監修してらしたんですか。

石黒　もちろん全部チェックしてるけど。絵コンテを実際に描いてるのは安彦（良和）さんですよ。

――いや、ここに六話のがあるんです。ゆきかぜの話ですが。

石黒　これは安彦氏ですよ。五話か六話あたりから、安彦氏が描いてね。西崎さんが気に入っちゃってやってもらったんです。ただ彼は、ひたすら描くだけなんでカット数が多いんだね。

――多いですね。まず分厚さにびっくりしましたけど。

石黒　そうですね。今見るとすごいね。

――この一作目の『ヤマト』は、本当に僕らにとってもエポックメイキングなものでした。これでアニメファンが出てきたと思います。

石黒　うーん、今のデジタルの絵と比べると、いいんだか悪いんだかなあ。本当にセルが汚れてるよね。今はデジタルは、ゴミなんか入れようったって入れられないものね。

――セル傷も出ないですし。

石黒　うん。

――でも『ヤマト』で石黒さんが実験された爆発シーンとか、どんな止めのシーンでも背景の宇宙空間は動かすとか。ああいうことは、やっぱり画期的というか、初めてでしたからね。本当に。すごい影響を受けました。

石黒　確かにね、初めてだっていうことはありましたね。

――あの当時は、ある意味でジュブナイルの、少年向けのSF冒険物語としてすごく感動してた自分がいるんです。今考えてみると、やっぱりSF世界っていうんですか、ああいう映像センスはすごいなって思います。あの『ヤマト』があったからこそ、以降のいろんなアニメが影響を受けて出て来ているっていうのが、よく分かりますね。その意味でも、石黒さんのお仕事は、すごく大きかったと思っています。

石黒　いや、まあ、そんな偉そうなことを考えてやってたわけじゃないから。

――それまで爆発だったら「バーン！」で終わってたモノ

が、「モクモクモク……」って煙とか四方に散っていきましたし。

石黒　そうですね。やっぱり何か、そういった効果の部分っていうのは、自主製作の頃からやってましたからね。当時は、その辺がすごくおざなりな作品が多かったんでね。自分がやる時には、じっくりやろうと思ってました。逆にもう、その辺に枚数とか、自分でかけられる立場になったからね。それをいいことに、好き勝手やったっていうのはありますね。

――一話のシーンでも、効果をだすために、ブワッとぼかしの煙のヤツまで、ご自分でセル塗りをやったとか。

石黒　ええ。やっぱり、指で塗ってみようと思って、自分でやってみたんですね。あれは面白かったですよ。でも、やっぱりそういったことが毎回できると良かったんですけどね。

――だんだん時間が押してきますよね。

石黒　もう、そんな贅沢なこと言ってられなくなってきちゃって（苦笑）。

嬉しいのは、自分が見込んだ若いスタッフの成長

――面白いと思うのは、石黒さんは、『アトム』の演出をまず担当されて以降、『ヤマト』や、『マクロス』、『銀河英雄伝説』を手掛けられていますよね。たえず第一線でやられるというのを、自分の中に課してらっしゃるのかも知れませんね。あくまで陣頭に立って、作る現場にいるということは、傍からもなにか信念があるような気がします。

石黒　ここまで来ちゃうとね、そうやってやるしかないんですね。自分でやりたいと思って、ここまで来たわけじゃないんですけどね。しまったなあというのが、正直言ってありますけどね。

――しまったなあ、ですか。

石黒　自分の、なんか好きにできる足場が欲しかったというのは事実なんです。そのために会社作ったら、今度はその会社を維持するために、やりたくもない仕事までもやらなきゃいけないっていうのは、正直言ってありますよね。経営の才能はゼロですから。

――そうでしょうか。

石黒　ええ。経営は、自分で呆れるぐらいですね。会社なんか、もう損ばっかりしてますもん。

――その会社について、お尋ねしておきたかったのは『マクロス』の時に美樹本（晴彦）さんや、板野（一郎）さん、平野（俊貴）さん、そして結城（信輝）さんとか、今のメインになるような人達が皆入って来てましたね。やはりその時から、石黒さんはこの人たちはどこか面白いと思って採られたんですか。

石黒　いや、そんな格好いいもんじゃなかったですよ。はっきり言って、少しでも絵の上手いヤツがいたら、誰でもやってくれ、みたいなものですから。

――割と、『さらばヤマト』でご一緒だった湖川（友謙）さんのビーボォー育ちのアニメーターさんや、アートランド出身の人達が、若い人に支持される作品のメインになってますよね。その意味で、やはり人育てのコツとかがあるのかなというように、僕らは思うんですけど。

石黒　いやいや、そういったことはないし、たまたま立ち寄ってくれただけ、みたいなもんです。うちで何か授けたとか、何か教え込んだってことは、まずないですね。それはもう本人の力の問題ですから。

――石黒さんご自身が、束縛を嫌われますよね。それで、このセクションだったらこれだけをやれ、みたいなのがお嫌いで、全部に首をつっこみたいみたいなものがあると思うんです。だからアートランド出身の今はもう中堅、ベテランになってる人達も、なんでもやりたいという、そういう石黒さんのポリシーみたいなのを、結構身につけてらっしゃるなとは思ったんですよ。原作からキャラデザインから演出から、なんでもやりたいことはやる、というように。

石黒　ええ。まあ逆に力があれば、チャンスは与えたいと思ってますからね。大体、そうじゃなかったら居なかったでしょうしね。というふうなところはあるでしょうけどね。僕が何かわざわざ教えたとか、描いたものを僕に習ってなにかした、なんてまず無いと思いますよ。

――それはご謙遜だと思いますが。

石黒　彼らに、何かここで習い覚えたとか、俺に教えられたかって聞いたところで、多分何もないと思いますよ。それはそれで俺はいいと思うしね。あんまり、こっちも恩着せがましいこと言うつもりもないし、変にありがたがられても迷惑だしね。お互いに力一杯やっていければ一番いいんじゃないか、と思ってます。とはいえ、一緒にやって、そのなかでやっぱり、こいつはいけるなと思った人はそれなりに伸びてってくれてるから、いいなとは思ってますね。

――今もまた新しい若い人たちを、どんどんお入れになられてますよね。若い人の気質ってそんなに変わってないんですか。

石黒　うーん。一〇年単位で見るとずいぶん変わってきましたよね。時代なのかなあ。何か、先程言ったように、なんていうのか不自由になってるっていうかね。自分で枷つくちゃってね。

リーダーアルバムよりハーモニーを大事に、アドリブを効かせたい

——　それは大変でしょうね。それで最後に質問したいのは、マンガを描かれた後に、アニメーションをお作りになられました。そこで、やっぱり、個人のカラーを出したい、というようにはお思いになられたことはないんでしょうか。石黒さんは常に一歩引いておられる印象があるんですよ。『アトム』も石黒さんのカラーも出るんでしょうけども、手塚さんのものにしようとされたし、『マクロス』でも河森さんを立てておられました。『ヤマト』でも松本さんと西崎さんを、表向きはサポートする役目でしたよね。

石黒　そうですね。

——　何かどこか、引いてるじゃないですか。それは何なんでしょうか。言い方は失礼ですけど、出崎統さんがやったら、どんな原作ものだって出崎さんの世界になるし、富野由悠季さんがやったら富野さんの世界になりますよね。そこらへんがとても、不思議なんですよ。

石黒　うーん。何なんでしょうねえ。性分というか。自分ではやっぱりどこか、職人に徹しようとしてるところはあることはあるんですけどね。ただ、そういった意味では、オリジナリティっていうのは大事にしたいと思ってるんですよね。

——　それは分かります。出しゃばりすぎずってところは。ですけど『ヤマト』でしたら、いわゆる爆発とか動きとかSFっぽいテイストに面白味を見つけるとか。重要な仕事をされているんですが、それでも一歩引かれてる印象があるんですよ。

『テレビ・アニメ最前線』（大和書房刊）1980年発行。小原乃梨子さんとの共著。

『図説テレビアニメ全書』（原書房刊）御園まこと著、1999年7月発行。石黒さんのテレビアニメ黎明期からを語ったインタビューも掲載。

石黒　要領悪いところありますよ。

――いえいえ。要領というか……。面白いですね、同世代の富野さんとか出崎さんとかりんさんとか、皆さん自分のカラーを出される方が多いじゃないですか。

石黒　そうですね。

――それは別に出そうと思ってるんじゃなくて出ちゃうのかもしれませんけど。石黒さんの場合、何か妙にエスプリが効いたというか、抑制の利いた江戸っ子というんですかね。そういうのが粋じゃないと思ってらっしゃるのか、とも思うんです。

石黒　自分の中で、どこか韜晦してるところあるんですよ。確かにそうねえ、江戸っ子というとオーバーだけど、やっぱりどこかで都会育ちっていうのがあるんで、人を押しのけてまでってのが、全然無いんですよ、だから、一区切りついたら「どうぞ」っていうようなところがありますよ。

――そうですか。実はそれは長年の疑問だったんですよ。

石黒　ああ。あのね、何の本だったか、たまたま読んで本当にそうだな、と思ったんだけど。三木のり平がね、もう洒脱な人なんですけど、あの人売り出した時、こう鼻眼鏡をしてたでしょ。

――はい、昔はそうですね。

石黒　やってたでしょ？　今でも海苔のコマーシャルやってますけど。あれをあの大村昆がやったでしょ。そしたら本人がやめちゃってね。で、あれについて文句を全然言わないんですよね。黙ってやめちゃったっていうのがね、つまりあれがそういった意味での江戸っ子というか、都会育ちのある種の……。何て言うんだろうな、「これは俺のものだ」とは言えないところがある。

――言うだけ野暮というか。

石黒　そう、言うのは野暮。知ってる人は知ってればいいやっていう。

石黒　そうそうそう。あれを見た時に「ああ、俺もそうだな」っていうのがありましたね。

――何故それを思ったかっていうと、ここ三、四年、富野さんもまたガンダムを作られたりとか、出崎さんがはじめてオリジナルのテレビシリーズ『白鯨伝説』を作られました。りんさんも『メトロポリス』を作られました。そういうのとか見てて、考えてみたら石黒さんは、ジャズで言えば〝リーダー・アルバム〟がないのかなあ、と。

石黒　ああ。

――『銀英伝』でも、あの世界観は田中芳樹さんの世界を第一とされておられますし、それが何故なんだろうなって、ずっと考えてました。

石黒　うーん。確かに。

――宮崎さんもああいうふうになられましたし。あの時代同じように走ってたランナーの方って、皆さんそうなってるじゃないですか。石黒さんは、そういうところをかえって避けてるような感じもしたんですよ。

石黒　うん、まあそうだね。それと僕、やっぱりこの会社をやらずにひとりでいたら、もうちょっと違ったかな、とは思いますね。

――ああ。おひとりの作家として、ってことですね。

石黒　うん。やっぱり会社なんかやってると、それはもう、片手と片足縛られてるような感じがするね。ハンデがつきますよ。だって、ひとりでいたら言いたいこと言えるしね（笑い）。

――でも、どこかでその、集大成みたいなもの、リーダー・アルバムみたいなものをっていうお考えも、あるんでしょうね。

石黒　ああ、そうですね。まあ、せいぜいやって、あと五、六年だろうと思ってるし。正直言ってもうしんどくなってきてるんだよね。今のところ『銀英伝』が最後ですけど、これが最後って言われるのも癪だしなあ、とは思ってるんでね、何かやりたいとは思ってるんです。アイデアもないわけじゃないですけど。ただやっぱり一方じゃあこうやって会社もね。

――動かしてかなきゃいけない。

石黒　動かしてかなきゃいけないしね。まあ、確かに、そういう要領の悪さというかな、自分を押し出すようなことっていうのは、なかなかできにくいところがありますね。だから、正直言って『ヤマト』が売れた時に、もうちょっと交渉上手だったら違っただろうな、とは思いますね。あの時は納得しちゃったんだ（笑い）。

――そうなんですか（笑い）。

石黒　うん、本当に。西崎さんが、あれ終わって大当たりして、次作る時、一応条件交渉みたいな話があったんですけど。でもその時に、五〇〇万で手を打っちゃった（笑い）。

――そうですか。でも、次の『ヤマト2』あたりでもう『ヤマト』はいいやっていうふうに思われたのも、多分そういった意味だと思うんです。のり平さんの眼鏡と同じで。

石黒　そうなんですよ。あれだけ当たったら、今度は西崎さんが、俺の作品だって出てきたでしょう。ああいうタイプの人が一番苦手なんだよね。

――それで「お好きにどうぞ」っていう。

石黒　ええ。「好きにやってくれ」ってね。だけど俺は逃げたい、ということで降りちゃったっていうのがあります。だけど『マクロス』もそうなんですよ、ある意味。河森くんがボクの作品なんて言い出したから、「それならお好きにどうぞ」っていう話になったんです。別にそれについては全然ケンカしたこともないし、彼がそう思ってんだから、それはそれでいいなと思ってたし。

——だからそこらへんがもう、大人というか、石黒さんの矜持ですよね（笑い）。

石黒　う一ん、まあそんなことでいちいちあれするのも、面倒だし。いいんじゃないですか。僕は逆に、自分の個性を出してどうだっていうほど自信はないしね。だから、好きな人もいれば嫌いな人もいるっていうので、ちょうどいいんでしょうね、作品てのは。どっちかっていうと、一人で何かを演奏するよりはチームプレイでハーモニー出した方がずっと好きですから。そのへんはロックと違って、どうしてもジャズの出身みたいなところがありますからね（笑い）。

——でもジャズのなかにも、よくアドリブが格好良く決まる曲とかあるじゃないですか。

石黒　そうそう、アドリブぐらいが好きなんですよね、どっちかというとね。

——ああ、リーダーまでいっちゃうとちょっとあれだから。なるほど。わかりました。すごく、何か今日は納得いきました（笑い）。

石黒　僕はあまり声高に主張するのって苦手なんですよ、何でも。

——すみません（笑い）。

石黒　本当にこう、どっちかいうと、ちょこっと言って、分かってくれる人は分かってくれる、っていうのが一番好きなんですよ。

——でも、そろそろアドリブだけじゃなくて、石黒さんの作品というところで、ちょっと何か見せていただければ嬉しいです。

石黒　ああ、ありがとうございます。二月ごろに、アニメ見本市やるでしょう。都が主催してね。あれに仲間といっしょにブースを出すんでね、どうせなら企画をいっちょ出していろいろ反応見てみようかなと思ってるんですよ。

——ああ、是非見たいです。

石黒　外国からもいろいろと来るみたいだしね。どんな反応か。

——石黒さんも、外国の方が名前通ってますからね、実は。アメリカのアニメエキスポで一回ご一緒した時もびっくりしました。ファンがもう群がり殺到して。「センセイ・イシグロ！」って。

石黒　いやいや。

——海外の方が逆に情報不足だからこそ、ちょっとしたDVDとかソフトだけでも何回も見るから、すごくインプットされてるんでしょうね。

石黒　それと、やっぱり国民性でしょうかね。日本みたいに回転早くないんだよね。一度好きになると、しつこく好きになるようなところがあるんじゃないですかね、あっちは。まあベンチャーズみたいなもんだよね。

――ベンチャーズ。毎年夏になると（笑い）。

石黒　アメリカ本国では、もう忘れられちゃってる（笑い）。

――でも来日すると、相変らずテケテケテケって演って稼ぎますよね。

石黒　そうそう。

出来れば作ってみたいスラップスティックギャグ作品

――でも個人的には、できれば石黒さんのスラップスティックなギャグアニメが見たいんです。

石黒　ああ、やりたいですねえ、思いきって。一度やってみたいのがギャグ物でしてね。ほら、昔『アイ・ラブ・ルーシー』とかあった時に、会場が笑い転げてるでしょう？　あれやってみたいですね（笑い）。

――『奥様は魔女』とかで、ワッハッハって画面から笑い声が聞こえるものですね。

石黒　そうそう。あれって独特のタイミングがあるんですよね。舞台劇の中継みたいな。笑いをとってる間って、一応ちょっと動きが止まるんですよ。あれがアニメで表現できないかな、と思って。

――ああ。そういうのが見てみたいです。例えば以前、手塚さんが『おんぼろフィルム』でやられたみたいに、ああいう感じで海外物っぽい合いの手が入ったりとか、面白いでしょうね。

石黒　そう。ちょっとパロディぽい感じで、やってみたいですね。だから、今までのギャグ物のタイミング、間を変えて、ちょっと違ったタイミングでね。面白いとは思ってるんです。ただ、今のアニメーターはもうギャグが表現出来なくなってきてるんで、そのへんがどうかなあ、と。

――うーん、そうですねえ。今は、ギャグ自体が、皆あんまり分かってないかもしれません。

石黒　分かってないんですよね。今、学校で生徒に、例えばギャグの、あるいはそういったもののアイデアを描かせると、みんなナンセンスギャグなんですよ。不条理というかね。あれをギャグだと思ってるんです。完全にどこか違ってきちゃってるんですね。

――映画もそうですけれども、今、本当に純粋なギャグ物が失くなってます。昔のものだと、ああチャップリンね、で終わっちゃいます。僕らだって絶頂期のマルクス・ブラザーズなんか知りませんからね。

石黒　うん、そうですね。

――ローレル&ハーディも、バスター・キートンもそうです。あの黄金時代のハリウッドものも、もう殆ど知られてませんよね。

石黒　そうですね。正調ギャグってのがどういうのかは別にしても、そういったものを完全に忘れて、今のギャグっていうと吉本あたりにいっちゃうでしょう。

――分かり易すぎるものですよね。

石黒　ええ。それから、雑誌なんかで連載してる、いわゆる不条理ギャグみたいな……。

――吉田戦車のシュールなマンガとか。

石黒　そうそう。シュールギャグというものになっちゃうんで、何か途中がないというか。

――ただ、アニメーション、動きだけの表現でスラップスティックは出来ますよね。

石黒　そうなんですよ。スラップスティックのね。ディズニーの短編なんてのは無茶苦茶面白かったけどねえ。ギャグというよりはドタバタなんですけど。あれも枚数描かなきゃ出来ないんですがね。

――でも今見ても『蒸気船ウィリー』とか面白くて好きですよ、やっぱり。

石黒　面白いですよね。

――ええ。ああいうのを見てみたいですね。

石黒　だから、ある程度枚数かければ、それこそ二〇年、三〇年たっても充分生命があると思うし。そこまで見通して金かけてくれる人いないかな、と思ったけどね。今もう、三千枚ですからね。

――どうかすると二千枚とか二千五百枚とも聞きます。『アトム』の時代に戻っちゃいましたね。

石黒　そう。『アトム』なんて二千枚でやってましたからね（笑い）。困ったなあ。

――でも是非、楽しい作品を作って下さい。それでは、長い時間ありがとうございました。

石黒　いやいや。

（二〇〇二年一月十四日　於・武蔵境アートランド）

石黒 昇　僕は何でも、声高に主張することが苦手なんです。

未来少年コナン	1978年4月～10月	絵コンテ
宇宙戦艦ヤマト2	1978年10月～79年4月	チーフディレクター
宇宙戦艦ヤマト 新たなる旅立ち	1979年7月	テクニカルディレクター
がんばれゴンベ	1980年4月～8月	絵コンテ
(新)鉄腕アトム	1980年10月～81年12月	監督
科学救助隊テクノボイジャー	1982年4月～9月	監修・演出
ときめきトゥナイト	1982年10月～83年9月	演出・絵コンテ
超時空要塞マクロス	1982年10月～83年6月	チーフディレクター
超時空世紀オーガス	1983年7月～84年4月	チーフディレクター
タイムスリップ10000年プライムローズ	1983年8月	絵コンテ
ふしぎなコアラ ブリンキー	1984年7月～12月	演出
青春アニメ全集	1986年4月～12月	演出
(夢見る)トッポ・ジージョ	1988年4月～12月	監督
みかん絵日記	1992年10月～93年6月	監督
蟲師	2005年10月～06年3月	制作管理
僕等がいた	2006年7月～12月	制作管理
家庭教師ヒットマン REBORN!	2006年10月～10年9月	監修
TYTANIA-タイタニア-	2008年10月～09年3月	監督

■劇場映画作品

宇宙戦艦ヤマト	1977年8月	アニメーション・ディレクター
さらば宇宙戦艦ヤマト愛の戦士たち	1978年8月	テクニカル・ディレクター
火の鳥2772　愛のコスモゾーン	1980年3月	アニメーション・ディレクター
1000年女王	1982年3月	原画
忍者ハットリくん ニンニン忍法絵日記の巻	1982年3月	絵コンテ
テクノポリス21C	1982年8月	企画協力
超時空要塞マクロス 愛・おぼえていますか	1984年7月	監督
銀河英雄伝説　我が征くは星の大海	1988年2月	監督
パッテンライ!!～南の島の水ものがたり～	2008年11月	監督

■オリジナルビデオ作品

メガゾーン23	1985年	原作・監督
メガゾーン23 PARTII　秘密く・だ・さ・い	1986年	原作・総監修
銀河英雄伝説	1988年～97年	監督
爆走サーキット・ロマン TWIN	1989年	総監督・絵コンテ
星猫フルハウス	1989年	原作・監督・脚本
青春夫婦物語 恋子の毎日	1989年	監督
少年アシベ	1990年	監督
ハード&ルーズ 私立探偵土岐正造トラブル・ノート	1992年	監督・脚本・絵コンテ
銀河英雄伝説外伝	1998年～99年	監督
倒凶十将伝 封魔五行伝承	2001年	監督

*年月はテレビ放送、公開時期を表す

石黒 昇主要作品リスト

星まこと／編

■テレビアニメ作品

鉄腕アトム	1963年1月～66年12月	演出・原画
ビッグX	1964年8月～65年9月	原画
怪盗プライド	1965年5月～11月	原画
ジャングル大帝	1965年10月～66年9月	原画
巨人の星	1968年3月～71年9月	原画
怪物くん	1968年4月～69年3月	演出
佐武と市捕物控	1968年10月～69年9月	演出
ジョニーサイファー	1968年10月～69年3月	原画
海底少年マリン	1969年1月～9月	演出・原画
そばかすプッチー	1969年3月～10月	脚本・絵コンテ
ピンチとパンチ	1969年9月～70年3月	脚本・絵コンテ
どろろ	1969年4月～9月	演出
ムーミン	1969年10月～70年12月	演出
あしたのジョー	1970年4月～71年9月	絵コンテ・演出
アンデルセン物語	1971年1月～12月	演出
天才バカボン	1971年9月～72年6月	絵コンテ
赤胴鈴之助	1972年4月～73年3月	絵コンテ
ど根性ガエル	1972年10月～74年9月	絵コンテ
けろっこデメタン	1973年1月～9月	絵コンテ
ドラえもん(日テレ版)	1973年4月～9月	絵コンテ
空手バカ一代	1973年10月～74年9月	絵コンテ
侍ジャイアンツ	1973年10月～74年9月	絵コンテ
ジャングル黒べえ	1973年3月～9月	絵コンテ
ワンサくん	1973年4月～9月	演出
荒野の少年イサム	1973年4月～74年3月	絵コンテ
ゼロテスター	1973年10月～71年12月	絵コンテ
小さなバイキング ビッケ	1974年4月～75年9月	絵コンテ
となりのたまげ太くん	1974年4月～75年6月	演出
星の子チョビン	1974年4月～9月	絵コンテ
宇宙戦艦ヤマト	1974年10月～75年3月	アニメーション・ディレクター
宇宙の騎士テッカマン	1975年7月～12月	演出
アラビアンナイトシンドバッドの冒険	1975年10月～76年9月	絵コンテ
UFOロボ　グレンダイザー	1975年10月～77年2月	演出
わんぱく大昔クムクム	1975年10月～76年3月	絵コンテ
超電磁ロボ コンバトラーV	1976年4月～77年5月	絵コンテ
リトル・ルルとちっちゃい仲間	1976年10月～77年4月	絵コンテ
花の係長	1976年10月～77年3月	絵コンテ
ろぼっ子ビートン	1976年10月～77年9月	絵コンテ
ヤッターマン	1977年1月～79年1月	絵コンテ
ジェッターマルス	1977年2月～9月	演出
まんが日本絵巻	1977年10月～78年9月	総監督(前期)
氷河戦士ガイスラッガー	1977年4月～6月	チーフディレクター
(新)ルパン三世	1977年10月～80年10月	絵コンテ・演出

取材後日譚　その4

石黒 昇さん

取材場所は、中央線武蔵境にあるアートランドの応接室。

石黒さんとは、以前から不思議なご縁があり、プライベートでも結構お付き合いいただいていました。正式な取材も、これが二回目になります。

元々、学生時代の卒論が「日本のアニメーション産業」だったという石黒さんです。それまでも本誌のインタビュー記事をお送りするたび、面白い。このまま是非続けてください、と激励してくださっていました。

アニメブームの一九八〇年（昭和五十五年）に、小原乃梨子さんとの共著で出された『テレビアニメ最前線 私説・アニメ17年史』（大和書房刊）は、その頃のアニメファンにとって貴重な書籍でした。まだまだスタッフや制作現場の情報が少なかった時代に、第一線で活躍されておられるお二人の人間味あふれた半生記は、アニメを創っている方々をより身近に感じさせてくれました。

石黒さんは奥ゆかしいご性格で、いつも自ら手柄話や自慢話をされることはありません。ただ、こちらから気になったことをお聞きすると、「ああ、よく知ってますね。実はこれはね……」と、そのことにまつわるそれぞれの深いエピソードを明かしてくださるのです。

このインタビュー時も、マンガ家デビュー作である石黒昇流名義の『大宇宙の放浪児』の単行本をお持ちすると、もう自分も持っていないと、とても喜んでいただけました。つげ義春さんや遠藤政治さんたちとの交流など、石黒さんにとってもマンガ家時代は楽しい青春時代だったのでしょう。各誌に投稿していた頃や、駆け出しの頃のことをうれしそうにお話いただけました。

心残りは、石黒さんの『テレビアニメ最前線』以降の歩みを書籍化しようと動いていた企画を、実現出来なかったことです。石黒さんからも、今更もう自分では書けないから、話したことをあなたがまとめてほしい、と言われていました。これが実現すれば、もっと埋もれたアニメ史がもっと明かされたハズで、もっと早く動いておけば、と今も悔やんでいます。

荒木伸吾

アニメーターになっても、劇画家時代の作風は生きているんです

劇画タッチで冴え渡った『巨人の星』から、元祖美少年の活躍する『バビル2世』。キュートな魅力の『魔女っ子メグちゃん』や、健康的なお色気と華麗なアクションの『キューティーハニー』。美形キャラが活躍した『UFOロボ グレンダイザー』や『惑星ロボ ダンガードA』、絢爛たる豪華な世界を描き出した『ベルサイユのばら』。そして今も国内のみならず海外まで絶大な人気を誇る『聖闘士星矢』や、『遊戯王デュエルモンスター』を手掛け、我々アニメファンを魅了し続けた名アニメーターといえば、荒木伸吾さんだ。

しかし、荒木さんがそもそも十代の頃から貸本劇画誌でデビューした人気劇画家だったことを知る人は、あまりいないようだ。

今回、インタビューは苦手とおっしゃる荒木さんに無理を言って、劇画を描き始めた出発点から、アニメーター時代までをランダムに語っていただいた。『まんだらけZENBU』本誌でも一番リクエストの多かった荒木伸吾さんのお話を、ご堪能あれ。

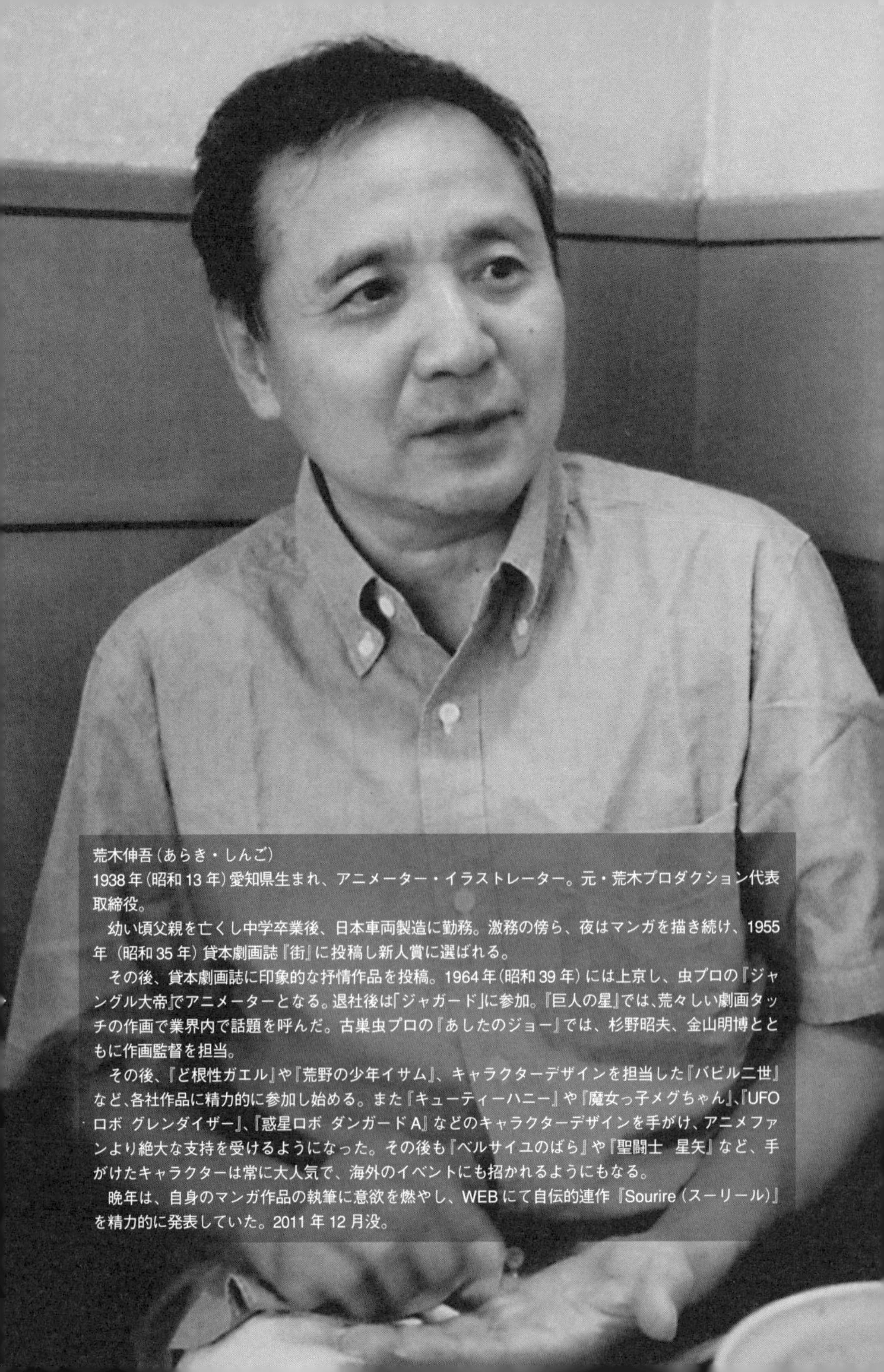

荒木伸吾（あらき・しんご）
1938年（昭和13年）愛知県生まれ、アニメーター・イラストレーター。元・荒木プロダクション代表取締役。

幼い頃父親を亡くし中学卒業後、日本車両製造に勤務。激務の傍ら、夜はマンガを描き続け、1955年（昭和35年）貸本劇画誌『街』に投稿し新人賞に選ばれる。

その後、貸本劇画誌に印象的な抒情作品を投稿。1964年（昭和39年）には上京し、虫プロの『ジャングル大帝』でアニメーターとなる。退社後は「ジャガード」に参加。『巨人の星』では、荒々しい劇画タッチの作画で業界内で話題を呼んだ。古巣虫プロの『あしたのジョー』では、杉野昭夫、金山明博とともに作画監督を担当。

その後、『ど根性ガエル』や『荒野の少年イサム』、キャラクターデザインを担当した『バビル二世』など、各社作品に精力的に参加し始める。また『キューティーハニー』や『魔女っ子メグちゃん』、『UFOロボ グレンダイザー』、『惑星ロボ ダンガードA』などのキャラクターデザインを手がけ、アニメファンより絶大な支持を受けるようになった。その後も『ベルサイユのばら』や『聖闘士 星矢』など、手がけたキャラクターは常に大人気で、海外のイベントにも招かれるようにもなる。

晩年は、自身のマンガ作品の執筆に意欲を燃やし、WEBにて自伝的連作『Sourire（スーリール）』を精力的に発表していた。2011年12月没。

――本日はお忙しいところ、ありがとうございます。この、『まんだらけＺＥＮＢＵ』の読者はテレビアニメ世代でもありまして、これまでのアニメ作品にも非常に強い思い入れをもっています。ですから、かつて自分たちが見ていた作品のスタッフの方がどのような道を歩まれて来たのか、ということを知りたいファンも多いんです。そこで今回はアニメファンの中でも、とても支持率の高い荒木さんに、是非お話を伺いたいとお願いしました。

荒木　これまでの記事も、読ませてもらいました。

――ありがとうございます。荒木さんは昭和三〇年代に劇画家としてデビューされましたが、その時代からすると、そろそろ画業も四十七～四十八周年というところでしょうか。そして、アニメーターになられても、『ジャングル大帝』から『遊戯王』など、常にキャリアをスタートされて、現在も第一線でお仕事をなさっています。アニメファンには華麗な作画という印象が強いのですが、それだけではなく、その時代時代に要求される絵柄というものを常に心掛けていらっしゃるのかな、とも思うんです。

荒木　まあとにかく、だんだん『巨人の星』あたりから、非常に人手不足になりましてね。『ジャングル大帝』もそうなんだけれども、それまでのアニメーターが描いていた絵とは違うものが、要求されてきたと思うんですよ。絶えず時代の先端、人気のマンガがアニメになっていくから、それを描きこなせるアニメーターがね。

――荒木さんはそれを実践されてこられたと思います。やはりその時代ごと、常に新しい絵柄が流行になりますよね。例えば『巨人の星』はあんなに劇画タッチでド迫力の作画だったのに、『新巨人の星II』ではガラッとスマートな絵柄に変わりました。それから『ベルサイユのばら』や『聖闘士星矢』、『遊戯王』などもそうです。全く異なる絵柄をちゃんとこなされ、しかもそれでいて荒木さんのタッチになっているという。この凄さを、誰かが語ってくれないかなと思っていたんです。

荒木　実は『街』とか、『顔』に描いていた頃も、一作ごとに絵柄は変えていたんですよ。

――ええ、いろんな実験されてましたね。今日は当時の荒木さんの劇画を持って参りました。

荒木　ああ……、こういうのがあるんですね。こんなきれいなもので残ってるとは思わなかった。

――この『地獄船』が一番長編ですよね。他にも永島慎二さん風のリリカルな作品も描いていらっしゃいました。

荒木　そう、佐藤まさあきさん調とかね、辰巳ヨシヒロさん調のとか。

――これ、私の家宝なんです。この当時の劇画誌は、奥付

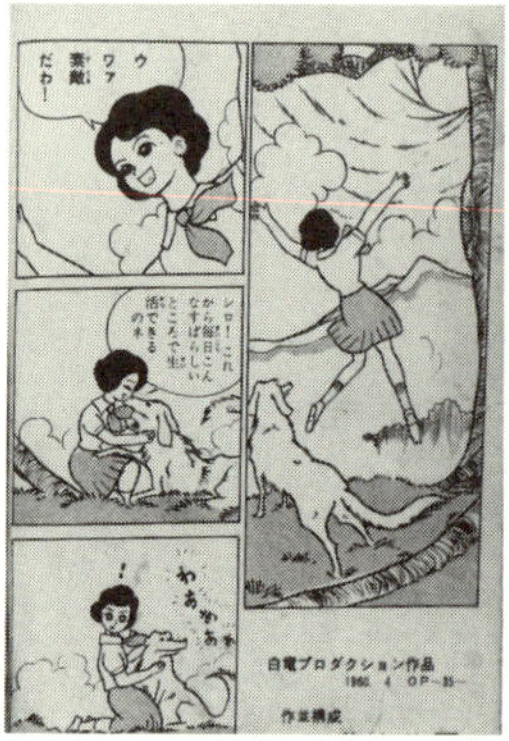

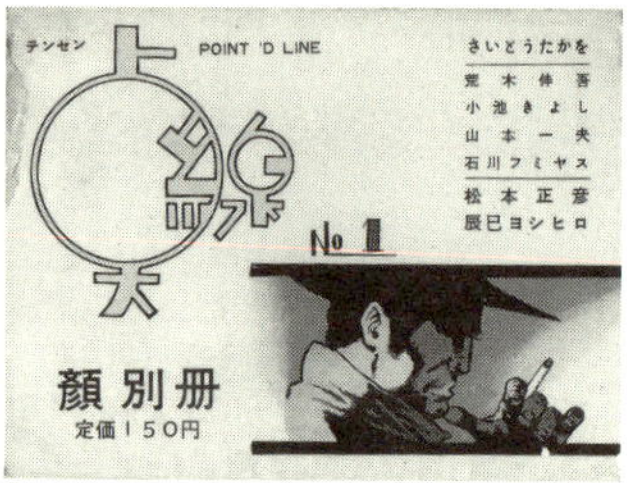

『顔別冊』No.1（エンゼル文庫刊）「赤とんぼ」扉に白竜プロダクション、1960.4、OP34 とある。40 ページの作品。

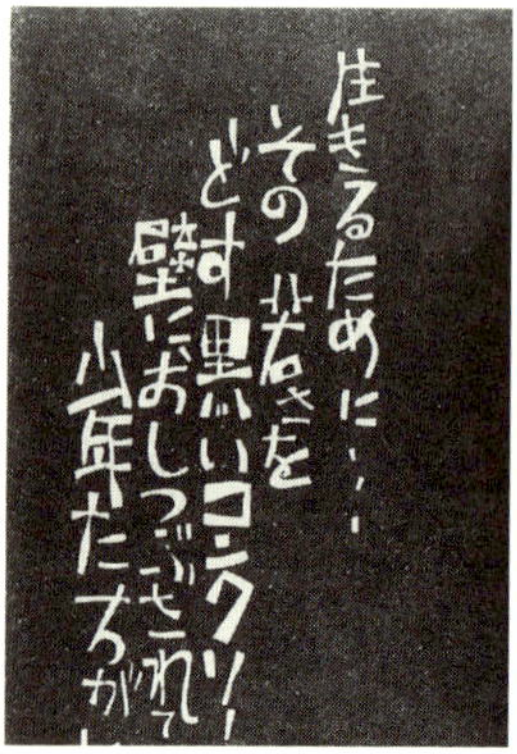

『顔別冊』No.2（エンゼル文庫刊）生活ドキュメンタリー劇画「黒い春」扉に白竜プロダクション、1960.4、OP35 とある。30 ページの作品。

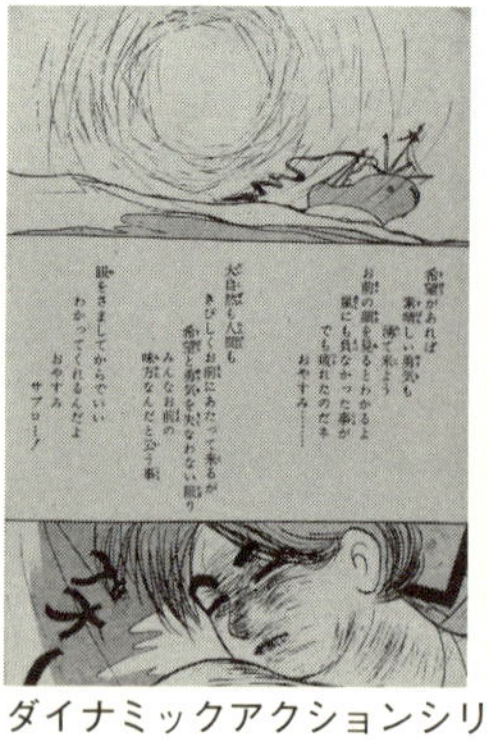

ダイナミックアクションシリーズ『街』姉妹篇（セントラル出版社刊）長編熱血少年劇画「地獄船」扉に白竜プロダクション、1960.7、OP38 とある。90 ページの作品。

荒木慎吾　アニメーターになっても、劇画家時代の作風は生きているんです。

『街』45（セントラル出版社刊）少年劇画「何も言わなかった少女」扉にOP40とある。40ページの作品。

にはっきりとした発行年月日の記載はありませんが、荒木さんは、必ず自分の何作目かと何年に描いたと扉に書かれてましたね。これは何故だったんですか。

荒木　ええ。速く描くいうことで、記録を残そうと思ってね。

――これは、まだ一〇代の頃ですよね。

荒木　そう一〇代です。しかも昼間は工員をやっててね。だから描く時間は非常に限られていた。

――夜だけですか？

荒木　夜、ないしは明け方まで。

――体力ありましたねえ。

荒木　だから、それにはとにかく速く描かなきゃ。会社に遅れるからね（微笑）。

手塚作品と出会った衝撃

――やはりこの世界に興味を持たれたきっかけは、手塚治虫さんの本との出会いなんでしょうか。

荒木　ええ。『ジャングル大帝』を初めて『漫画少年』で見た時に、すごく感動したんですよ。扉がカラーでね。レオがスフィンクスの横で眠っているのを、エジプト人が眺めてびっくりしている絵とかね。それからもう手塚先生大好きで、家の壁は全部、ヒゲ親父やレッド侯の……。

――落書きされてたんですね、似顔絵を。

荒木　はい。

――小学生の頃ですか？

荒木　小学校四年生ぐらいが『新宝島』の頃です。

――では、リアルタイムで『新宝島』もご覧になられた？

荒木　はい。

――それから画板を持って、あちこちスケッチに。

荒木　ええ。中学卒業後、職工をやってた頃の日曜日はいつもね。

――では中学卒業と同時に就職されて、それで夜は投稿をずっとされてたんですね。

荒木　いわゆるマンガの勉強をね。中学卒業して職工になった時にも、将来は、とにかくどんな形でも絵で飯が食えるようになりたい、と。

絵で身を立てたい、と昼間は働きながら劇画誌『街』でデビュー

――劇画家としてデビューされたのは、この『街』なんですか。

荒木　そうですね。『街』の十七号あたりだと思います。セントラル文庫というのが、名古屋にあったんですよ。そこに十七～十八ページ描いて持って行ったんです。そうしたら「置いていきなさい」と言われて。しばらくしたら電報が来て、入選しましたから一度来てくださいと連絡が来たんですよ。

――その十七ページの作品がデビュー作として採用されたんですね。

荒木　はい。それからは月に一作ぐらい注文が、今月は三〇ページ、四〇ページとくるんですよ。それがどんな内容かは、一切なんの注文もないんです。だから自分の好きなように描いてました。

――でも、昼間は職工さんとして、肉体労働じゃないですか。それでよく、夜はペンを持って描けてましたね。

荒木　だから虫プロへ入るまでは、この指のタコがすごく大きかったですね。力仕事する代わりに、ペンを握る時も、ギューッ、と。描き終わった時には、本当にこう（ペンを握り締めた指を一本ずつ外すように）しないと取れないんです。それが自分としては、ここまで努力しているからと思い、それで満足してたんでしょうね。

――『ジャングル大帝』などの手塚作品に出会われて、絵の世界で身を立てようという思いが、どこか最初にご自分の中にあったわけですね。そのための強い意志を持っておられたということですよね。

荒木　虫プロに入った時は、もう嬉しくてね。とにかく、一

日中絵を描いてていいんだって。だからそれ程、絵を描くことが好きだったんです。

昔、憧れた『ジャングル大帝』のアニメにアニメーターとして参加

――しかも、子どもの頃感動した『ジャングル大帝』を自分が描くことになるわけですよね。それはやはり、嬉しいことですよね。

荒木　嬉しいし、でも描けないし（苦笑）。アニメを始めるために虫プロに入った時、自分の劇画を描いていた過去や仕事は、この仕事には通用しないぞという意識で入ったんです。だから一切、自分の絵は使えないし、使うこともない、と。しかし、今振り返ってみると、絵の中に自分のその当時のクセが入っちゃっているんですよ。

――劇画時代は、自分の好きな構図、ポーズで描きますけれども、アニメーターは、絶えずどんな構図からでも描けなければいけませんし、ましてや動物がメインの『ジャングル大帝』ですよね。劇画時代とのギャップはありませんでしたか。

荒木　まず動物ね。カバなんて描けなかったです。入社試験を受けた時は、休憩時間にちょっとレオのキャラ表をもらって、いっぱい描いたんですよ。自分でも初めて描いたから、ああこんなもんかなと思って、それで見てもらったんです。そして、動画から始めたんですけれどもね、すぐ原画に回されてね。

――それは、やっぱり描けたからですね。

荒木　三カ月ぐらいでね。でも描けないんですよ。描かなきゃいけない立場だったんですよね。入った時、演出で入れてもらったんですよ。だから三カ月したら原画だったんです。でも描けなくてね。キャラ表は会社に置いて、家へ帰ったら、スケッチブックにレオを思い出して描くわけですよ。それが描けなくってね。そんなある時、夢でライオンやヒョウが走っている姿を見たんですよ、スローモーションで。その時、あこういう動きをするんだって、夢の中で掴んだ覚えがありますね。掴んだって、いうと大袈裟だけど。

――夢に見るぐらい悩まれたんですね。

荒木　悩みましたね。先輩の亡くなられた赤堀幹治さん。あの方がレオの走るところを本当に図解で、懇切丁寧に描いてくれた。

――前足が出た時は、後ろ足はこっだとか。

荒木　そうそう。それで速い時は、三枚で走らせることができますよって。三枚だったら、こうなんだよ。

『巨人の星』で自分本来の作画に開眼

――その後いったん斉藤博さん達と、虫プロを辞められてジャガードを作られますよね。『巨人の星』の時は、何か荒木さんがやりたいからって絵を描いて、東京ムービーまで持って行かれたという話を聞きました。

荒木 あの時は、オーディションで絵を描かされたんですよ。この仕事をやりたかったら、描けるかどうかチェックするからってね。

――でも荒木さんとしては、『巨人の星』は絶対に自分に向いてる、と。

荒木 そう思いましたよね。ついに来たかと。

――当時のアニメーターさんからすると、これまでのようなファンタジックな世界から、いきなり泥臭い浪花節の世界って、けっこう皆さん、反発を持つ部分もああったんじゃないでしょうか。ただ荒木さんにすると、元々慣れ親しんだ劇画の世界ですし、これはと思われたわけですね。川崎のぼるさんの絵も、劇画時代にご存じだったでしょうし。

荒木 ええ。川崎さんはデビュー当時から、素晴らしいと思っていましたしね。川崎さんが時代劇のすごいの描いてますよね。まあ、だから劇画をやってきて、アニメーターになったのが、決して無駄ではなかったですね。

――すごいバックボーンだと思います。だから『ジャングル大帝』の時に、いったん劇画を全部捨てたとおっしゃいましたけれども、決して無駄になっていない、というよりも、後々の荒木さんの世界を支えるのは、やはり劇画の時代があったからとも思えるんですが。

荒木 ええ『巨人の星』あたりから。かつて自分がペンで描いていた世界と、アニメの原画として本当に動かすための線で描かれたものが、アニメーターのタッチまでが表現として使われるようになったからね。

――その『巨人の星』で言えば、僕らファンは、花形の鉄球で訓練して打つエピソードが、あの当時、一番強烈な印象に残ったんです。『巨人の星』は、最初の頃はハンドトレスでしたよね。でも後半からマシントレスになって、鉛筆のタッチをそのまま拾ってくれるようになっていきました。それを見て、影でも二段影、三段影がきれいに入るようになって。それで動きの迫力。まさに、荒木さんが手掛ける回だけは違うっていうのが、僕らにも分かるようになってきてましたから。

荒木 自分にとっても、劇画を描いていた時代が、まさに甦ったようなね。実はあのちょっと前に、非常に行き詰まった時期がありました。自分である程度キャラを自由に描いていいような、そういう立場が与えられた時にはいいんだけれども、他の人の作ったキャラを描く時に苦労したんですよ、描けなくて。どうしても自分のになっちゃうから。それで『巨人の星』のスタート当初もそうだったんだけど、だんだんこのタッチで描いていると、それが同業者じゃなくて、外から、見る側の人から評価された。『巨人の星』をやってる時は、スポンサーの奥さんが、「私はこの飛雄馬が一番好きです」と、試写会の時、おっしゃったそうです。そういう声を耳にして、少しずつ自分に自信がついていって、自分のタッチを出したほうが、面白くなるような気がしたんですね。

――『巨人の星』までに、スランプがあったと言われました。それは、自分の絵を出しちゃいけないと思っておられたのに、出てしまうというジレンマがあったわけですね。これは劇画タッチの『巨人の星』でようやく解放されたということでしょうか。

劇画タッチの表現に燃えた『巨人の星』と『あしたのジョー』

荒木　ええ。そして『巨人の星』の次に、『あしたのジョー』の仕事が入って来ましてね。『あしたのジョー』は、思い切り自由にやってやろうという気になったんです。それで、ある程度成功はしたんですけれど、他の作監との調和がなかなかとれなくてね。杉野（昭夫）さん、金山（明博）さんと、どうしても絵が違うんですよね。それでだんだん『あしたのジョー』をやってる途中で、少しずつ杉野さんなんかのも取り込んで、もっと確実な絵が描けるようにしたんです。

――実は僕ら素人が一番疑問に思うのは、アニメの場合もちゃんとコンテというのがあって、この動きがあるっていうのをちゃんと指示されているわけですよね。『巨人の星』だったら、ずっとジャガードで斉藤（博）さんと組んでやってらっしゃいましたけれど、ど迫力の動きとか画面とかは、最初から指定があったものなんですか。

荒木　あれはね、やっていくうちに、ああなったんですよ。斉藤さんは、あまり人のカットとか制約をしない人で。どんな描き方をしても、「ああ、これいいねえ」って言われるから、だんだん、こう……（笑い）。

――ノってきたっていうことですか。

荒木　気がついたら、もうデルマと濃い鉛筆で、ビッシリ描いてて。

――それであんな迫力が。

荒木　でも、それはもう動画で清書するのは不可能ですからね。原画をそのまま動画として使ったり。

――ああそれで納得しました。ぶっとい鉛筆のタッチが出ていて、荒木さんの回の飛雄馬のドUPは全く違うんですよ。そ

ロマンアルバム「バビル２世」徳間書店刊。荒木さんの作画をファンに印象づけた作品。

れに影もしっかり二段、三段が付いてました。劇画的表現っていうのは、すごくめちゃくちゃ描き込んでいる線か、影で表現するかのどっちかだったと思うんですけど、荒木さんはすごくそれが融和していて、キマっていた印象があるんですね。

荒木　非難もありましたけどね。これは飛雄馬じゃない、とかも言われましたよ。『あしたのジョー』をやってるときも、そんな事を言われたりもしましたから。

——うーんそうでしょうか。『あしたのジョー』は、アニメファンからすると、杉野さん、金山さん、荒木さんの夢の共演ですけど。

荒木　まあ、そういう言葉があっても、自由に描いていられたような時代だったんですよね。

——それと共に、荒木さんの中に、「これこそが自分の絵だ」と思ってらっしゃる部分があったんでしょうね。

荒木　そうですね。それは確かにありました。「俺の描くのが『あしたのジョー』だ」、という。そんな思いはあったんだけど、それは本当に自分の心の中だけの話で。さあ他の人と比べられたらどうかというと、やっぱり自分のジョーはちょっと違うな、という反省はあったんですよ。

あまり制約も受けず自由に描けた『バビル二世』

——それで『あしたのジョー』で、開眼されたという言い方は失礼ですが、それから、ファンが荒木さんの作画に印象づけられたのは『バビル２世』が決定的だったと思うんです。

荒木　そうですね。『バビル２世』の時には、そんなには原作を意識せずに。

——そうですね。準備稿は横山さんの絵そのままの感じでした。しかし動いた絵は、完全に荒木さんのプロデュースで。すごく洒脱で格好良かったです。この頃は、東映動画からも荒木さんのタッチでという意向があったんですか。

荒木　うーん、まあね。あの頃、東映もロックアウトでごちゃごちゃしてて、仕事には一切何の干渉もなかったんですよ。描けばいいっていう（笑い）。

——それはないと思いますけど（笑い）。

荒木　いやあ、自分の仕事をずっと振り返ると、殆どそうです。描いたほうが勝ちという。

――こうしてお話を伺ってましても、物静かで、自己主張をあまり声高にされないような印象を受けますよ。

荒木　それが足りなかったのかなあ。

――というのは、こうやって荒木さんの作品から、様々なものを受け取っているファンは多いと思うんですよ。ですから、そろそろお話していただいてもいいかなあと思ってお邪魔したんですよ。

荒木　こういうことは苦手でねえ。どっちかというと、系統立てて話すことが苦手なんですね。順序がきっと、このあとも飛びますから。

――思い出しながら話していただければ。やはりファンの第一印象は、『巨人の星』や『あしたのジョー』ですし、その後『バビル2世』の印象が強いわけです。ただ問題なのは、荒木さんの絵が格好良すぎて、他の作監の回になると、どうしても違う絵に見えましたよね。岡田敏晴さんなども頑張っておられましたけど。

荒木　あの人にも何度も言われましたからね。「(キャラクター表では)どうなっているのか、さっぱり分からないよ」ってね。だから、キャラ表をもう一度描き直して、これでどうですか、と渡したこともありました。それでも、納得いかなかったようでしたけどね。

――すごく難しいと思いますよ。

荒木　あれも、私が悪いんでしょうなあ。

荒木伸吾流、キャラクターを奇麗に可愛く描く秘訣

――いえいえ、後の『メイプルタウン物語』もそうだし、『愛してナイト』もそうでした。荒木さんの回だけ、全然違うんですよね。やっぱりちゃんと可愛くなって。すぐ分かるんですよ。

荒木　あれは土台があって、それを自分流に解釈して、土台と違和感が無いようにね。それできれいに可愛くなっていく。

――絵の脚色ですかね。そういうところは長年やってきて、技術的にマスターしているのかも知れないですね。

――やはりそれは、意識されていたんですね。荒木さんの場合、土台を完全に踏まえた上で、でももう少し変えるともっと良くなるよ、というような感じで、そこに哲学みたいなものを感じたんですよ。

荒木　しかし、それも通用する年数がありますね。もう今見ていると、若い人達の新しい絵柄が氾濫していますよね。今、新作を準備してるんですが、これを出した時に、どう自分の絵柄が戦ってくれるか。あれはもうレトロだ、と言われると

も思うんですけれどもね。それがどれぐらい受け入れられるのかね。

――なんとなく大丈夫な気もします。といいますのは、荒木さんは、『遊戯王』も『金田一少年の事件簿』もそうですし、『ゲゲゲの鬼太郎』の四回目の作画監督を担当された時には、びっくりしました。なんで今さら『ゲゲゲの鬼太郎』を、荒木さんが手掛けられるんだろうと思ったんです。ですがキャラクターを見て、また驚いたんです、ああこういうふうな解釈をされたのか、と。

荒木　これはやりたかった作品でね。『ゲゲゲの鬼太郎』はね。

――ああ、そうだったんですか。それは劇画時代から馴染みのあった作品だったからですね。

荒木　そうですね。劇画時代に舞い戻って。これまで他の人の描いた鬼太郎を見てましたけれども、ああいうんじゃなく、もうちょっと可愛くてもいいんじゃないか、というのがあったんです。

――だから他の方の『ゲゲゲの鬼太郎』と違うのは、髪の毛なども、何か生き物のように生きてる感じがすごく出てましたね。今日は原画を持ってきましたが、これは荒木さんですね。

荒木　ああ、多分そうです。こんなものまで…。

――髪の毛の感じが、いいですよね。本当に、鉛筆の線が筆みたいな感じで、違いますね。

荒木　最近気がついたんだけれども、ラフで勢いつけて描いたものを、他の人に回しちゃうのはいいんだけれども、自分で最後まできちんとまとめようと思うと混乱ですね。まとめる線が違う線になってくる。

――ラフの線、すごく格好いいです。

荒木　いや、もう今度の新作は、僕ラフでいきますよ（笑い）。

――そうですね。是非お願いします。しかし、ここ最近はキャラクター設定のお仕事が多いようで、欲求不満のファンも多いですよ。

かなりの原画を描いた『聖闘士星矢』のアクション

荒木　しばらく、原画は描いておりませんね。

――しかし、ある程度原画を描かれないと、動きに対する勘が鈍る、とかはないんでしょうか。

荒木　それはすごくあります。だんだん欲求不満になってきますね。やっぱりアニメーターは絵を動かさなきゃダメだって。思い切りのアクションもやらなきゃ、ってね。

――『聖闘士星矢』の時は、動きもいかにも荒木さんの世界でしたし、劇場版もとても格好良かったんです。

荒木　そうですね。『聖闘士星矢』はかなり原画をやってましたから。原画をやってると、キャラ表で描けなかった部分が出て来るんです。原画の中で、リアルなキャラでも伸び縮みを巧みに入れていってやると、アクションがキビキビしてね。枚数もそんなに使わなかったり。特にアクションシーンは、そんなに枚数いらないんですよ。その代わり、細かいところで、ほとんど、ポーンと飛び下りて、ボーンと行った時、この飛び下りました、アクションつけて飛び上がりましたというところを、全部作っちゃうんですね。中割りは一切してないですね。

――原画のままの動きで見せるんですね。しかし、荒木さんは最初虫プロでは演出での採用ということでしたけど、自分の作品を、演出をしつつ作画をやろう、とは思われなかったんですか。

荒木　やっぱり、アニメーションは絵ですしね。自分で絵コンテ描いても、自分で原画ができれば、絵コンテに、いろんなものをプラスして、それなりの絵としての面白いアニメーションを作ることはできると思うんですよ。ただ絵コンテを描いて、それを人にお渡しして、一切自分の知らないところで作られた時、自分の絵コンテの構成では、ちょっと甘いと思うんですよ。絵コンテだけでは表現できない。

宮崎駿さんの絵コンテの原画を描いた

『パンダコパンダ』、『赤胴鈴之助』

――それでちょっとお伺いしたかったのは、荒木さんは宮崎駿さんの作品に、『パンダコパンダ』の原画で参加されてます。その時は、コンテもいじれない訳ですよね。如何でしたか。

荒木　宮崎さんの絵コンテでは、『赤胴鈴之助』もやってますけれども。本当に宮崎さんの絵コンテの絵の中にある要素を探し当てて描いても、まだ絵コンテに追いつかない。非常に勉強にはなります。出来上がったものも本当に安心してみれましたし。

――でも荒木さんの世界では、ないですよね。僕らの世代のファンは『UFOロボ グレンダイザー』や『惑星ロボ ダンガードA』などを見ているんですが、東映動画のドラマチックな演出が、すごくはまってたような印象があるんです。

荒木　そうですね。だからシナリオをもらって、たとえ原作があってもなくても、作監任したよ、と言われれば、自分流に解釈してやってましたけれどね。それを初号（試写）で見た時に、そんなに苦情は来なかった（微笑）。

――来ないでしょう、それは。

荒木　私が東映で仕事した時代というのは、仕事がやりやすかったですね。

――それはあの頃から、ようやく時代が荒木さんに追いついてきたんだと思います。あの当時、一部ではマイナスの意味でも〝美形キャラブーム〟などと言われてましたけど、あれは単なるキャラクターが美形なだけじゃなくて、演技とか場面構成とか、格好よく見せる術っていうのがなければ、美形になりえないわけです。そういう細かなアニメーターの気遣いというのが、ようやく見ている人まで届いてきたんだと思うんですよ。僕は男子でしたから、『魔女っ子メグちゃん』は、リアルタイムで見てなかったんですが、再放送で見てびっくりしたんです。あの時代に、こんな女のコ女のコした可愛いチャーミングなキャラクターを描かれたのが、荒木さんだったたっていうのが。

可愛く描くことを意識した『魔女っ子メグちゃん』

荒木　ありがとうございます（笑い）。

――いや、それで今日、キャラ表を持って来たんですけれども。線は荒木さんの太い線なんですけれど、キャラクターが完全に少女マンガの、可愛い絵になっていますよね。

荒木　少女マンガを、一生懸命見て描いたからね。キャラがこれぐらいラフだと、もう他の人はちょっとやりづらいですよね。これ描いた本人は、もうちょっと描きこんで、自分流にある程度、自由にしてもいいようにラフさが残ってるんですよね。

――でもすごく計算されたみたいに可愛いですよ。あとは、『キューティーハニー』です。これが一番、男性ファンが荒木さんのキャラクターに魅了されたんですよ。

荒木　永井豪さんの作品は、脚線美もすごいですね。体つきそのものが華奢なんだけどボリュームあるところが、単純明快なんです。それを頭に入れてしまえば、非常に自由に描きこなせたキャラですね。

――実は、『メグちゃん』や『ハニー』以前は、それほど女性キャラクターに力を入れてはおられなかったんじゃないでしょうか。

荒木　そうですね。本当に『メグちゃん』まで、女の子を意識して描いたことはなかったですね。

――実は、『巨人の星』の明子姉さんは、そんなに美しく描いてもらってなかったな、と思ってました。

荒木　そう。あの明子さんを美しく描こうという意識が、当時はまったくなかったですよね。

――白木葉子は、ちょっと奇麗だったんですけれど。それが『メグちゃん』、『ハニー』で、すごく女の子が可愛く美しく、所作や動作も割とチャーミングな感じに。あれはすごく女の子を観察してらっしゃる方なのかな、なんて思いました。

荒木　ハハハ、全然研究してなかったけどね。まあ、これを言っちゃったらおしまいなんですけれど、アニメの仕事には大した画力は必要ない、という気持ちもあったんですよ（苦笑）。

――　いや、画力があって動くからこそ、すごいのが荒木作品だと思います。アニメブームの時の、『ダンガードＡ』もそうですし、『ベルばら』もそうです。セル画でも荒木さんの絵だけは、止め絵とかアップが、あの当時からファンの間でも高値で取引されていたということは、画力だと思うんですよ。止めてもすごいし、動いてもすごいっていう、それだと思うんです。それを実践されてきたのが、荒木さんだったと思ってます。

荒木　それは言い過ぎだと思いますが。『バビル２世』をやってる時に、東映に女子高生が、私に会いたいって来てね。アニメの絵を描いていて、アニメを見た人が描いた人に会いたいといって、それが初めてだったんです。だからそれはひとつは私を認めてくれたわけでしょう。その後、セルのことではいろいろ話題がありましたけど（苦笑）。まあ認められてね。それは非常に嬉しいんだけれども、別の意味では戸惑いはありますが。

――　極論ですけれど、勿論ある程度動いたほうがいいし、しっかりした演技をつけたほうがいい。でも止めてでも登場人物の感情を伝えることができるのであれば、止まっていてもそれが演技として見せられる、ということを確立されたのは荒木さんだと思うんです。

荒木　それはやっぱりこういう劇画から、潜在的に続いてい

ロマンアルバム『惑星ロボ ダンガードＡ』徳間書店刊。

ロマンアルバム『キューティーハニー』徳間書店刊。

たから。

――それは意識された部分もあるんですか。やはりコンテの指示もあったでしょうけれども、一枚絵でパシッと見せるという。

荒木　だから、「ここは止め」って、来ますよね。そうすると、本当に止めりゃあいいんだと思って、こちらは安心して描くわけですよね。

――安心して、でしょうか（笑い）。

荒木　もう余分な絵は必要ないわけだから。その間は、止めに必要なものはありますが。ちょっとここで、目とかそういうような感情表現をね、全部閉じなくても半分ぐらい閉じたら、その止めが生かされるっていうようなところは、そういうこともやってあげるわけですよね。

――それがまた効果的になるんですね。

荒木　それが意外に、止まっていたがために、僅かな動きが感情を伝える。

――やはり荒木さんの中に、計算があったわけですね、ちゃんと。

荒木　気がついたらね。

どちらかというと、動きよりも絵を見せたかった

――『巨人の星』のジャガードの回、特に荒木さんの原画は何が違うかというと、例えば星飛雄馬の真正面のドＵＰの止めでも、鼻にしっかり影が入って、二段影がここに入ってっていうのがあって、それでタッチがついてるんですね。ただタッチをつけただけじゃない、描き手の美意識までが見える画面だったと思ってるんです。

荒木　……、自己流というのか〝我流〟というんでしょうか。だから、言葉を変えてしまえば、そういうことなんです。それまでずっとアニメーションの作画作法には歴史がありまして、その基本をマスターしないと一人前の原画家としては認められない時代だったんです。私は当然、先輩からいろんなことを教わって、歩きとか走りとか、それなりに勉強しながらやってきたんですけれど、その動きよりも絵に走ったんです。逆に言ったら、動きはあまり詳しくない。

――いえいえ。でも以前のインタビュー記事では、やはり動きを考える時に、絶えず自分としては、こういう場合はどうなる、みたいな事を頭の中にインプットしている、と。鉄球を、花形が打つあの感じも、自分の工員時代の経験がものをいってると思う、というようなことをおっしゃってましたよね。

荒木　そんなこと言ってましたか。

――はい。その言葉にとても納得出来たんです。ですから、

荒木さんのキャラクターで、もう一回、あの飛雄馬も見せていただければとも思ってますよ。

荒木　やってみたいと思いますねえ。確かにね、職工時代は、お茶汲みみたいなことから始めたんですけれどもね。鉄をあかめて、それをハンマーで打つんですよ。打つ時には、本当に一箇所ポイントがあって。そこに当てないと先輩を傷つけるような仕事でしたからね。

——押さえている手をですね。

荒木　ええ。こんな大きな鉄のハンマー。先輩がこう持ってますよね。持っている近くにこうやるからね、それに当たらないとなったら、柄が折れてハンマーがボーンと飛んできたり。その時に、自分でどこに力をためて打つところをしっかり狙って打つという、それを花形の時には無意識的に応用したんだと思うんです。そうするともうバットが鉄のバットみたいに、なかなかこうやって振れない。

——振り抜いたら、体がこんなふうにねじれてしまいました。

荒木　あれはおかしいと言えば、おかしいですね。

——おかしいかも知れませんけれど、画面的にすごく納得できました。ですから荒唐無稽なウソを描くんじゃなくて、リアリティのある動きだったからこそ、あれが通用したと思うんですよ。劇画時代の経験がものをいった、とのことでしたがキャラクターが生きてるって感じでしょうか。いまだに印象に残っていますよ。

荒木　そういうのを描いた時に、自分が一番、「やった！」と思いながら描くんですよね。

——もちろんそうでしょう。

荒木　ただ、その部分が、人に評価された時に、恥ずかしい部分でもあるんです。だから諸刃の刃なんですね。『巨人の星』でも、花形がガーンと打った時も、両方からきました。「良かった」というのと、「あれはねえ」というような話がきてね。だから、両方均等に受けとめていればいいんだけれども、つい素直だから批判されたほうを受けとるっていうね。

——いやいや、だからこそ、そうやってなにくそ、と思って前進されているんだと思いますけれども。荒木さんのすごいところは、到達点が見えないっていうことですね。絶えず歩みを止めずどんどん次の仕事をやってこられましたよね。もう最初の劇画時代からは、四十七、四十八年ですから。

あだち充さんも荒木伸吾の劇画作品が好きだった

荒木　そういえば、近くにあだち充さんが住んでまして、一度行ったことがあるんです。その時に「荒木さん」って、ポンと葉書大の絵を出してくれたんです。見ると私の絵なんですよ。荒木伸吾ってサインもしてある。「どうしたの？」って聞いたら、「僕が虫プロに見学に行った時に、荒木さんに描いてもらったんだ」って。そして「どうして劇画を辞めたんですか」と言われましたね。

――やはりこの当時の劇画でも異色でしたし、ファンも多かったと思いますよ。永島慎二さんとはまた違ったリリシズムも印象的でした。一緒に掲載された作家も、さいとうたかをさんをや佐藤まさあきさん、松本正彦さん、そして辰巳ヨシヒロさんなど、当時の人気作家ばかりだったじゃないですか。

荒木　いや、私も目指すところは永島慎二さんの後をついて行きたいな、と思った時期もありましたよ。それに、もり・まさきさんが『街』に投稿された作品は、とても魅力的で大きな影響を受けました。

――そのもり・まさきさんに、虫プロに誘われたんでしたよね。

荒木　そうです。

――しかし、『街』の投稿欄を見てますと、池上遼一さんや五十嵐幸吉さんの名前もありました。そんな方々が目指された本に描いてらしたのが、荒木さんだったんですね。そういえば、劇画時代からのつながりで言えば、水木さんの『鬼太郎』もそうですが、モンキー・パンチさんの『ルパン三世　PART3』もやられましたね。

荒木　ええ、やりましたね。その前に『ルパン8世』も、あってね。

――ええ、『ユリシーズ31』の次の合作になるはずの作品でしたね。あの当時、お蔵入りになる前に紹介された雑誌付録がありまして、そこに出ている荒木さんの原画もすごく良かったんです。是非拝見したかったですね。

荒木　りん・たろうさんが、監督だったんですよ。四本くらい作ったんですけれどね。一話は、出来としては良く出来ていたと思います。

――もう見られないんでしょうか。

荒木　フィルムは（東京）ムービーには有るでしょうけどね。

――実は『ルパン三世　PART3』の荒木さんの回の不二

『THE LUPIN ―旧ルパン三世からルパン8世まで―』マイアニメふろく。原画は荒木さん。

この頃に描き進めておられた少年時代、劇画を描いていた頃を振り返った連作イラスト。このイメージが『スーリール』に結実した。

子はとても奇麗で、印象に残ってたんです。最後の方になると、ヘチマみたいになってきて、違和感がありましたから。

荒木　あの時は、作画監修とケンカして電話でやりあったこともあったんですよ。

―　いやあ、ファンは荒木さんのキャラで通していって欲しかったんじゃないでしょうか。まあPART3は各話で作監さんが違いましたので、それはそれで面白かったですけど。

荒木　あの、『荒野の少年イサム』は、このリストに載ってますか。これもね、『バビル2世』と並行してますよね。

―　はい、西部劇がお好きだったんですよね。

荒木　大好きでね。馬とかピースメーカーやウィンチェスターが描ける、ということで、かなりノって描いたんだけれど、これも再放送もビデオも出ないですねえ。

―　確かにないですね。「オオー、サンボーイ」という主題歌は印象的で、覚えてますけど。

荒木　これ（持参した作品リスト）もらってもいいですか。

―　ええ、喜んで。

最近描き進めている少年時代、劇画家時代を振り返った連作イラスト

荒木　最近、落書きしてますが、劇画を描いていた当時のことを。やっぱり未完成に終わった部分を描きたいと思いましてね。

―　このイラストは、順番があるようですけど、コンテになっているんですか。

荒木　いや、これは落書きですよ。

―　いやいや可愛いですよ、リリカルな感じも素敵ですねこの世界は、是非描き進めていってください。ファンとしても絶対、拝見したいですよ。画集などで出版なさらないんですか。

荒木　文章書いてくれる？

―　ええ、喜んでやらせて頂きます。

荒木　まず絵を作ってね。

―　そうなったら本当に、すぐ馳せ参じますよ。それでは、本日は長い時間お話し頂きありがとうございました。勉強になりました。

荒木　いえ、こちらこそ。こういうインタビューだったら、いいですね。あっちこっち飛んでも、いいように喋らせてもらえました。

―　いえいえ、本当に子供の頃から、憧れていた方にお会い出来ましてすごく幸せです。

荒木　随分、励ましていただいて(微笑)。

――いえいえ、お会い出来まして光栄です。本当にありがとうございました。

(二〇〇二年八月四日　於・東京・富士見台)

『まんだらけ ZENBU』16号掲載時、記事用に描かれた色紙。

荒木慎吾　アニメーターになっても、劇画家時代の作風は生きているんです。

とんがり帽子のメモル	1984 年 4 月～1985 年 3 月	作画監督
ガラスの仮面	1984 年 4 月～1984 年 9 月	オープニング作画
名探偵ホームズ	1984 年11 月～1985 年 5 月	絵コンテ
はーい ステップジュン	1985 年 3 月～1986 年 1 月	作画監督
メイプルタウン物語	1986 年 1 月～1987 年 1 月	作画監督
宇宙伝説ユリシーズ 31	1988 年 2 月～1989 年 4 月	キャラクターデザイン・作画監督（制作は1980年頃）
聖闘士星矢	1986 年10 月～1989 年 4 月	キャラクターデザイン・作画監督
横山光輝 三国志	1991 年10 月～1992 年 9 月	キャラクターデザイン
蒼き伝説　シュート！	1993 年11 月～1994 年12 月	キャラクター設定・作画監督
ゲゲゲの鬼太郎	1996 年 1 月～1998 年 3 月	キャラクター設定・作画監督
金田一少年の事件簿	1997 年 4 月～	キャラクター設定・作画監督
遊戯王	1998 年 4 月～1998 年10 月	キャラクターデザイン
遊戯王デュエル・モンスターズ	1999 年 4 月～	キャラクターデザイン

■劇場映画

パンダコパンダ	1972 年12 月	原画
にんぎょ姫	1975 年 1 月	原画
長靴をはいた猫 80日間世界一周	1976 年 3 月	作画
さらば宇宙戦艦ヤマト愛の戦士たち	1978 年 8 月	作画監督
龍の子太郎	1979 年 3 月	原画
スペースアドベンチャーコブラ	1982 年 7 月	原画
少年ケニア	1984 年 3 月	原画
アモン・サーガ	1986 年 7 月	キャラクターデザイン・作画監修
聖闘士 星矢	1987 年 7 月	キャラクターデザイン・作画監督
聖闘士 星矢 神々の熱き戦い	1988 年 3 月	キャラクターデザイン・作画監督
聖闘士　星矢　真紅の少年伝説	1988 年 7 月	キャラクターデザイン・作画監督
蒼き伝説　シュート！	1994 年12 月	キャラクターデザイン・作画監督
金田一少年の事件簿	1996 年12 月	キャラクターデザイン・作画監督
ゲゲゲの鬼太郎 大海獣	1996 年 7 月	キャラクターデザイン・作画監督
ゲゲゲの鬼太郎 妖怪特急！まぼろしの汽車	1997 年 7 月	キャラクターデザイン・作画監督
遊戯王	1999 年 3 月	キャラクターデザイン・作画監督

■オリジナルビデオアニメ作品

風魔の小次郎（全 6 巻）	1989 年	キャラクターデザイン
風魔の小次郎 聖剣戦争編（全 6 巻）	1990 年	キャラクターデザイン・作画監督
風魔の小次郎　最終章	1992 年	キャラクターデザイン
インフェリウス惑星戦史外伝 コンディショングリーン（全 3 巻）	1991 年～1992 年	キャラクターデザイン
バビル 2 世（全 4 巻）	1992 年	キャラクターデザイン
シャム猫 ファーストミッション	2001 年	キャラクターデザイン
聖闘士星矢冥王ハーデス十二宮編	2002 年	キャラクターデザイン・総作画監督
聖闘士星矢冥王ハーデス冥界編前章	2005 年	キャラクターデザイン・総作画監督
聖闘士星矢冥王ハーデス冥界編後章	2006 年	キャラクターデザイン・総作画監督
聖闘士星矢冥王ハーデスエリツオン編	2008 年	キャラクターデザイン・総作画監督

荒木伸吾主要作品リスト

星まこと／編

■テレビアニメ作品

ジャングル大帝	1965 年10月～1966 年 9 月	動画・原画
ジャングル大帝進め！レオ	1966 年10月～1967 年 3 月	原画・演出
がんばれ！マリンキッド	1966 年10月～1966 年12月	作画
リボンの騎士	1967 年 4 月～1968 年 4 月	作画
パーマン	1967 年 4 月～1968 年 4 月	作画・絵コンテ
わんぱく探偵団	1968 年 2 月～1969 年 3 月	作画
巨人の星	1968 年 3 月～1971 年 9 月	作画
アニマル1	1968 年 4 月～1968 年 9 月	作画
佐武と市捕物控	1968 年10 月～1969 年 9 月	作画
どろろ	1969 年 4 月～1969 年 9 月	作画
男一匹ガキ大将	1969 年 9 月～1970 年 3 月	作画
アタック NO.1	1969 年12 月～1971 年11 月	作画
あしたのジョー	1970 年 4 月～1971 年 9 月	作画・作画監督
キックの鬼	1970 年10 月～1971 年 3 月	作画・作画監督
魔法のマコちゃん	1970 年11 月～1971 年 9 月	作画・作画監督
珍家ムチャ兵衛	1971 年 2 月～1971 年 3 月	作画・絵コンテ
国松さまのお通りだい	1971 年10 月～1972 年 9 月	作画
アパッチ野球軍	1971 年10 月～1972 年 3 月	作画・作画監督
原始少年リュウ	1971 年10 月～1972 年 3 月	作画・作画監督
正義を愛する者 月光仮面	1972 年 1 月～1972 年10 月	作画
魔法使いチャッピー	1972 年 4 月～1972 年12 月	作画・作画監督
赤胴鈴之助	1972 年 4 月～1973 年 3 月	作画
デビルマン	1972 年 7 月～1973 年 3 月	作画・作画監督
ハゼドン	1972 年10 月～1973 年 3 月	作画
デビル2世	1973 年 1 月～1973 年 9 月	キャラクター設定・作画監督
荒野の少年イサム	1973 年 4 月～1974 年 3 月	作画監督
キューティーハニー	1973 年10 月～1974 年 3 月	キャラクター設定・作画監督
魔女っ子メグちゃん	1974 年 4 月～1975 年 9 月	キャラクター設定・作画監督
柔道賛歌	1974 年 4 月～1974 年 9 月	作画
少年徳川家康	1975 年 4 月～1975 年 9 月	キャラクター設定・作画監督
UFO ロボ グレンダイザー	1975 年10 月～1977 年 2 月	キャラクター設定・作画監督
一休さん	1975 年10 月～1982 年 6 月	作画
惑星ロボ ダンガードA	1977 年 3 月～1978 年 3 月	キャラクター設定・作画監督
新巨人の星	1977 年10 月～1978 年 9 月	作画
まんが こども文庫	1978 年10 月～1979 年 9 月	絵コンテ・作画・演出
日本名作劇場 赤い鳥のこころ	1979 年 2 月～1979 年 7 月	絵コンテ・作画
花の子ルンルン	1979 年 2 月～1980 年 2 月	原画
新巨人の星II	1979 年 4 月～1979 年 9 月	作画監督
ベルサイユのばら	1979 年10 月～1980 年 9 月	キャラクターデザイン・作画監督
銀河烈風バクシンガー	1982 年 7 月～1983 年 3 月	オープニング作画
我が青春のアルカディア 無限軌道SSX	1982 年10 月～1983 年 3 月	作画監督
愛してナイト	1983 年 3 月～1984 年 1 月	作画監督
ルパン三世 PART III	1984 年 3 月～1985 年 9 月	作画監督

取材後日譚　その5

荒木　伸吾さん

取材場所は、荒木さんのご自宅にも近かった西武池袋線富士見台駅近くの喫茶店。

最初は、質問にも緊張されていらっしゃるのか、ぎこちなくお答えいただくご様子でした。ただ持参した私所有の『街』や『ルーキー』など、当時の劇画誌を机に並べると、相好を崩されこちらのことをお分かりいただけたようでした。

「いや、いつもアニメの同じことばかり聞かれていて、実はうんざりもしていたんです」とおっしゃり、分厚い劇画誌を手に取ると懐かしそうに、「これを描いている時はね…」と当時を思い出しながらお話いただけました。

このインタビューの頃から、荒木さんは自身の作品にもう一度向かおうとイメージ画を描いておられました。主人公も当初の劇画時代の『笛吹き太郎』のキャラクターから、アニメ時代の雰囲気もまとったデザインに変わりました。

この取材時に準備に取り掛かっておられたアニメーション作品は、『聖闘士 星矢 冥王ハーデス編』でした。テレビシリーズから、十三年振りということで、ご自身の絵が今通用するかと不安な気持ちもお持ちだったようです。

ただ、この時のご発言どおり、最初のレイアウトをラフに描いていくと、どんどん乗ってきましたと、お電話でよくおっしゃってました。

コピーでいいから見せてください、とお願いしましたが、「制作さんが描きあがると、どんどん持って行ってしまうんだよ」と、苦笑しておられたのを覚えています。

その後、『スーリール』の発表のためＷＥＢサイトを立ち上げられた荒木さんとは、毎週のようにお電話をいただき打ち合わせしました。ストーリーや構成などもご相談いただきましたが、オリジナルの世界を思う存分に描ける喜びで、生き生きとしていらっしゃいました。

最後の作品となった『スーリール』を手伝って欲しいと言われ、協力させていただけたことは、忘れられない思い出となりました。

荒木さんのお仕事は、子息のご尽力により行われた追悼個展の図録『荒木伸吾画集　瞳と魂』にまとめられ、遺作となったマンガも『スーリール・ダンファンス』として刊行されています。

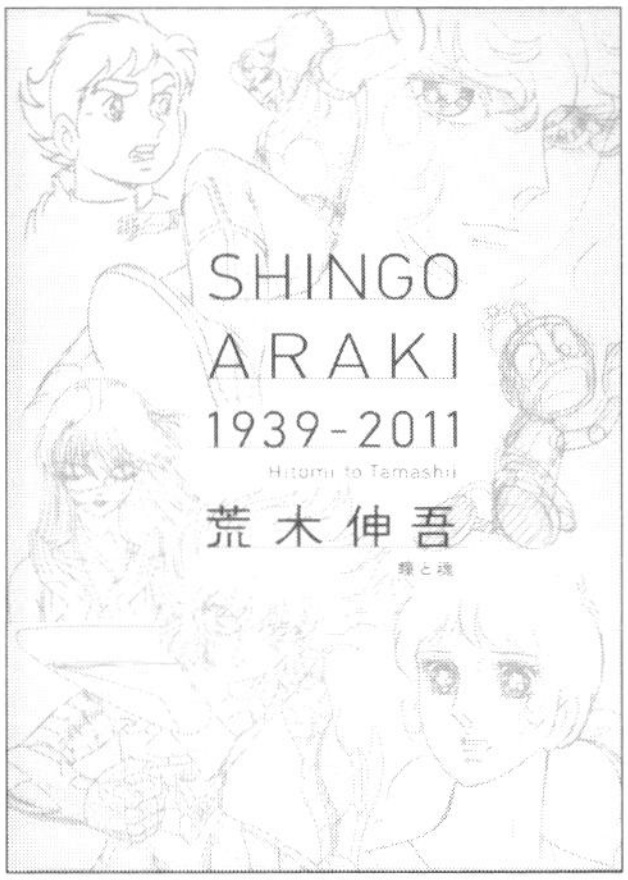

『荒木伸吾画集 瞳と魂』

『スーリール・ダンファンス』

金山明博

何事もまずやってみる。その体験がボクの絵になっているんです。

六〇年代、虫プロの『ジャングル大帝』からそのキャリアをスタートし、七〇年代はご存じ『あしたのジョー』。そして、『超電磁ロボ コン・バトラーV』、『超電磁マシーン ボルテスV』などで激しい戦いの中でも熱く生きる若者たちをダイナミックに描き、八〇年代の『無敵ロボ トライダーG7』や『最強ロボ ダイオージャ』では、明るく元気な少年たちを活躍させた名アニメーター、金山明博氏。

元々は劇画誌でデビューし、講談社や秋田書店、少年画報社などの雑誌に連載を持つ人気漫画家でもあった。

また。アニメを始める前のタツノコプロ漫画部にも在籍されたこともあるという。

それがなぜ、二十六才でアニメーションの世界に転身されたのか。

その後、代々木アニメーション学院の講師を務めておられた金山さんに当時の思い出を含め様々なお話をうかがった。

金山明博（かなやま・あきひろ）
1939年（昭和14年）東京都生まれ、アニメーター・絵師。

東京四ツ谷に生まれるが、疎開先の富山県で育つ。少年時代手塚治虫の『新宝島』に出会い、漫画家を目指し、高校卒業後、千葉県の鉄工所に就職し、日中は働き、夜はマンガを執筆し続ける。20歳になりいったん帰郷するも、21歳で兎月書房に持ち込んだ『斗魂』（金竜出版社）で、デビュー。その後、『街』、『1・2・3』などの劇画誌に投稿し続け、人気となる。1964年には『少年プロレス王』で、念願のメジャー誌『冒険王』にデビュー。以降、講談社や少年画報社でも連載を持つ、人気マンガ家となる。ただ、たび重なる編集者からの直しの要求に堪えられず、衝突してしまいペンを折ってしまう。その後、実兄でアニメーターだった金山道弘の紹介で、虫プロに参加。『ジャングル大帝』からアニメーターとして再出発する。

虫プロでは、『わんぱく探偵団』や『あしたのジョー』などの作画監督として活躍。倒産まで、在籍したが、その後フリーとなった。日本サンライズから、『超電磁ロボ　コン・バトラーV』の作画監督を要請され、以降『超電磁マシーン　ボルテスV』や『闘将ダイモス』など、長浜忠夫作品の作画を支え続けた。その後も、『無敵ロボ　トライダーG7』や『最強ロボ　ダイオージャ』、『機動戦士Ζガンダム』、『仮面の忍者赤影』などの作画監督を歴任した後、代々木アニメーション学院の専任講師となる。同学院退職後の現在も、国内や海外で原画展を開くなど、その精力的な活動は続いている。

――この『まんだらけZENBU』という本は元々マンガの古書が中心だったんですが、どうも最近の若いマンガファンは、やはりテレビアニメなどにも、非常に影響を受けているんです。

金山　そうですね。

――彼ら世代には、『あしたのジョー』や『超電磁ロボ コン・バトラーV』、『機動戦士ガンダム』なども古典なんですよ。

金山　ハハハハハ。

――そこで、アニメブームの時も取材は多かったとは思うんですけど、実はどのように作っておられたのかとか、現場でのご苦労など、今だからこそ、うかがえればと思いまして。

金山　はい、そうですね。この頃、マンガやアニメーションの表情なんかでも、明らかに違ってきていますね。例えば『ガンダム』以降なんですが、その内面からふつふつと出てくる性格みたいなものを、若い人は嫌っているんじゃないかという気がします。今のアニメーションは細かい表情や喜怒哀楽などを、切っているような気がするんですよ。ときどき夜中にやっていますよね。それを見てるんですけど、確かにデザイン的なつくりになっているんです。もちろん以前の作品もデザイン的なんですけど、ただひとつ今は〝皮膚感〟といったものを感じられない。

――今のアニメは怒るんだったら怒る顔、笑うんだったら笑う顔というように、完全にパターン化されている気がするんです。昔だったら本当に、そのキャラクターの感情が生身でウッと迫ってきました。怒りとか、悲しみとか、画面の中で生きていたと思うんです。それがやっぱりおっしゃるとおり、何か枚数が減っているだけじゃないと思えます。

金山　あの頃の感情の表現とか、以降、いちばん影響を与えたのは出崎統監督ですよ。彼が『あしたのジョー』をやらなかったら、ああいったものはできなかったと思うんです。でも、出崎監督のもとで仕事をやると、まるでジョーとか力石のような生き方をしなきゃなんない(笑い)。

――ハハハハハ。

金山　いや、本当になるんですよ。僕は緑色の液体を吐いて倒れたことがあるんですから。

――ええっ!?

金山　緑色の液というのは恐らく胃液だと思うんですよ。ドリンク剤をダーッと積まれて、食欲も無くなって、睡眠がだいたい二、三時間。三時間っていっても、一時間寝てすぐ起こされて、また寝てすぐ起こされて。

――仕事場で延々と。

金山　そうです。それが一年ぐらいずーっと続いたんです。杉野昭夫さんと私は会社で寝てましたが、彼は痩せてるけど意外に強いんです。ガリガリの体でもね。痩せている人は弱そうに見えるけど、絶対ウソだと思うんです。体力のない部分、気が強かったりするんですよ。意外と体格のいい人のほうが弱いっていうことがね。僕はどっちかというとスポーツ派なんですよ。下手な横好きで何でも好きで、全部ダメなんですけどね（笑い）。

――なんでも一通りこなせなきゃ、と。山に登られたりとか、サンライズ時代は野球チームの監督でいらっしゃいましたね。

金山　当時アニメーターを連れて、サンライズから歩いて町田で一泊して、箱根まで徒歩旅行をやったことがあるんです。

――上井草から歩いて町田で一泊ですか。

金山　奥多摩を越えて行って。アニメーションというのは大体『ジョー』にしたって何にしたって、どだい紙があって、鉛筆と消しゴムぐらいで描くだけのもので、そんなものは女性のやるようなことだ、と。やっぱり体を使って何でもやる、これが本当の生きがいなんだということでね。だから土方仕事をやったことがありますよ。虫プロのフィルムを入れる部屋ってブロックで積むんですが、その仕事をやらせてくれないかって（笑い）。それでコンクリートで固めるんですね。

――それはやはり、机の上で絵を描いているだけじゃなくて、体で覚えようということでしょうか。

金山　例えば太宰治だとか、昔の作家は何かストイックで、いつも悩んでいるような姿で、それがカッコいいみたいに思われてましたよね。アニメーターも昔、結構そういうのが受けてたんですよ。でも、これは嘘か本当か知らないけど、ピタゴラスは昔プロレスラーだったって話を聞きまして（笑い）。数学者がね。それを聞いてやっぱりそうでなきゃだめだと。肉体も強くてね、それでアニメーションもやって、マンガも描いて、みたいな。でも結果としては、やんないほうがいいですね、肉体労働は（笑い）。

――それが結論なんですね。

金山　健康になりすぎると、ダメになるんですよ（笑い）。描けなくなっちゃうんです。この仕事って、適度に不健康なほうがいいんでしょうね。だから僕は身をもってそれを知ったんです。今はもうできないですけど、とにかく何でも、まずやってみて本当にダメなのかいいのか体験するん

「ドクター・タケル」日の丸文庫・金山明博著。表紙画は日の丸文庫の表紙専門だった久呂田まさみさんによるもの。

です。現に代々木アニメーション学院に入ったのだって、生活するためだけじゃないんですよ。何事も体験なんです。専門学校ってどんなところなんだろうかとか。だからそんなに長くは居るつもりはないんです。経験さえしてしまえば、以前も星さんに話してますが、これを元に何か描いてみたいんですよ。

――金山さんは今、若い生徒さんを指導しながら一緒に作品を制作しておられますが、その経験も苦しいけれども面白い、と。

金山　腹の立つことが多いですけどね（笑い）。

四日で飛び出した竜の子プロ漫画部

――それでは、順を追って、うかがいたいのですが、まずマンガ家時代からお願いします（持参した『ドクター・タケル』を見せる）。

金山　あー、これは恥ずかしい作品なんです。これ嫌なんですよ。

――この表紙は出しては、まずいですか。

金山　これは久呂田まさみさんが描いたんです。佐藤まさあきさんが書かれた本にも出てくるんですが、当時、日の丸文庫は表紙専門の方が描くんです。これが大嫌いなんですよ。この絵がとにかく、古くて。

――一生懸命似せようとしたんでしょうね。石原裕次郎がちょっと入ってますか。

金山　入ってんですよ。この時代で、もうすごい古いと思いましたよね。勿論、中は僕が描いたんですけど、これは屈辱的なマンガなんですよ。なぜかというと、ストーリーも面白くないのもあるんですけど、吉田竜夫さんの絵を真似しろって言われたんです。

――当時の編集部に。

金山　はい、全然自分が無いんですよ。目玉なんか描き方がそっくりだと思いますよ。『チャンピオン太』みたいな感じのね。

――それはやはり最初に竜の子プロにいらしたということを、知られていたからですか。

金山　ええ。結局、竜の子にいたときに「ちょっと、ちょっと」と、部屋の隅っこに呼ばれて「うちでちょっと連載やってみない？」とか、そういう感じでしたから。

――ただ、当時竜の子に入られたときは、まだアニメーションはやっていませんよね。

金山　実は僕はアニメーターは大嫌いだったんです。ですから、アニメーターなんて死んでもなりたくないと思ってました。

――竜の子でも漫画部に。

金山 そうです。

――ということは、まだマンガ家として原征太郎さんとか、天馬正人さんとかが。

金山 いらっしゃった頃です。僕が入ったのは、望月三起也さんが辞められたすぐ後だったんです。結構腕のいい人ばかりいましたよ。

――そうだったんですか。

金山 ここで竜夫さんから「おまえみたいな下手くそなやつは見たことない」って、ボロクソに言われたんです。「おまえは岩ひとつ描けないのか」ってね。もう四日でクビでした。

――えーっ!? では竜の子にいらしたのは四日間ですか。

金山 ええ、四日です(笑い)。本当にクビになったんですよ。こんなに下手だったら竜の子では使い物にならないから、とにかく辞めろと。で、四〇〇〇円だけもらったんです。でも、クビにした理由もあったわけです。当時『宇宙エース』っていうアニメーションをやるんで、実はそこへ回したかったたみたいなんですよ。

――アニメーターとしてですね。

金山 竜の子から東映動画に出向しなよって話で。ちょうどそんな頃に、家に宮崎駿さんが遊びに来ていたんです。うちの兄貴が東映動画にいましたからね。

――アニメーターの金山通弘さんですね。

金山 ちょうど、その時期だったんですよ。だから隣の兄貴の部屋に宮崎駿さんが来てようが何だろうが、私には何ら関係ないことだと思ってましたし、全然興味なかったですね。

――それで竜の子を出られて、マンガを描かれたんですね。

金山 ええ、出てから一番最初に描いたのはプロレスマンガ『少年プロレス王』だったんです。それから『ドクター・タケル』を連載しましてね。ですが、はっきり言ってマンガは売れなかったです(笑い)。秋田書店、少年画報社、講談社と回っていったんですけど、一応、単行本時代ってあったでしょう。あそこに比べたらね、全然ギャラも違うし、いいんですが、いまひとつパッとしなかった。

――それはやはり金山さん独自の持味を出すというよりも、吉田さん風に描いてくれとかもあって、ご本人でも納得できなくて描いていた訳でしょうからね。

金山 殆どそればっかりでしたね。僕は吉田さんの絵よりも、むしろ真似しろと言われたら、さいとう・たかをさんのほうが好きだったんです。劇画ですよね。それで結局虫プロに入ったら、虫プロダクションというのは最初は三〇人かそこらだったんです。それが最終的には七〇〇人になって、他の仕事も取んなきゃやっていけないことになった。それでいざ『あしたのジョー』を取ったら、描ける人がいない。劇画が描ける奴は誰か、ということで、アニメーターとしては新人だった私ですとか、荒木（伸吾）さん、杉野（昭夫）さんにお鉢が回ってきたんです。今は劇画が描けるアニメーターなんて掃いて捨てるほどいますけど、あの当時はいなかったんですよ。

――考えてみますと、虫プロというのは、実は金山さんもそうですし、荒木伸吾さん、杉野昭夫さん、出崎統さん、真崎守さん、村野守美さんもいるし、永島慎二さんもそうですし、劇画出身の方がいっぱいいらっしゃいましたよね。結局、手塚先生がお嫌いだったという劇画の世界からいらした方が、みんな虫プロに入って手塚さんのアニメを支えていたんじゃないか、という気がするんですよ。

金山　りん・たろうさんもそうです。だから東映と虫プロの明らかな違いというのは、東映というのはマンガは好きだけども、それほどやっていなかった。とにかくアニメーションから入っていって動きを中心にしていましたね。一方、いわゆる虫プロというのは作家集団みたいなもので、永島慎二さんもそうですし、麻雀劇画の北野英明さん、あと坂口尚さん。そういう人たちばかりの集まりで、スタイルが全然違うんですよね。絵は虫プロに描かせたら上手いけど、東映の人たちは、「我々は映画をよく知っているけど、虫プロの人間はあんまり映画を知らない。絵は描くけど、あれはアニメーションじゃない」なんて、思ってたんじゃないでしょうか（笑い）。

虫プロ入社秘話

――しかし、おやりになりたかったマンガも不本意な形になってしまいました。その後、嫌だと思ってらしたアニメのほうに進まれましたよね。それは何故なんでしょうか。

金山　それはうちの兄貴が、「そろそろアニメーションをやってみないか、おまえならできるかもしれない」と、勧めてくれたんですね。もう二十六歳といったら年寄りなんですよ。普通、アニメーターといったら十八からせいぜい二十二。これがスタートで、例外として御大の大塚康生先生は二十七からやられていますが、あれは特殊な例で、普通はだいたい二十六からじゃ遅いんですよね。荒木さんも、私も二十六歳で入って、あとはミゾガミさんという人がいたんですけど、その三人で〝トリオ・ジイサンズ〟なんて言われてました。

――二十六歳で。

金山　そのくらい、危機だったんですよ。

――でもお兄さんの紹介でしたのに、東映動画ではなくて虫プロにいらしたのは？

金山　私は本当いうと、長編をやりたくて、やるなら長編と。いつも家には動画用紙、長編の動画がこんなに積んであったんです。

アニメージュ増刊・ロマンアルバム「あしたのジョー」徳間書店刊・1978年10月発行。金山さんによる表紙画。

— お兄さんのものですね。

金山 マンガを描きながら時々そこへ行って、こうやってパラパラッと見てるんです。これは誰よりも上手いんです（笑い）。アニメーターじゃないけど。しかもこのでかい紙をバーッと。

— ワイドの長いサイズですね。

金山 東映で兄は、「何で弟を連れてこなかったんだ」って言われたらしいですね。「あいつは女に弱いから、東映だと女に溺れてだめになってしまうからだろう」って。でも、実は虫プロのほうがきれいな女性が多いんですよ（笑い）。まあ、それは嘘なんです。全くそういうことじゃなかった。当時、東映では労働争議があって、どんどん社員を切っていたんです。うちの兄貴は東映で執行委員長をやってまして、会社のそういう状況も知ってました。それで虫プロに、という事になったんです。でも、とにかく入った一日目、こんなことを一生続けるのは嫌だなー、と思ったんですよ。しかしふと考えたら、あれから三十四年経ってるんです（笑い）。だから、これをずーっと続けているわけなんですよ。

作る側もハングリーな状況だった『あしたのジョー』

— 今日は、一応これ（作品リスト）を作ってきたんですけれども。スタートは『ジャングル大帝』ということで、これがキャリアのスタートですね。

金山 ここらへんに『千夜一夜物語』という長編も入っているんですよ。これは劇場版ですね。そうです。そうです。

— それこそパラパラ見るのは経験してらしても、実際に動画を描くということを、入られてすぐ初日から始められたんですか。

金山 普通は一ヵ月から三ヵ月、研修期間というのがあるんですけれども、私の場合は入ってその日からです（笑い）。原画というのは柔道でいうと黒帯みたいなもので、動画というのは白帯ですよね。でも、最初から「原画を描かないか」と言われたんですよ。まあ原画も描いたんですけど、とにかく、まず下を経験しないと私は嫌だ、と断ったんです。それで一年間動画をやって、それで二年目から原画を描きはじめたんです。すぐにでもという話はあったんですけど、あえてそういうことはしたくなかった。やっぱり人生遠回りして歩くのが好きな男ですから。近道をするとろくなことがないですよ（笑い）。

――『ジャングル大帝』というのは虫プロの中でも一番制作体制がしっかりしていて、割と破綻を起こさないようにできていたというふうに聞いています。

金山　そうです。『ジャングル大帝』が唯一の黒字作品というところで、止めてから喋るとか、もう徹底してました。なんていうかな、とにかく大きな紙を使って動かすと枚数を使わないで済むでしょう。引いてみたりとか、徹底して枚数を使わないために、そういう方法をいっぱい使っていますから。まあ、その最たるものは『佐武と市捕物控』ですよね。一本一五〇〇枚なんてありますから。血まで引きセル一枚で、流れたりみたいなものを作ったことがあるんです。

――でも『佐武と市』は村野守美さんも入っていらっしゃいましたし、すごくレイアウトが凝っていましたよね。

金山　村野さんはもう、技術はすごいんですよ。だから僕が初めて作監を『わんぱく探偵団』でやったとき、ここで描いてた原画マンなんて虫プロの一線級ばかりだったんです。私より全部腕の上の人が原画を描いてるわけですしたからね。村野さんでしょう、出崎統さん、それから……、トップクラスの人がいろいろいたんですよ。そういえば、この時代で一本原画を描くと、当時は四〇万だったんです。その当時の一流企業の新入社員の初任給が、二万ちょっとだったですね。

――当時はそんなに恵まれてたはずなのに、何で今は……。

金山　当時は恵まれていたんです。だから〝アニメ貴族〟なんて言葉もありました。でも、アニメ貴族と言われたのはアルバイトをやって稼いでいるアニメーターですよ。僕らなんてやっぱり安給料だったですよ。とにかくアルバイトはやんない、やったら技術が勉強できないからということで。杉野さんも私も、とにかくアルバイトはやめようと何年も。そしたらいい時期が過ぎちゃって。ハハハ。

――儲ける機会がなくなってしまった。

金山　そう、儲ける機会をなくしてしまった（笑い）。アニメーターの中には、今でも月一〇〇万とか、腕の速い人は二〇〇万とっている人もいるわけですね。それである時、大塚さんに「どのぐらいとったことがあるんですか」と聞いたら、「僕は給料を最高にもらったのは八〇万だったです」と言ってらした。あれだけの人が、ですよ。だからアニメーションで真面目に取り組んだら、せいぜいそのぐらいが限度でしょうね。むしろその下ぐらいの、技術はとにかくあるんだけど七〇%ぐらいで抑えていっぱい描く人、これが一番金を儲けますね。そのかわり、いいものは作りませんよね。当然だと思うんですけど。

――あくまで、繋ぎというか、そういうものでしかない。逆にヤマ場のシーンなんか任せることができない訳ですね。

金山 できないですね。

――それを逆に本人がよしとしていればいいですけど、やるからにはプロとして、やっぱり自分で勉強してやっていきたい、というのが皆さんあるでしょうし。

金山 ただやっぱりね、プロの世界って何ですかと、よく聞かれるんです。それは何をやられる方もそうでしょうが、「プロの世界というのは、少しでも飯がちゃんと食えることだ」と、思うんですよ。そこって意外と気がついてないんですよね。若い人たちからは「なるたけ安いアパートへ入って」という話を聞くんですが、僕は逆を言うんですよね。「なるたけ高いアパートへ入って、やると手が速くなるよ」って。まず家賃を稼がなきゃだめでしょう、みたいなね。ハハハハ。

――そこへまず自分を追い込めと。

金山 最初から自分を追い込んだほうがいい、という話をよくしますね。やっぱりアニメーションもマンガも、絵画の世界でも、クリエイティブの世界って、最終的には精神論みたいなものがあるような気がしてしょうがないんですよ。

――そこら辺で思い出されるのは『あしたのジョー』ですね。ハングリー精神の。

金山 そうなんです。あれは僕らがハングリーじゃなくて、監督が追い詰めるんです。とにかく「もう、こんなものをテレビで出来っこないじゃないか」っていうことを、やさしく笑いながらね(笑)。

――確かにソフトなイメージですよね。

金山 ソフトでしょう。ところがあれがクセ者なんですよ(笑)。結局、僕らが頑張ったんじゃないんです。やらされたんですね。

――でもそれだからこそ、あの作品には逆にすごいパワーが。

金山 それについていった、ということも言えるんですけど。

――『あしたのジョー』では、金山さんや荒木さんと一緒に、杉野さんも作画監督としていらっしゃいましたね。

金山 彼は上手いですよ。彼の絵っていうのは、もう一〇代で出来上がっていましたからね。彼はすごいですよ。ただ、もったいないのは早いうちから作画監督になりすぎたんですね。むしろ宮崎さんのような人について、作画監督ではなく原画マンとしてやってたら、もっともっとすごいアニメーターになっていたでしょうね。よく新人の人たちは将来、作画監督になるんだって言うし、生徒なんかでもいますよ。

――多いですね。

金山　だけど、言ってみればプロというのは作画監督になりたがらないんですよ。結局、屑拾いと同じでね、ひどいのが来るとせいぜい七〇％直すのが精いっぱいで、結局、お芝居だとか何とかを直す時間がなくて、顔だけちょっと直して終わっちゃうでしょう。そうすると単なる修正屋じゃないかみたいなね。

――ただ、今の若い人たちに聞くと、やはり自分でキャラクターをデザインして、それを動かすのがいいんであって、他人のキャラクターなんか、というのがすごく多いですよね。

金山　今のテレビアニメを見ても、原作のマンガ自体が相当上手くなっていますよね。でも、昔のマンガってそんなに上手くなかった感じがするんですよ。味はあったけど。ところが今は、アニメキャラクターにする必要がない、そんな作品が多いような気がするんです。勿論、荒木さんの中傷するつもりはないですが、『金田一少年の事件簿』なんか見てても、そんな感じがするんです。

――アニメにするときに、どうこうする余地がないですよね。

金山　あとは動かしやすいように設計図を描くだけで、そうするとそれが果してキャラクターデザイナーと言えるのだろうか、みたいにも思えますね。

――逆にその話が出ておもしろかったのは、『闘将ダイモス』も、一応、聖悠紀さんのラフはあっても金山さんの絵でした。そこら辺が両方のいい面というのでしょうか、聖さんのおしゃれな面と、繊細な面も残しつつ、金山さんが血というか肉体を持たせたというか。

金山　サンライズにいたときも若い人たちに言わせると、僕が一番嫌だった『ダイモス』が、一番良かったって言うんですよ。

――嫌だったんですか。僕は好きですけど（笑い）。

金山　というのは、線が一番勢いがあった、と言うんですね。安彦さんもそうなんですけど、一番人気があるのがやっぱり『超電磁ロボ　コン・バトラーV』のキャラクターなんです。線が少ないんですよ。だから勢いのあるときって、線が少なくて迫力がある。だんだん技術が上がってくると、どんどんきめ細かくなって線が弱くなっていくというか、そういう傾向があるような気がするんです。

――今日はこんな原画を持って来たんです。（持参した『闘将ダイモス』の原画を見せる）

金山　ああ、これは私ですね。よく探されましたね。私もこのほかに持っているんです。『ムーミン』をやったときの三〇枚ほど、色を塗って描いたイメージボードみたいな感じで、それはテレビで放映されたんですけど、それが一枚だけ出てきたんです。友達が持ってたんですが、それをいただいたんですよ。

――それは取っておいていただいて、いずれ何らかの機会に発表して頂きたいですね。

金山　実は今、計画しているんですよ。実現するかどうかわからないんですけど、個展を開きたいんですよ。

――ああ、いいですね。個展は是非拝見したいですよ。それで、次にお尋ねしたかったのは、『小さなバイキング ビッケ』まで虫プロですよね。『新造人間キャシャーン』は古巣に戻られたという事なんでしょうか。

金山　『キャシャーン』まで、なんです。もう虫プロが倒産寸前の時ですね。これは給料が出ちゃって、給料以外でやったんですけど、結局このギャラはもらえなかったですね。

――『キャシャーン』は虫プロで受けた仕事だったんですか。

金山　そう虫プロが受けて、私だけじゃなくみんなでやったんです。それで『ビッケ』からフリーになったんです。

――そして『ジムボタン』はエイケン作品ですね。こうして見ると、割と『ジャングル大帝』もそうですし、『ムーミン』もやってらっしゃいましたよね。だから〝カワイイもの系〟とか結構やってらっしゃいますよね。

金山　実は私は〝カワイイもの系〟を本命にしたかったんですよ。ですがカワイイもの系を描くと、全然受けないんです。自分の意図しているものが全部逆へ行っちゃうんですね。だから、これ（『ダイモス』、『ボルテス』）なんか、どっちかといったら僕の好きなほうじゃないんですよ。

――えぇー!?

金山　美形というのは誰でも描けると思うんですよ。美しく描いていけばいいわけですから。昔でいうと、白塗りの時代劇なんかみんなきれいな顔して出てましたよね。そうじゃなくリアルなものだったら、性格俳優みたいなものを描きたい。そうでなかったら、やっぱり『星の王子さま』だとか、あえてオープニングをやらせてもらったり。

――ナックでしたね。

金山　そうです、そうです。だからああいう形のものが、本当は好きなんですけど。

――『世界昔ばなし』のオープニングもそうでしたよね。

金山　そうです。だけど誰一人話題にしてくれないんですよ。『クムクム』も好きだったんです。安彦さんがオシャカになったエピソードを、これは絶対やりたいんだって言って、清山さんという人と私に原画を頼まれて。

――清山滋崇さんでしたか？

金山　そうです。あの腕のいい人。で、描いたことがあります。それでオシャカになったやつを復活させたんです。是非この二人に原画を描いてもらうから、絶対にいいもの作るからということで。

――家出の話でしたっけ。

金山　そうです。よくご存じですね。

――好きでしたから。

金山　ウハハハハ。

――そして『ラ・セーヌの星』などに参加されてから、『コン・バトラーV』で作監をお受けになられたんですね。なにやらずっと作画監督を引き受けずに逃げられていた、という話をうかがったんですけれども。

金山　実は虫プロで、『あしたのジョー』で一回逃げたんですよ。だってシワがこう出ちゃって、もうこれ以上、精神的にも肉体的にもだめになったんですよ。それで虫プロに出るのをやめちゃったんですね。登校拒否と同じ。

――出社拒否症ですか。

金山　そしたら出崎さんと杉野さんが来て、復帰しないかって何回も言われたんですけど、もう嫌だと。「こんな生活より、私は人間に戻りたい」って（笑い）。そしたら原画を描かないかということで、あとはずっと原画を描いてました。その意味で、一旦そういうのを断ってますから、それ以後の私というのは、虫プロでは随分冷や飯食わされてるんですよ。ここでは、ちょっと言えないぐらいね。でも、それは自分にも責任があることですからね。だから出崎さんたちが外で仕事を、マッドハウスとか作っても声もかかんない。ですから出崎さんとその後やったのは、１本だけです。『白鯨』というのをテレビで。

――衛星放送の『白鯨伝説』ですね。

金山　あれの一話はやりましたね。

――それは出崎さんからですか。

金山　出崎さんは知らなかったんですけど、行ってみたら出崎さんがいたということですね。そしたら昔の私のその逃げたのを覚えてましてね、「あなたはいまひとつ押しが足りないんだね。そこが杉野ちゃんと違うところなんだよね」なんて言われてさあ（笑い）。何十年経っても言われてる。杉野さんは素晴らしい人。でも私はこういう人間なんだから、同じ生き方はできないんです。恐らく杉野さんとやってたら、私はつぶれてたでしょうね。彼は腕が良すぎるんですね。結局そうすると、杉野さんの影をいつも見ながら行くという形で、それは嫌だった。

長浜監督の思い出

――……うーん。しかし、僕らアニメファン世代には、『コ

「月刊ＯＵＴ」みのり書房刊・1982年５月号。金山さんによる表紙画。雑誌の性格を考えられて、こんな『ザブングル』。

ンバトラー』や『ボルテス』などでの、ガルーダやハイネルたちの芝居は、かなり印象に残っていますよ。それこそ〝長浜節〟の全開で。

金山　そうです。長浜節ね、ハハハ。

——　特に今のアニメには無くなりつつある「熱い芝居」という世界では、金山さんは本当に開花されたというふうに。逆に長浜忠夫さんもいいパートナーを得たなと思っていますが。

金山　そうですね。ただ当時、ちょっと寂しいことがひとつあったんです。僕も若いから若いファンと会いたかったんですよ。でも長浜さんは絶対連れてってくんなかった（笑い）。

——　それは分かりますよ。長浜さんからすれば、キャラクターを描ける方が来れば、ファンはそちらへ行くのはわかってますから、作ったのは全部僕だっていう形で。

金山　全部抱え込んでいるから、ちょっと待ってよと。俺にもたまに若いコに会わせてくれよ、みたいなね（笑い）。出崎統さんと違って、徹夜だとかそういうのはなかったですけど、演出法が明らかに違いますね。出崎さんは、何かあるとガーンとなって、ハーモニーか何かがカチッと止まったりと、いわゆる〝出崎節〟というのがありました。特にいいなと思ったのは『あしたのジョー』で、段平とジョーの別れでブランコがプーンと向こうへ行くところ。絵が止まっているんだけど、それが「別れ」という感じがすごく出る演出だったんですよ。しかも彼はアニメーターとしても非常に優秀だったから、動きだとか細かい芝居が非常にうるさかった人なんです。だからその分だけ大変だった。でも長浜さんって、元役者で動きがわかんない人でしたから。そのかわりシナリオには、うるさかったですよね。シナリオは五稿、一〇稿はもう……。

——　でもスケジュールが間に合わないですよね、そんなことしてたら。

金山　間に合わないですよ。とにかくアニメーションはある程度でいい。それは絵描きに任せる。問題はシナリオとアフレコ。あとは音響効果ね。そこに一番力を入れていました。

——　長浜さんは、最初からＡプロで楠部さんや大塚さんとか、すごくいいアニメーターさんと組めたわけですよね。絵に関しては一流のスタッフと組んできたからそれができたのかもしれませんね。『コン・バトラーV』では金山さんとか皆さんがいらしたし、そういった意味では長浜さんはスタッフに恵まれていた方ですよね。

金山　そういう点では恵まれていたと思いますね。ただ長浜さんの場合は常にファンが付いていないと、ということもあって、それでサンライズを途中でお辞めになったんです。でも実にユニークな監督だったですね。

——　やっぱり視聴率というよりも、ダイレクトに自分がこうやったのを聞きたいというのがすごくあった人ですよね。

金山　そうそう。どっちかというと、虫プロ系の演出家というのは裏の芝居が好きなんです。富野さんもそうなんですね。長浜さんというのは表の芝居なんです。太陽が照っているような、見えを切ってカーッと行くとか。そこが全然違う。そこが嫌だというファンもいれば、そうじゃない、これがいいんだというファンもいて。長浜さんが今も生きていらっしゃったら、面白いなと思うんですけど。

——　そう思います。最初の話に出ましたけど、アニメの笑うのも怒るのでもパターン化されたような時代に、今ドキのアニメーターさんと組んだら長浜さんは一体どういうものを作るのか。すごく気になりますね。

金山　先刻、今のアニメーションでは表情の数が少ないとおっしゃいましたが、これとこれ、二つぐらいしかなくて、この間がないんです。この中間がないということは絵が崩れないんです。この間でいろいろやろうとして微妙な表情を入れると、「眠いの？」とか言われたりしますしね（笑）。いろんな演技をしないほうが楽なんです。その分だけ絵がパターン化していって、一枚の絵としての完成度は増していくし、しかも今は枚数制限がありまして、三〇〇〇枚とかって言われていますからね。ますますそういう傾向が強くなってきている。そういった意味でも『あしたのジョー』の一作目は、絵がめちゃめちゃ崩れてますよね。でも崩れてるんだけど、何か情感が二作目とは違うものがあったような気がする。それは何かというと、出崎さんがいろんな表情だとか心理描写で、例えば「目パチ」だって五段階ぐらい考えるようにって言われました。それを僕らが考えて。

——　それは出崎さんから、こういうふうな表現ができないかという指示が。

金山　だからフィルムを見ると失敗だらけですね（笑い）。

——　ただ、あの一本目というのはすごく熱かったですね。描いてる方たちもジョーと同じようになってきたというような感じで。

金山　そうなんです。ただ商業ベースでやっていくアニメーターは、二〇代後半から三十七、八までが限度でしょうね。もっとも、アートという形になってくるとまた違うでしょうね。これは七〇になっても八〇になっても、当然やれるとは思いますけれども。

すべて体験に基づいて出てくる絵

――しかし、改めてこうやって色紙を描いていただくと、もうアートですよ。

金山　これも自信無いんです。最近、私ね後藤圭二さんの影響を受けてるんじゃないかという気がしてしょうがないんですよ。研究といっちゃなんですけど、「この人のは今売れてるんだ」みたいに見ていますから（笑い）。

――でも今回、この色紙をプレゼントするっていったら、ものすごいファンの熱い手紙が来るでしょうね。

編集部　すごいと思いますよ、反響が。

金山　実は、僕は自分自身がアニメーターじゃないな、と思うことがあるんですよ。

――ご自身がですか？

金山　僕自身が、絵を描いているときにどうしても一枚絵が好きになってしまう。アニメーターというのは一枚絵に惚れてじっと見ていたんじゃ商売にならないですからね。それこそ一連の動きが、マンガでいうと一コマになるわけですね。そこがやっぱりいまひとつアニメーターになりきれない部分。アニメーターとして、例えば『もののけ姫』でも、あそこのシーンはバーンと、速いところが良かったなとかね。そう言われたいな、というのはやっぱりありますけどね。

――ただ、テレビアニメの中で言えば、逆にそれこそ長浜路線というのはすごく芝居がかって何だとか言われてましたけど、拒絶反応を起こさせるぐらいの演技というのは、やっぱり金山さんの手法だと思います。一枚絵も僕は大好きですけれども、動きにも魅了されたという。だからこそ当時、あんなに女のコたちが熱狂したんじゃないでしょうか。

金山　結局、僕なんか比較にはならないと思うんですけれども、杉野昭夫さんだとか特に安彦さんとか、ああいう人たちの絵は、本当にアートに近いんですよね。いつでも平均点以上の力を出せる。僕の場合、デッサンそのものも自分で言うのも何ですけど、とにかく絵が下手だってよく言われましてね。どっちかというと体験に基づいたものが多くて、大道芸に近い感じがするんですよ。だから失敗もあるし、客が来ないときもあれば、みたいなね（笑い）。出崎統さんから、よく絵が崩れるって言われたんです。「あなたは型を持っていないね」って。だからいいときもあれば極端に悪い時があるって。それは自分自身が一番よく分かっていることなんです。

――うーん……、そうでしょうか。本当に素人考えで申していいのかどうかわかりませんが、それが味になっているからこその絵だったんじゃないかなという気がします。それこそ端正なキャラクターがそのままずーっと動いていて、どのシーンでも何か覇気を感じない、ただキレイで動いている、声優が喋っているだけというアニメも、批判はしたくないですが、ありますよね。しかしあの頃の一連の作品は、すごく生きてたなと感じます。

金山　だから結局、僕らなんかでも安彦さんとも、そのことで話したことがあるんですよ。まあ風俗へ行けとは言いませんけど、そのくらい生々しいことをして、知ったうえで描くのと、それを知らないで机の上だけで考えて人間を描くのと、どうなんだろうってね。安彦さんは、一切必要ないって言うんですよ。見てる人はそんなことをやってるわけじゃないから、後、二〇年は今のまんまマニアックな絵で十分通用する。だからあえて私はそういうところへ行って勉強しようなんて思わないと、はっきり言います。むしろ今の若い人たちはというのは逆に、そういう生々しい表情とかはないほうが喜ぶんじゃないか、と。私もそんなような気がしてしょうがないんです。

――それはそうでしょうね。感じます。ただ『週刊モーニング』で、『ナニワ金融道』という凄い絵が出て大ヒットしましたね。あれは生々しさの部分だけが、すごく強調されていました。でもあれが受けたということは、生きてるものが求められているんではないかとも思うんですよ。アニメでも。僕は少数派かもしれませんけど（笑い）。

金山　いや、僕自身が完成度の高い漫画家の絵ってあまり好きじゃないんですよ。手塚先生そのものが決して完成度が高いとは思わないんですね。先生もよく崩れるし、原画も描けるけど、よく間違えて描いてましたし（笑い）。だけど、そこに手塚治虫という人間がいて、それが全部、アニメで動いたり、マンガになったりしているわけです。それが素晴らしいんです。漫画家でも好きなのは、昔は一峰大二さんとか、奇妙きてれつな感じのするものなんです。一見下手に見える。恐らく下手じゃないと思うんですよ。わざとあいうスタイルで描かれていると思うんです。むしろそっちへ共感を感じますね（笑い）。

――本当に今のテレビアニメーションは、確かに安彦さんもおっしゃるとおり、机の上で考えてる人たちが描いていると思うんです。しかし、例えばお年寄りが出たときにその演技をさせることが出来るかといったら、難しいと思うんですよね。僕は『トライダーG7』の柿小路さんとか大好きでしたから。

金山　ハハハハハ。

――ギャグの世界でも、大人が大人っぽく演技してたスタイルとかありましたよね。

金山　そうです、そうです。

――それが今あるのかといったときに、そんなにないんじゃないかな、と。今の制作の体制にも問題があるんでしょうね。けれども、本当は経験を積んだベテランのアニメーターにそういうキャラクターを任せて、演技してもらったほうが深みは出るんじゃないかという気がすごくしますけど。

金山　結局ね、アニメーションの世界、特にアニメーターはそうですけど、はっきり言って、姥捨山みたいなところがありますね。例えばハンナバーバラみたいな会社だと、もう六〇、七〇になるとビルの一番高いところに部屋をとって、そこへは一番偉い人しか行けない。そういうふうに大事にされているんです。ところが日本の場合は、あの大塚さんでも、専門学校で全国を回っているんじゃなくて、本来ならもっと別なところに仕事はあるはずですよね。でもそうせざるを得ない現状。これはどうしようもない部分で、でも逆に大塚さんは代々木アニメーション学院に来られて良かったと。少なくとも他よりかは大事にしていますから。僕も大塚さんが来ると必ず一緒に食事に行きます。ほかの学校へ行っても行かないんですって、みんなそのまんま。

――もったいないですね。

金山　僕は、こんなチャンスはないじゃないかって一緒に行くでしょう。そうすると、大塚さんは、「この食事代は学校が出しているんですか」って聞かれるんです。本当は全部私が出しているんですけど、そんなことより、大塚さんと話せるチャンスって滅多にないわけですから、安いもんですよね。

――ここ最近、名前を見なくなったなと思っていたら、やめられてたりとか、連絡とれなくなってたりとか、極端な話、死んでらしたりとか、すごく嫌な話しか聞かなくて。

金山　この前は赤堀幹治さんが亡くなって。

――赤堀幹治さん？　えっ、亡くなられたんですか。サンリオの『シリウスの伝説』とか、結構いいお仕事を。

金山　よくご存じですね。あの方は『ジャングル大帝』の先輩でして、東映から来られた方だったんです。僕より二つ若いんですけれども、十一月、お通夜に行ってきました。石原裕次郎と同じ動脈瘤破裂。いつもニトロを持って仕事をして。だから仕事をしてて亡くなったらしいんです。アニメーターって悲惨な話が多いんですよ。漫画家も多いですけど。働き過ぎと運動不足。自己管理がないんで、やっぱりトライアスロンとかね（笑い）。

――一晩、二晩で行軍ですか。

金山　僕がこうやってもっているのは、やっぱりスポーツをやっていたお陰だと思ってますものね。

――　そんな話を来ていると、何も聞けなくなってしまいますね。戻りますけども、一旦、『未来ロボ ダルタニアス』で長浜さんが離れられて、それから佐々木勝利さんと『無敵ロボ トライダーG7』、『最強ロボ ダイオージャ』をやって、すごく楽しいアニメをおやりになりました。今の若い世代の、編集部でもこの辺を覚えているようですが、この後は富野路線ですね。

金山　富野さんの段階ではもう、北久保君とか、北爪君とか、ああいう若い世代がどんどん出てきて、僕らを追い越す世代になったわけですよね。僕は富野さんのあの段階ではもうメインじゃないんです。作監はやってましたけど、ごく一般の作監という形でしたね。

――　でも記憶に残っているのは『重戦機エルガイム』でのフル・フラットの演技とか、好きでしたけど。

「アニメージュ」徳間書店刊・1978年12月号。金山さんの表紙画。『闘将ダイモス』。

五分で五〇〇〇枚以上。贅沢な仕事だった飛行船『孫悟空』のアニメ作画

金山　その後はどんどん、はっきり言ってしぼんでいったという感が自分でもありました。それでも、舞台のほうの「飛行船」だとかの仕事を時々取ってましてね。

――　人形劇団の飛行船ですか。

金山　『西遊記』なんてやりました。五分間です。全部一コマ撮りで。

――　舞台の前に、雲に乗った孫悟空がいて後ろのスクリーンに岩とかガーッと。

金山　あれは私の原画です。一コマで。あれはものすごい枚数を使っているんです。

――　フルで。

金山　そうです。あー、ご覧になりましたか。

――　僕は観に行ってます(笑い)。有楽町そごうの上でしたね。

金山　あの原画は全部一人で描いたんです。最後の水なんて、綺麗に本物の水みたいにながれてるでしょ。あれは一コマでやっているんです。誰も手伝わない。もう過去で一、二番と

いうぐらい大変な仕事だったですね。

――どのぐらいかかりましたか。

金山　二カ月ぐらい。だから生活的には赤字だったです。

――金にならないんですか。

金山　単価は悪くないんですけど、二カ月かけてやる仕事じゃない。でもね、私としては贅沢な仕事をやらせてもらいたかった。安くてもいいから。それは贅沢ですよ、一コマで。五分間でテレビ一本分使っていますから。

――四〇〇〇～五〇〇〇枚ですか。

金山　五〇〇〇枚以上使っています。

――うわあ、それは贅沢だ！

金山　贅沢ですよ。岩がこうなるところを何で一コマにするのか。二コマでやったらもっときれいにいくんです。

――でも、一コマだから。

金山　カッカッカッて感じはね。でも、もったいないなと思いました（笑い）。

――あれは感動しました。まさか金山さんだったとは。

金山　あれは力入りましたよ。もう、最後の力を振り絞って描いたっていう感じで（笑い）。これが、私の最後の仕事だと。

――最後の仕事なんて（笑い）。

金山　最後の仕事、というか頑張る最後。ここまで頑張れるんだみたいな。吉川さんと仕事やったらろくな目にあわないですからね、アニメーターは。

――吉川惣治さんは絵も描けるし、シナリオも書けるし、演出もされますよね。

金山　吉川さんは虫プロでいちばん腕のいいアニメーターだったんですよ。あの人にはかなわない。だから、みんな嫌がるんですよ。だから、僕がどんな動画描こうが、良かったとは言わなかったですね。最後までね。

――それは、半分悔しさみたいなものもあるんじゃないでしょうか。

金山　だから、表情を見るだけですね。こっちはね。結局、作画監督ということになってるけど、原画マンいないんですから。全部自分で描いたんだから（笑い）、キャラクターデザインも自分でやって、吉川さんの指示のもとに、牛魔王も全部描いたんですからね。

――はあ。

金山　何回も直しをくいながら（笑い）、描きました。

――あのシーンだけ異様に疾走感が出ましたね。それまでは人形のなかの中国から来た役者さんがすごかったですけど。あそこだけ急に舞台に奥行きがでてましたね。

金山　そうそう。

――そうすると、最近のお仕事というとテレビだと『鎧伝サムライトルーパー』以来、名前をちょっとお見かけしてなかった。
金山　もう、全然やってないですね。
――二、三年前に『ちびまる子ちゃん』でチラっと原画で参加されていました。
金山　そうそう、原画でちょっと描いて、もうそれっきりですよね。それ以降は代々木の先生ですよ。今、演出から作画から、音響もなにから、全部関わっていますから。

パソコンで何年もかけてプライベートアニメを作りたい

――でも、作画は勿論、美術も演出も音響もおやりになれるわけですよね。でしたら、それこそ月岡貞夫さんの『みんなのうた』のように、ああいう形でお独りでやる。『まんが日本昔ばなし』みたいな、そういう世界も。
金山　ええ。それでだから、パソコンいじるようになったんですよね。
――パソコンですか。
金山　パソコンを去年までやってなかったんですけど（笑い）。ハハハ。今、イラストレーターとか、いろいろやって。
――マックで。
金山　パワーマックのＧ３というの買って。あんまり細かいこと言っても、私もほとんど素人ですから。実際やってみると、おもしろいんですよ。
――いやあ、すごいです。いまだに勉強されるというか、そのバイタリティが。
金山　僕の年代の友達では、実際やってる人は誰もいないですね（笑い）。荒木さんにも、「生徒に聞けばいいじゃん。今、専門学校の生徒はある程度できるから」って、言われるんですよ。でも、聞くのはしゃくだからね。
――ハハハ。先生だからですね。
金山　そうしたら、彼も「金山くんが覚えたら、それから教わるから」だって（笑い）。
――ハハハ。では、お時間もそろそろ迫ってきました。最後にお尋ねしたいのは、これからのお考えですとか。
金山　そうですね。僕は、できれば代々木アニメーション学院をマンガのネタにしようと思っています。それがちょうど私のマンガのラストシーンになるはずなんです。それからアニメーションを自分独りで作ってみたい。
――やはり、先ほど『白鯨伝説』をおやりになったとうかがいましたが、今後はテレビアニメからは離れて。
金山　もう、私には戻る気持ちは一〇〇パーセント無いです。それよりもなんとしてでも、個展を開きたいですね。やっぱり（笑い）。

――楽しみですね。
金山　誰もこなくていいですから。とにかく自分勝手に作ってやってみたい（笑い）。
――奥の方には金山さんのこれまでのフィルムが流れていて。こちらには色紙もあってと。いろんなものがあるとおもしろいですね。
金山　そうなると、星さんに相談にいかなきゃならない。場所とか、いろいろね（笑い）。とにかく、そのためには体が元気でなきゃいけないんでね。それだけは考えてますけどね。
――そうですか。いやあ、興味深いお話をいろいろと沢山ありがとうございました。面白すぎて、まとめるのが大変です（笑い）。
金山　僕の話はまとまりが無いんです（笑い）。あっち行ったりこっち行ったりするから。
――すごく勉強になるお話を、本当にありがとうございました。
金山　いやいや、とんでもないです。あっ、この人形と写ってる写真もらえます？　必ずくださいね。

（一九九九年十二月二十六日収録
於・・中野まんだらけ本社会議室）

■劇場版映画

千夜一夜物語	1969年	原画
やさしいライオン	1970年	原画
火の鳥2772　愛のコスモゾーン	1980年	原画
アリオン	1986年	原画
土俵の鬼たち	1994年5月	原画
ラーマヤナ物語	未公開	原画

＊年月はテレビ放送、公開時期を表す

金山明博主要作品リスト

星まこと／編

■テレビシリーズ

ジャングル大帝	1965年10月～66年9月	動画
ジャングル大帝 進めレオ！	1966年10月～67年3月	原画
リボンの騎士	1967年4月～68年4月	原画
わんぱく探偵団	1968年2月～9月	作画
どろろ	1969年4月～9月	原画
ムーミン	1969年10月～70年12月	原画
あしたのジョー	1970年4月～71年9月	作画監督
ワンサくん	1973年4月～9月	原画
新造人間キャシャーン	1973年10月～74年6月	原画
冒険コロボックル	1973年10月～74年3月	原画
小さなバイキングビッケ	1974年4月～75年9月	原画
ジムボタン	1974年10月～75年3月	原画
ラ・セーヌの星	1975年10月～12月	原画
わんぱく大昔クムクム	1975年10月～76年3月	原画
超電磁ロボ コン・バトラーV	1976年4月～77年5月	作画監督
まんが世界昔ばなし	1976年10月～79年3月	オープニング作画
超電磁マシーン　ボルテスV	1977年6月～78年3月	作画監督
超スーパーカーガッタイガー	1977年10月～78年3月	キャラクターデザイン
闘将ダイモス	1978年4月～79年1月	アニメーションキャラクター・作画監督
星の王子さま プチ・フランス	1978年4月～79年3月	オープニング作画
100万年地球の旅 バンダーブック(TVSP)	1978年8月	原画
未来ロボ　ダルタニアス	1979年3月～80年3月	アニメーションキャラクター・作画監督
マリンエクスプレス(TVSP)	1980年8月	原画
無敵ロボ　トライダーG7	1980年2月～81年1月	作画監督チーフ
最強ロボ　ダイオージャ	1981年1月～82年1月	作画監督チーフ
戦闘メカ　ザブングル	1982年2月～83年1月	作画監督
聖戦士ダンバイン	1983年2月～84年1月	作画監督
プラレス三四郎	1983年6月～84年2月	絵コンテ
重戦機エルガイム	1984年2月～85年2月	作画監督
超時空騎団サザンクロス	1984年4月～9月	オープニング作画
バギ(TVSP)	1984年8月	原画
機動戦士Zガンダム	1985年3月～86年2月	作画監督
機動戦士ガンダムZZ	1986年3月～87年1月	作画監督
銀河探査2100年ボーダープラネット(TVSP)	1986年8月	原画
仮面の忍者　赤影	1987年10月～88年3月	キャラクターデザイン・作画監督
鎧伝サムライトルーパー	1988年4月～89年3月	キャラクターデザイン協力・作画監督
ジャングル大帝(第3作)	1989年10月～90年10月	原画
T・Pぼん	1989年10月	原画
ゴールFH	1994年4月～12月	作画監督
ちびまるこちゃん(第2シリーズ)	1995年1月～放映中	原画
白鯨伝説	1997年4月～99年5月	原画
TYTANIA-タイタイニア-	2008年10月～09年3月	原画

取材後日譚　その6

金山 明博さん

取材場所は、なんとまんだらけ中野店の会議室。

こちらからご指定の場所に出向きますと申し上げたのですが、「話題のまんだらけのオフィスには行ったことがないから、是非行きますよ」とわざわざ来ていただきました。

取材後には、その会議室にあったマネキン人形がいたくお気に召したようで、一緒に写真を撮ってもらっていました。好奇心旺盛で興味を持ったことには常に積極的な金山さんらしい、と思いました。

インタビューは、アニメの現場から離れられた後、アニメの専門学校の講師として長年勤められただけあってそのお話ぶりは当意即妙で、あっという間に予定の時間が過ぎてしまいました。

劇画家デビューからメジャー誌での連載、そしてアニメ時代と、いくつもの波を乗り越えてこられた金山さんです。軽妙な会話の中にも、ご自身の人生哲学をしっかりと持っておられました。

この取材時には既に五十九歳になられていたのに、放映中の深夜アニメを必ずチェックし、人気のイラストレーターの絵を模写し研究するという姿勢からは、常に現在進行形であろうとするクリエーターの凄味も感じました。

この取材を機に、金山さんの個展やイベント、同人誌のお手伝い、そして『まんだらけZENBU』に連載することになる自伝的マンガ作品『あめんぼうの詩』のシナリオ執筆など、お付き合いが深まりました。

荒木伸吾さんと上梨一也さん、そして金山さんは、学年も同じで虫プロの『ジャングル大帝』班で机を並べられた同期生です。それぞれの性格はまったく違うのですが、仲の良いお三方が集まる際は、その後なぜかいつも呼んでいただき、皆さんのお話を楽しく聞かせていただいていました。

金山さんは、その後もフランスやアメリカ、ロシアからもイベントに声が掛かり、世界的にもその人気は絶大です。二〇一七年の五月には、久しぶりの個展が岡山でも開かれました。

七十九歳を迎え、まだまだ進化を続ける金山さんの新作の絵を見せてもらえるのは楽しみです。

鳥海 永行

アニメとファンタジーは近いんです。幼児に楽しい物語をおくりたい。

『しましまとらのしまじろう』というテレビアニメをご存じだろうか。一九九三年十二月にスタート以来、二〇〇八年まで放映されたロングラン作品だ。この民放では今どき珍しい〝幼児向けアニメ〟の総監督が、あの『科学忍者隊ガッチャマン』や『破裏拳ポリマー』、『宇宙の騎士テッカマン』、『ゴワッパー5ゴーダム』など、数々の名作の総監督を手がけた鳥海永行氏だったのだ。

その後は、『ニルスのふしぎな旅』や『太陽の子エステバン』などの監督をこなすかたわら、小説家としても数々の作品を発表してこられた鳥海さんが何故、幼児向けテレビアニメの仕事をしていらっしゃったのだろうか。

今回、インタビューは嫌いとおっしゃるところを無理にお願いして、様々なことをお聞きした。

鳥海永行（とりうみ・ひさゆき）
1941 年（昭和 16 年）神奈川県生まれ。演出家・作家。

中央大学法学部在学中より、シナリオ研究所に通う。1966 年タツノコプロに入社。本来は脚本家志望であったが、当時文芸部は無かったため演出部に所属。『アニメンタリー決断』でのリアル作品の演出を吉田竜夫に見込まれ、『科学忍者隊ガッチャマン』の総監督に抜擢、見事にその期待に応える。

以降『破裏拳ポリマー』、『宇宙の騎士テッカマン』、『ゴワッパー 5 ゴーダム』など同社の SF 路線の総監督を歴任した。

吉田竜夫没後にはタツノコプロを離れ、スタジオぴえろ設立に参加。同社の命運のかかった第 1 作品『ニルスのふしぎな旅』の総監督として、大役を果たす。その後『太陽の子エステバン』や初の OVA『ダロス』、『エリア 88』などを手がけたのち退社。

作家としても『フルムーン伝説インドラ』や『水無し川かげろう伝説』、連作の『球形のフィグリド』シリーズ、『聖・八犬伝』などを発表する。

1993 年からは、タツノコプロ時代からの付き合いである栃平吉和に招かれ、スタジオ旗艦にて『しましまとらのしまじろう』の総監督とシリーズ構成を担当。幼児向け番組ということで周囲を驚かせたが、教育番組臭さを抑えたファンタジー作品となり、多くのファンから歓迎された。

長年力を注いでいた『しましまとらのしまじろう』の総監督在任中、2009 年 1 月に没。

――お忙しいところありがとうございます。インタビューはお嫌いということでしたけど、なぜ無理にお願いしたかといいますと、個人的な事にもなりますが、『しましまとらのしまじろう』を息子が大好きで、私自身も子供の頃『科学忍者隊ガッチャマン』や『ゴワッパー5ゴーダム』など、一連の作品が大好きだったんです。ですから今やウチだけでなく、親子二代で鳥海作品のファンという家庭もかなり多いんじゃないかなと思うんですよ。

鳥海　はい。

――ですから、昔から雑誌やムックなどでのインタビューは、殆どお受けになってらっしゃらないというのは知っていましたけど、どういった方なのか、その作家としての姿勢と申しましょうか、お話を伺えないかなと思っていたんです。実は今日、作品リスト（一九八頁参照）をまとめてきました。

鳥海　いやあ、随分調べていただきまして。

――いえいえ、ファンですから(笑い)。私が、最初に活字の鳥海作品に出会ったのは、『ガッチャマン』のハードカバーでした。

鳥海　ああ、これね。僕も、もう一冊しか持ってませんけれども。二年前ですかね、後輩の天野嘉孝さんが、ロスでロス・フィルハーモニーとのジョイントで『一〇〇一夜』というアニメーションを発表された。それに招かれてパーティにも顔を出したら、『Gフォース（ガッチャマン）』が非常に人気があるんだと、向こうの若者が三人ばかり、この本を持って、会場に訪ねてきたんですよ。僕は着いたばっかりで、しっかりしてるつもりでも、時差ボケで手が震えてしようがなかった。でも、日本名でサインしたら、喜んで帰っていきました。

――ファンからすればうらやましいですね、それは。

鳥海　ああ、そうなのかってね。僕はそれまで向こうで人気があるんだ、ということを全然知らなかったんです。

――ロスでも、『ガッチャマン』ファンの集まりなんかをやってるみたいです。私も当時この小説版を読んで、改めて『ガッチャマン』は鳥海さんがお作りになった作品なんだな、と認識したんですね。その後も、ノベルズで『水無し川かげろう草子』などを読ませていただきました。

鳥海　んー、……。これ（著作活動）は、ここ二年ほどやっていませんけどね。実は書いてて、もういやになった。

――ええっ、いやになるというのは？

鳥海　たまたま最初に、『時の影』を書いたのがいけなかったのかなあ。それで、「鳥海というのは、この路線だろう」というように出版社が決めつけてしまったんですよね。僕はもっと自由に、正直言えばミステリータッチの時代物、純然たる歴史物、それを書きたいんですよ。実はファンタジーというのは、アニメーションに近いんです。本当のファンタジーは難しいものなんですよ。だけど、僕以外の作者もいますけれども、気楽に「ファンタジー」という言葉で逃げちゃって、イージーに書いているというのがありますね。

―― お尋ねしようと思ったのは、それもひとつあるんです。『球形のフィグリド』シリーズなどもそうですけど、西欧史から始まって、魔術史や呪術史まで、ものすごく文献を調べておられる。『フルムーン伝説インドラ』もそうですし、神話の世界とか。大河ドラマというんでしょうか。大きな舞台としての流れというのをまずきっちりと設定して、その中で主人公たちがどう生きていくかというのを、すごく緻密にやられてますよね。

鳥海　資料は集められるだけ集めよう、というのはあるんですよ。やっていて楽しかったのは『球形のフィグリド』の西洋編。これはあの当時、評判が良かったんですけど、日本編に戻ったらダメだったんですね（笑い）。

―― ハハハ、そうだったんですか。

鳥海　それで「ああ、やっぱり読者は日本の歴史よりも西欧のほうが好きなんだ」と。今の子供たちというか高校生たちは、日本史にはあまり興味がない、ということですね。

―― それは、ゲーム世代ということでしょうか。ファンタジー物というと、『ドラクエ』や『ファイナルファンタジー』的な、夢のような世界ということで、より土着のものはファンタジーじゃないと思うんでしょうか。

鳥海　そっちへ逃げちゃうんでしょう。でも、ファンタジーというのは、もともと現在のように便利便利で使われるモノではないと思うのです。古代、あるいは中世の頃、旅人が自

『ＳＦロマン　科学忍者隊ガッチャマン』朝日ソノラマ刊（ノベライズ）鳥海永行著

『水無し川かげろう草子』朝日ソノラマ刊、鳥海永行著

分の土地から離れて異文化に触れ合うじゃないですか。全然違う世界でしょう。風習も違う。そこで、自分と異文化の接点をどのように理解しようか、というところから、「幻想」を生んでいったと思うんです。幻想モノというのは、そこに目をつけて広げていかないと本物にならないと思う。ところが今は、「何でもあり」が幻想だ、ファンタジーだ、というふうになっていますからね。

――実は、鳥海永行さんという作家の一貫した姿勢というのが、物語の語り部というか、吟遊詩人じゃないけども、そういう風なスタンスをお持ちの方なのかなあ、と漠然と思っていました。それが奇しくも今符号したので、すごく面白いです。

鳥海作品のルーツ

――では順をおってお聞きします。ご出身は中央大学の法科ということですけど、そもそも法学士というか、そちらを目指されていたんでしょうか。

鳥海　いや、別にないです。仲間には弁護士をやってるのがいますが、それは本当に頭のいい人たちです（笑い）。僕は苦学生でしたから、授業料の安いところを狙って受けただけですよ。先生から「おまえ、この辺がいいんじゃないか」ということでもってね。

――でも、先生が勧められたということは、それだけ頭がよろしかったわけですよね。

鳥海　いやいや。ただ当時から、同人誌みたいなのを作ったりして、ほかの人間とちょっと違うな、というだけの話だったんですよ。

――高校時代から、小説をお書きになっていらしたんですか。

鳥海　書きましたね。しかし、ひどいものでしたよ。歴史物で、一番最初に書いたのが「島原の乱」をテーマにしたものでした。高校二年の時に修学旅行で九州に行って、雲仙、長崎を見てロマンにどっぷり浸かっちゃいましたのでね。

――昔から物語を作るのが、お好きだったんですね。

鳥海　そうです。だから、みんなそうだと思うんだけれども、リアルな世界の中に、どうやって自分の生きたいようにして、夢の世界に生きるか、ということだったんですね。

――まず現実の世界の枠組みを設定し、その中で生きる人間を創造するという。

鳥海　そうです。その中の弱者と強者とか、富める者と貧しい者とか、差別する者とされる者とか、そういった様々な事象の中で、その時代、時代の理想を夢見て生きる、そういったものが自分には向いてるなというか好きだ、というのはあったですね。

―― その姿勢というのは、『ダロス』や『水無し川』でも、一貫しているように感じます。あくまでも自分らしく生きることを求める主人公をテーマにされていますよね。それで、映画もお好きだったわけでしょう。

鳥海 ええ、好きでしたね。実は僕らの子どものときには、父兄同伴でないと映画は見られなかったんですよ。映画を見ると即、不良とみなされる時代でもありましたしね。しかし、かえってそういうものに触れる機会が狭かったから良かったのかもわからない。巡回映画というのが月に一回、学校に来ますよね。それだからこそ、一本見た映画からいろんな空想や夢が広がっていくんですよ。だから最近の子供たちのように、テレビやゲーム、ビデオなどを毎日毎日見ていると、いろんなものがメチャメチャに入ってきてるだけなんですよ。僕は、小学校二年のときに学校で見せられたのが、東映の関川秀雄の『きけわだつみの声』という映画。あのカットを今でも覚えてますよ。

―― では小学校二年生の頃から、漠然とそんな物語を作るのを仕事にしようと……。

鳥海 そういうことはない。ただ、「ものすごくいい世界だな」とでも言いましょうか。当時、娯楽といえば本ですよね。児童書も少なかったから、早々と大人の本を読みましたけどね。中学一年で『眠狂四郎』を読んでましたから。―― 柴錬の（笑い）。もちろん、親には内緒ですよね。

鳥海 貸本屋へ行って、当時は誰でも時代劇のファンでしたから、時代物に手を出していく。そうすると、何気なく手にした柴錬の文体が、まず好きになっちゃった。その人物像がとても新鮮だったんです。僕らは、親や先生に叱られると、身をすくめてオドオド、ビクビクしていたのに、「我関せず俺は俺」という感じで、ニヒルに決めているでしょう。人が、けつまずいて倒れていても、「それはおまえのことだ」と、冷やかに通り過ぎていく。そういう人物像って、当時はものすごい新鮮に思えました。

―― ニヒルなその姿に魅かれた、というのもルーツを感じますね。それで、高校時代から物を書かれるようになったんですね。

就職活動もせずに通ったシナリオ教室

鳥海 いったん大学時代は、ピタッと止めていたんです。けれども大学最後の一番大事な就職期だったけど、やっぱりなにか書きたい、と思い始めた。その頃、神田の古本屋で『シナリオ』という雑誌を読んで、「ああ、こういう世界があるんだ」ということで、シナリオ研究所の入学の手続きをとったんです。みんなが就職活動をしている間、僕は、授業が終わると夜はシナ研に行って。

――シナ研というのは、学校みたいなものですか。

鳥海　はい。シナリオ作家協会というのがあって、そこへ行ったら、当時は映画が行き詰まりの頃で、キラメくような巨匠たちが授業に来てくれるんですよ。

――どんな方が講師だったんですか。

鳥海　印象に残っているのは、松竹の城戸四郎さんや新藤兼人さん、井手雅人さん。僕に教えてくれたのは、野村芳太郎監督だったし、篠田正浩監督には、提出したシナリオを二回ともチェックされて、個別で添削を受けました。もう亡くなりましたけど、家城巳代治さんという非常にまじめな方がいたり、熊井啓さんとか、他に寺山修司、安部公房……、とにかく時間が惜しいくらいにいろんな人が講義に来るので、真面目というか、大学の授業よりも熱心にノートをとりましたよ。

――それは何カ月ぐらい、いらしたんですか。

鳥海　六カ月で卒業。それで大体基本を教えられたという感じですね。

――みんなが就職活動をしているのを尻目に、シナリオを書き出されたと。では就職はやはり映画界に、と思われたんですか。

鳥海　でも、映画界はダメだってことは分かってたんです。なにしろ夜の部ですから、昼間撮影所にいる撮影マンとか効果マンとかが、多かったんですよ。映画界の内情を聞いても、もうどうしようもない。彼らがシナリオを勉強し始めたのは、カメラマンや効果の弟子をやっているよりも、シナリオという形でもって今後生きていこう、というのがあったんでしょうね。

――やむにやまれぬ理由があったんですね。

鳥海　しかし、あの時代に映画畑の人たちと多く知り合ったことが随分勉強になりました。

――後年、鳥海さんの演出が実写志向だ、と盛んに言われていた時期がありましたけれども、それはそういった頃に培われたということでしょうか。

鳥海　その気持ちもあるにはあったけれども、自分が絵コンテをかく場合のカメラワークがそうなるのであってね。ただ、あまりにも写実的に近づくと、つまらなくなってくるんです。だけどアニメらしい動きの中に、ワンカット、実に写実的なリアルな動きを収め切っていると、これまたすごい印象を与える。それは実写のカットを入れるということじゃなくてね、アニメでそれをやると、非常に面白いものが出来上がってくるんです。

――それで思い出すのは、やっぱり『ガッチャマン』の一話で、タートルキングの重量感とか、鉄獣メカの表面の上にバッと光が入る、あそこら辺がすごくリアルで、まさかこんなもの飛ばないだろうと思っていても、飛んでいる感じがしたというか、すごく不気味で気持ち悪くて、面白かったんですよ。

鳥海　あの頃は、隣に座っている演出家がライバルでしょう。だから、隣のAさんがこういうカットをつくれば、俺は負けないようにこういう風にやろう、というのがあるじゃないですか。今は、みんなフリーでそういう環境に各演出家さんがいないので、かわいそうなんですよ。

演出家・鳥海永行の誕生

――　では、シナリオ作家志望でしたのに、なぜタツノコプロに就職されたんでしょうか。

鳥海　当時、映画界は完全にダメになっていて、テレビ界も、東京オリンピックの時に過剰にスタッフを採り過ぎちゃったんですよ。だから、募集していなかった。NHKが一名ぐらいで、TBSが二名ぐらい。

――　それはすごい就職難ですね。

鳥海　マスコミが全くダメだったんですよ。このとき、一緒に勉強していた仲間が、「文芸をやりたかったら、アニメーションだけど、今タツノコプロというところが文芸部員を募集してるよ」ということで。僕はタツノコプロなんて知らないし、正直言って吉田竜夫と聞いても知らなかったんですよね。漫画家では手塚治虫とか、そういった人しか知らなかった。でも、とにかく行ってみようということで行ったのがきっかけですかね。

――　それで演出という形に。

鳥海　行ったら、文芸部はまだ無かったんです。（鳥海）尽三さんが嘱託で通っていた。だから、そのうち文芸部を作ろうと思ってたんでしょうね。でも、さほどの仕事もなかったので、じゃあ何をやりたいか、と見ていたら、スタジオの中で一番威張っているのが演出家さんだったんですよ。それは九里（一平）さんと笹川（ひろし）さんで、片や常務、片や部長ですから、威張ってるのは当たり前（笑い）。で、「ウン、演出？僕できるよ」って。いやー、本当にクソ生意気だったな。

――　だって、絵コンテをかいた経験は、無いわけですね。

鳥海　無いです、無いです。でも漫画的なものは誰だってやるじゃないですか、ちょこまかちょこまか。自分の、こういう感じでもって描きたいな、というのはあるじゃないですか。

――　それはもう独学で？

鳥海　独学ですよ。あの頃は竜夫さんも、必死になってアニメーターにデッサンを学んでほしいから、クロッキーやら、いろいろ指導してました。そのときにスケッチブックを持って行ったりね。それから、東映の長編の『西遊記』などの絵コンテを借りて、どういう風にカット割してあるのか、というのを学んだり。テレビを見ながらもやったんです。当時のドラマに『ザ・ガードマン』というのがありました。そのカット割りはどうなっているか、こんな風にカットを追いかけてるんだなということを、どんどんラフで写していった。

――で、流れをつかむんですね。

鳥海　ええ。今の演出家さんたちは、どうもアニメ学校で一々、何とかラインがどうのこうのと、ヘンチクリンなことを教わってくるんです。そういうことじゃないんだよね（笑い）。感覚で追っていけば、わかりやすい絵というのは自然にできるんです。そんなことをやっているうちに、「俺には絶対出来る」という自信を持っちゃいましたね。

――それは大学を卒業してすぐですか。

鳥海　だから半年後には演出をやってますからね。

――入られた半年後に『マッハGoGoGo』でした。

鳥海　ええ。それで、竜夫さん以下クライアントも喜んでくれたから、「まあ、いいんじゃないですか」ということで（笑い）。結構ラッキーだったと思いますけどね。

――そして、以降はアクション物を中心に任されるわけですね。

『ガッチャマン』は、大人にも楽しんでもらいたかった

鳥海　なんかね、最初に僕が演出した『マッハ』が、吉田竜夫さんとしてはインパクトが強かったということなんでしょうね。竜夫さんは、もともとアクション物を得意としていましたから、「自分の世界を、こいつがやってくれるんじゃないか」と期待してくれたんだ、と思いますけどね。

ファンタスティックTVコレクション『科学忍者隊ガッチャマン』朝日ソノラマ刊

ロマンアルバム『破裏拳ポリマー』徳間書店刊

ロマンアルバム『宇宙の騎士テッカマン』徳間書店刊

――では『ガッチャマン』のときも、「次はこんなアクション物をやるから、よろしく頼む」というような感じで。

鳥海　そうですね。『ガッチャマン』と『破裏拳ポリマー』が、実はオーバーラップしていたので、つらかったんですよ。

――ということは、最終回までに次の作品の制作に入っちゃうわけですね。

鳥海　そうです。『ガッチャマン』の最終回を処理しながら、『ポリマー』の一話があるでしょう。これが一番つらかった。だから、もう大変なことになっちゃったんですよ。とにかく両方終わらせて、『ポリマー』のアフレコが終わった時、「じゃあ休ませてください」と言って、あとを演出家さんに頼んで、ひとりで山陰地方をグルッと一〇日ばかり旅行してきたんです。帰ってきたら、二話、三話までダビングが上がって完成はしていたけど、とんでもないものになっていた（笑い）。で、僕の責任じゃないのに竜夫さんに叱られた。それで、アフレコだけじゃなくて、ダビングにも顔を出すようになったんです。当時のシステムは、アフレコもダビングも任せておけば充分だったんですよ。

――では『ポリマー』からは、鳥海さんがダビングまで立ち会うような形で。

鳥海　『ポリマー』は行ったと思います。『ニルスのふしぎな旅』の頃から斯波（重治）さんになれば安心だったので、一、二度顔を出すだけであとはお任せしましたね。『太陽の子エステバン』はＮＨＫ制作なので、そのうちアフレコも行かなくなっちゃいました。

――勝手な思い込みですが、鳥海さんのターニングポイントになったのは、『ピエール君歴史を行く』じゃないかなと思っていたんですよ。ここまではアクション作品でガーッと

アニメ大百科『ニルスのふしぎな旅』学習研究社刊

小学館テレビ名作・アニメ版『太陽の子エステバン』小学館刊

来ていたのが、未見なので想像でしか言えないんですけど、完全にフランスとの合作で、フランスのアニメーションの考え方というのはこっちとは全く違うもので……。

鳥海　違います、違います。

――子どもの見るものだから、ちゃんとした動きがなきゃいけないとか、日本のアニメの常識とは別のものが存在するわけじゃないですか。そこら辺で、何かこう鳥海さん、期するものがあったのかなと。

鳥海　それは確かにね。そうですね、これは二十六本で一年十三本。かなりきつかったですよ、なかなか作画スタッフが見つからなくて。でも向こうに行って、打ち合わせに行ったり、向こうからディレクターが来てやったりという交流の楽しさもありましたしね。

――シナリオは向こうが？

鳥海　シナリオも絵コンテも向こうから来るんです。あれは僕には書けないと思うんですけれども、世界史というものを地球誕生から未来まで、しかも当然ヨーロッパが中心ですから、これはちょっとできないですよ。ベルサイユ宮殿の成り立ちなどを細部にわたって書いてあるわけですから。

――それは日本人には難しいでしょうね。

鳥海　基本的に彼らの言うことで、ものすごく面白かったのは、「作画の大変さを考えてカメラアングルを工夫し、省略し、効果のみを狙って良しとするだろう。でもそれはお前だけがいいと思っているだけで、他人には分からないよ」と。「見ている側に分かってもらえなければ、なんにもならないんだ」というんです。「いつ、どこで、誰が、どうして、何をしているのか」、ということは、やっぱりカットの中に入れておくということなんですね。例えば、モンゴルでジンギスカンの兵士の連中が、四方八方から攻めてくる大変なカットがあるんですよね。これは、それこそアニメでやるのは大変だから、「こっち側のテントが燃えて、馬に乗って疾走するモンゴル兵の影が反対側のテントに映る。そういう形でいいんじゃないか」と言うと、「そういう風に理解できるのはおまえだけだ。お客さんには、子どもには、わからないんだ。だから、どうしてもテントとテントの間をたくさんの馬が疾走していかなきゃならんのだ」と言うんです。これは、いま見たらどうなんだろう。そういえばつい一週間前に、押井（守）君や西久保（瑞穂）君と会って恒例の飲み会を開いたんだけれども、昔話で彼らが言ったのは、やはり『ピエール君』で、ナポレオンがロシアに攻めていって、冬将軍に敗れて川を渡って帰ってくる。中には倒れる者もいる、そのシーンが大ロングで延々と……、あれはよくやったね、と。いいアニメーターがいたんですよ。江村豊秋君なんですけど、あの頃から一生懸命やっていまして、モブシーンはよくやってくれたんですよ。『雲のように〜』のときも、たくさんの兵士が馬に乗ってウワーッとやってきて戦う、あれを彼がやってくれたんですよね。

――大変なモブですね。

鳥海　僕はそういうアニメーターが好きなんですよ。顔のアップで絵が上手いというのは、僕はあまり……。そういう人は大勢いるんだから、動きを丹念に追いかけてくれるアニメーターが一番好きなんですよね。

――タツノコ時代は、『マッハGoGoGo』でのアクション演出を吉田社長に気に入られたのが、以降の方向性を決定づけたわけですね。『ガッチャマン』は、見始めたころは単純で面白かったんですけど、当時はだんだん子供には重くて、すごく難しくなってくるじゃないですか。で、再放送を見て面白さに気づいたんですよ。

鳥海　そうですよね、それは随分言われました。あのころから、「アニメーションというのは子どものものだから、鳥海君これをやってたんじゃ、子どもにはわからないんだぞ」とよく言われましたよ。そうだろうけれども、僕はやっぱり、「この世界、このジャンルはこういう風にしたい」、という気持ちが強かった。言い訳だけど、子どもが見ていれば大人も見ているんじゃないか、と。

――一緒に見てますよね。

鳥海　だから、大人にも楽しいな、というものを植えつけたいと思った。ですから当時、大学生がやけにファンとなってやって来た。それまでのアニメーションの作り方にどうしても納得できない部分があったのが、『ガッチャマン』でガス抜きみたいな形で出たという感じでしょうね。その後、その路線をもっと拡大したものが、あちこちで出てきたんじゃないですか。

――絵の魅力もあったかもしれませんけれども、それぞれのキャラクターが人生を背負ってる、ドラマを持ってるというリアルな感じというのは、『ガッチャマン』が嚆矢だと思うんです。それ以降の『ポリマー』や『宇宙の騎士テッカマン』もそうでした。でも、個人的には『ゴワッパー5 ゴーダム』の子どもたちが大好きなんです。

鳥海　『ゴーダム』は、いろいろ反省があるわけです。『ガッチャマン』は最後、暗くなった。「なにも人生、そんなに深刻に生きることないじゃないか、もっと明るく楽しく、ギャグ・アクションを前面に出そう」、という感じで、『ポリマー』が出てきた。しかし今度は、あまりにも素っ頓狂にやり過ぎたから、これは企画部でつくってるわけですから『テッカマン』は、暗い宿命を背負った、言わば『ガッチャマン』のジョーみたいなのが主人公になったわけです。だから絶望的な世界を描きましたら、局のプロデューサーにさんざん叱られましたよ。「鳥海君、あの『ポリマー』の明るさはどうしたの」ってね（笑い）。別人が作っているんじゃないか、と。でも、これはこういう世界だから、それに徹しているだけでね。そういったことの反省もあって、企画部と一緒になって、もっと年齢層を低くしようと考えたのが、『ゴワッパー』なんです。そのとき僕が、「いままでの主役はみんな男だったから、女をヒーローにしてみたい」と言ったら、「ああ、面白い」ということで、岬洋子が誕生したんです。あれは、今は不思議じゃないけれども、当時はちょっと早過ぎたような気もしますね。

――でも、岬洋子が主人公だったからこそ、洋子を中心に津波豪の志摩仙太郎に対する嫉妬とか、子供たちのいろいろな感情が出てきましたよね。

鳥海　まあそういったことで、一シリーズの反省が次へ次へと来てしまいまして、『ピエール君』をやったときに、「総ざらいで反省」なんですかね。これまでの『マッハ』から『ゴワッパー』までの、自分で「こうなんだ」と思い込んでいたものが、外国人の感覚からしてみると「それは違うんだ」と。そういう見方もあると。それに異論を唱えるんじゃなくて、僕自身が、「なるほど、そうだな」と納得するものがあったんですよ。そして、もっと絵でわかるような映画にしなきゃならないんだ、と思い始めた時に『ニルス』でしたから、『ニルス』は非常にやりやすかった。

――それまでに比べて、主人公もすごく追い詰められて叫ぶわけでもないし、ドラマチックなエピソードがあるわけでもない。でも、モルテンとか、みんな生き生きとしてましたね。見る側も一緒に旅してる感じで、うちの祖母もあの時間を楽しみに見ていましたから。

鳥海　それでも、ある人から「やっぱりハードだった」と言われました（笑い）。

――ハハハ。そうなんでしょうか。『太陽の子エステバン』も楽しかったというか、はっきりとした悪役も出てこなかったですし。

鳥海　出てなかったですね。基本的には、このあたりから、「悪役という人はいないんだよ」というのが、考え方に出てくるんですかね。考え方の違い、立場の違いでもって対立するけれども、人間としての悪役というのはいやしないんだと。

――それはそうですね。ここら辺で面白く感じるのは、『ニルス』とか、『エステバン』とかもそうで、本当にハードな作品はテレビにのせない、という姿勢が見えるんですよ。『ガッチャマン』で考えられた、子ともが見ていて、その親にも喜んでもらえるようなドラマを入れようという考えからもっと発展して、子供から親世代まで幅広く楽しめるようなものをテレビにはのせたい、というお考えがあるのかなあ、とも思ったんです。勿論、ビデオではいまだにハードな世界の『エリア88』や、『LILY―C．A．T．』とか、『ダロス』などもやっておられますよね。

鳥海　ええ、差別分けできますからね。テレビの電波は公共性のあるもので、誰が見ているかわからない。ビデオの場合には、それを見る世代層が、余裕があれば買ってくれるわけですから、頭からニーズを決めてるというか、「これはこの人たちのため」というのがありますね。だから、ビデオの作り方とテレビの作り方は全く違います。

世界初のオリジナルビデオアニメ『ダロス』

――実は初の〝オリジナルビデオアニメ〟ということで、『ダロス』を作られましたよね。あれはどういった経緯から出てきたのですか。

鳥海　これには情けない経過がありましてね（笑い）。もともとテレビでやるつもりだったから五十二本、ちゃんと構成も組んでたんです。ですが、どうしても世界が暗いからというので、バンダイさんの上層部が承知してくれなかったんです。

――『望郷の海に起つ』でも、主人公がおじいさんと最後に地球を見て、「俺はこれから戦うぞ」と決意した後が見たいじゃないですか。ダロスがどう動くのかも知りたいし。やはりあれは、次がある話なんですね。

鳥海　あるんです。その前も、その後の話もあって、という形なんですよ。これは僕と押井（守）君と伊藤（和典）君と三人で、何度も何度も構成をやり直して、トイレットペーパーみたいに原稿用紙を張りつけて、まず大きく四部に切って、その中でまた、一話はこう、二話はこう、と作っていったんですよ。

――それは見たいですね。一冊、講談社文庫で出されたじゃないですか。その後のエピソードは小説という形でも、できないのですか。

鳥海　いえ、そうするつもりでいたんですけどね。いろんなことがありましてね、「もう書かない」と啖呵を切っちゃったんです。『ダロス』がなぜビデオになったかというと、今バンダイ・ビジュアルの専務になった渡辺さんがまだ若手の頃、一生懸命『ダロス』を推してくれたんですよ。彼らはやるつもりで一生懸命やってくれていて、現在の社長の杉浦さんとかが、「スタジオぴえろがここまでやってきているのに、答えを出さないのは失礼だろう」と、当時の部長たちを叱ったんですよ。そのときに、「じゃあビデオにしてみよう」となったんです。

――たまたまビデオというメディアが出てきた時で、初のオリジナルビデオに。

鳥海　ええ。ビデオという分野はまだないし、初めてだからやってみようじゃないかという形で始めて、「じゃあ話はどうする?」ということで、頭を集めて、この真ん中あたりのエピソードで、作り上げたという形です。

―― だから、地球側のアレックス・ライガーも婚約者を帰して、なにか尻切れトンボというか、ダロスが何者なのかもわからないし、実は見ていてちょっと不満があったんです。

鳥海　あの中でも、未来的な暗示というのはエンディングでいろいろ見せながらやってましたけどね。

―― それぞれのキャラが、止めのハーモニーになったところですね。

鳥海　実はあれを見た家族が、サイボーグにされたイヌがかわいそうだと言うんですよ。

―― サイボーグにされたイヌは、今から考えると、押井さんの趣味なんだなあ、と。ですから、小説版とかで続きが見られるのかなと思ったりしていたんです。

鳥海　あのときは、とりあえずは書くつもりでいたんですけれども、会社組織というといろいろありますのでね。

なぜ『しましまとらのしまじろう』なのか

―― 今回せっかくお会いしたので、お聞きしたいんです。鳥海さんの作家性の部分で、例え与えられた環境がマイナスの条件であろうとも、どれだけ人間が自分らしく生きようとするか、というテーマがあるように思えるんです。『ガッチャマン』や、『テッカマン』とか、『ニルス』、『エステバン』にもそういう部分があるのはわかるんです。ただ『しましまとらのしまじろう』は全然異質に思えるんですよ。で、何でなんだろう、と(笑い)。

鳥海　ああ、それね（笑い）。『しまじろう』を始めた直後は、「鳥海がなぜ『しまじろう』をやってるんだ」というのが、聞こえてきましたよ(笑い)。実は僕もびっくりしましたよ。『ニルス』の頃からの知り合いで、スタジオ旗艦（現・ぴえろプラス）の社長の草野啓二さんという、非常に面白い人がいるんです。そもそも彼が『しまじろう』の前に持ってきた企画が、ユン・チアンの『ワルイド・スワン』。満州国の崩壊から文化大革命の終焉まで、激動の中国で翻弄され生き抜いた祖母、母、娘三代のそれこそパール・バックの『大地』を超えるようなすごい作品だったんです。これをアニメにしたいんだ、と。僕はその頃、アニメにある意味では絶望を感じていたんで、今後何するかわからないみたいに、ただ小説だけを書いていたんですね。ワープロに向かっていたんですよ。でも、「これが本当にアニメにできるんだったら、やらせてください」という感じで、二十六話の構成も作ったんですよね。

―― テレビシリーズで?

鳥海　いや、ビデオシリーズの三〇分枠でやりたいということで。そしたら、「これはちょっと時間がかかると思うから、その前にこれやってくれない？」というわけで、見せられたのが『しまじろう』（笑い）。

――はあ、そんな経緯が。

鳥海　『しまじろう』というのは別に原作本があるわけじゃない、ベネッセが出している『こどもちゃれんじ』のキャラクターでしょう。「これは俺の仕事じゃない」と、最初は唖然としましたよね。とにかく、家へ持って帰って、考えさせてくれと。そのときにカミさんが「かわいいキャラクターだ」と言ったのでね、ああ、そうなのかなと……。僕はそのときに、こういう作品に向いてる監督さんを何人か候補を挙げて、それで、また草野氏に会いに行ったんです。そしたら、「そうじゃなくて、どうしてもやってほしいんだ、それはなぜかというと、『ニルス』の時に付き合って、ものすごく感動したんだ、これができるのはトリさんしかいない」と。それはどうかなと思いながらも、「じゃあ」という感じで始めたんですね。やってみるとね、僕も年を重ねてきて、いちばん大事な事として、幼児向きのアニメーションというのが今本当に無いんだな、ということなんです。幼児と等身大に向かい合って、楽しい世界というのがあってもいいんじゃないのかという感じですね。一年目、二年目というのは、クライアントの意見とか、なんかこう、そういった現場の雰囲気に慣れるだけでしたけれども、これが長期的に展開することになって、実際に絵コンテを描き出してみて、結構面白い世界なんです。幼児に対しては、いろいろと制約が出てくるんですよ。例えば、子どもには回想シーンがわかんないんです。これがデータとして出てくるわけですよ。そうすると、回想シーンは無し、現在進行形で話を進める。また、大人たちの感覚で「ノリ」というんですか、そんなものは一切関係ない。だから、「受けを狙うな」と、「淡々としていてもいいんだ」と。これも面白い結果なんだけど、一時期、トミーというキャラクターを出したら、トミーとしまじろうの区別が幼児にはつかないんです。これには唖然としましたね。そうすると、うーん、今までの演出感覚では、とてもとても追いついていけない。「これは、新たに見直さないといかん！」となったんですよ。それで近くの幼稚園に行って、園長さんに「子どもの世界はどうなんでしょうか」と話を聞いたり、遊んでいる子どもたちをずっと見ていたり、しばらくそんなことをやった。僕はまだわかってるわけじゃないけれども、ベネッセさんは〝幼児教育〟というものをものすごく研究されているから、シナリオに対するフィードバックというのがなかなか面白いんです。思いもつかぬことを言ってくるんですよ。例えば、こういうことがありました。しまじろうがスカートをはかざるを

得なくなっちゃった、すると通りがかりの子どもたちが笑う、というシーンがシナリオには書いてある。僕は、普通だと思ったら、それがダメになった。「男の子が女の子の格好をしたからってどこが笑う理由になるのか、いいじゃないか、そういう子だっているんだから」と。そういった、男の子がどうの、女の子がどうのという決め方がまず性差別にいっちゃう。そういうことが、なるほどね、と。だから、ものすごく基本的に大事なことで、いままで僕らが無神経にやってきたことを、いま改めて見直しているというのかな。いまだに勉強中なんですよ。

――はあ、オープニングで出るトミーがなぜ最近出てこないかというのは、そういうことだったんですか。見分けがつかない、と。

鳥海　ええ。混乱を起こす。やっぱりしまじろうに見えてしまうらしい。そういった区別がまだまだつかない。二歳半じゃそうでしょうね。三、四年前の夏に、僕が脚本を書いて、ホール用に特別に二〇分ずつのアニメーションの『しまじろう』を作ったんです。これは一部で流しただけで、一般には出ていません。そのとき、たまたま近くの公会堂でやってたものですから、見学に行ったんです。そしたら、場内が暗くなるだけで泣き出すんですよ。ですから、本当に基本的に考えなきゃいかん。子どもの楽しさというのは、色彩の明るさ、そんなに動きがなくても、飽きのない切り返し、リズムといいますかね、これが大事なんだと。

――しかしそうは言っても、この過酷なテレビ・シリーズの現場に戻られてやっておられるのは、やはり作品の魅力なんでしょうか。

鳥海　ひとつは、いまやっている『しまじろう』というのは、楽といったら楽なんですよ。声優さんたちが言ってるけれども、「日本一幸せなアニメーションだ」と。というのは、アフレコ時に絵が全部揃ってるんです。場合によってはリテイクも直っている。それは、再放送も込みで三〇分枠で考えれば二クール、それを一年で作っているということ。そして、それに携わるスタッフが二つのスタジオに限られて、専任でやっています。背景さんもちゃんと決められている。撮影さんも、いまはCGになっていますけれども、決まっている。もうひとつは、二つとも小さなスタジオですから、白味線どりを出していたら、赤字で成り立たないんですよ。転がしていくためには、多少枚数がかかっても、必ず絵を揃えて、あとあとリテイクがないようにしなきゃダメなんですね。そういった形でやりますから、僕がアフレコに出ていくのは、ノーマルに流れて月三回なんです。それで済んじゃう。先日、ベネッセへ行って会議をやりましたけれども、既に四月現在で来年三月までのシナリオが完了しているんです。あとは、絵コンテを描いてもらったり自分でも描いて、現場で流していくだけですから、ものすごく楽といったら楽なんですよ。

――しかし、意味を感じてしまうのは、『ガッチャマン』や『ヤマト』あたりからがスタートだと思うんです。若いファンをつかんでしまった、プラス、こういう作品をテレビで作りたいと思う人が出てきたのは。今テレビアニメというと、オリジナルビデオアニメがそうですし、一時期の深夜アニメもそうですし、どんどん狭まっていったじゃないですか。そういうアニメが主流になりつつあった中で、『しまじろう』みたいにコツコツとメジャーの王道を歩いておられる。そこら辺の姿勢が、すごく鳥海さんらしいのかなあ、と。

鳥海　いつでしたか、須田正己さんに言われました、「全く頑固だねえ、でも、頑固を押し通したところが偉いよね」と。別に頑固じゃないんだけど（笑い）。マニアックな作品もたまには見るんですけど、やっぱり好きじゃないんですよ。「これは僕の好みじゃないな」という感じはあります。「これが本当にアニメの主流だったら、僕らはやってる必要もない」という気持ちも一時期ありましたからね。ただ、そんなときに『しまじろう』にぶつかると、こういった形でできるんだったら、幼児を相手に……。今までは、ふところに余裕のある若者たちを相手にしていたけれども、幼児はお母さんから買ってもらってるわけですから。こういう子どもたち相手に、子どもの楽しさ、幼児の楽しさとは何だろうか？　ということを誰も考えないならば、僕が考えてやってみようという気持ちなんですかね。『アンパンマン』や『ドラえもん』は、高学年対象ですよね。赤ちゃんというのは、生まれてくると、まず吸いつくということを覚えますね。それからお母さんに抱きつく、スキンシップを覚えます。目が動かせるようになると、そこに物体があるということを認識し始める。そして、やや上にいくと、ファンタジーがあるんだということに気がつくんですよ。ファンタジーというのは、お母さんが絵本を読んでくれて、「ああ、こういう世界がある」ということが広がっていくんですね。これが小学校に入るころになってくると、自分でファンタジーを作り出すんですよ。そしたら、僕らは、卒業していったと思うわけですね。僕自身、上の姉や兄に聞くと、なんかやっぱり昔から簡単な話を作って聞かせてくれたと、笑いながら言われます。それがいつのことだったかわからないけれども、確かに幼児というのはそういった段階を経てくると思うんです。そのときに基本になるものは、お母さんに読んでもらった絵本とか、いまだったら、テレビのアニメでもって何かを覚えていくんだと思うんですね。やがて、もっと大きなものに背伸びして、卒業していく子がいるのなら、また次の子どもたちのために作ってあげよう、と。今そんな気持ちを持ってる制作者側はいないでしょうからね。

―― もう七年ですね。そうすると、もう三回ぐらい入れかわってると思います。

鳥海 そうですね。ですから『しまじろう』は、キャラクターが出て十五年ぐらいたつのかな。ですから、知らない世代があるんですよ。全部の世代に知れ渡ったらば、僕らの仕事は終わったという形になりますね。

―― しまじろうがいて、ハナちゃんという妹がいて……。こうしてお会いしていると、しまじろうのお父さんのイメージも彷彿とされるんですけど（笑い）。

鳥海 ハハハハ。

―― どこかの文章で、一時期、ハードな作品を見せたときにお子さんがいやがったと。

鳥海 『ポリマー』だったかな。子どもが生まれてちょっとしたときに、こっちはチェックするために……。あのころは、絵が間に合わなくて、全部揃うのはオンエアを見るしかないわけですよ。ダビングのときにはシロミですし。さあどうなってるかというのは、オンエアでないと見れない。そしたら、キャアキャア泣き騒いじゃって、逃げ回っちゃった。

―― 怖いんでしょうね。

鳥海 怖いんです。ああ、俺はとんでもないものを作ってるのかな、と（笑い）。

―― あれはあれで、すごくスカッとするカタルシスのあるアニメでしたから、大好きでしたけどね。しかし先ほどおっしゃった、顔をかっこよく描くアニメーターよりも、動きをしっかり描き込めるアニメーターさんのほうが好きだというのはすごく面白いです。

鳥海 それが普通だと思うんですけど、いつの間にか「絵がうまい人」は、格好いい絵を描ける人というようになっている。

―― 『ガッチャマン』とか、『ポリマー』とか、ハードアクションで、大見得を切るところにすごく特徴があるアニメでしたから。

鳥海 あのころは、そういった流れの余韻がまだあった。映画でも『多羅尾伴内』などがそうだったじゃないですか（笑い）。

―― 千恵蔵の「あるときは……」といって、目線をこっちにですか（笑い）。

鳥海 尽三さんたちが書いてくれるから、それに乗っかって、こっちも時には七五調にそろえて大見得切ったりするのを、ボンボン作っちゃってね。それで「よくも恥ずかしくもなく」なんて言われた（笑い）。しかし最近、ある作品を見たけれど、今だにやってましたね。あれは恥ずかしいです。似合わないカット絵でね。

――あの頃の作品も、いろいろリメイクされていますね。

鳥海　今、スタジオ旗艦に私が昔やった作品のリメイクをやったアニメーターがいるんですよ。で、久しぶりに会ったとき、「おまえは、俺が作ったものをビデオで台無しにしたんだって?」って（冗談）言ったら、「スミマセン」だって（笑い）。僕は、リメイクが悪いと言ってないんですよ。だけど、やるからには今の時代に合わせなくてはね。

――最近、また辰巳出版から、『ガッチャマン』研究の単行本『誰だっ!! 科学忍者隊ガッチャマン』が出ました。その中で陶山智さんのインタビューなどを読みますと、鳥海さんがいたからこその作品だったんだな、ということが解るんですよ。しかし、それにしてはこれまで鳥海さんの存在が、語られなさ過ぎるなというように思っていまして、ちょっと語っていただきたかったのです。本音を申し上げますと。

鳥海　以前メディアワークスさんの仕事で、担当の編集者とちょこっと飲みながら、聞かれたものだから、昔の話をしたら、ふっと真面目になって、「先生、その話書きませんか?」と。「ちょっと待ってよ、関係者はみんな生きてるんだから」って（笑い）。

――ただ、ホントにこのお話のように、鳥海さんというクリエーターが自分史の中で語っていただく分には全然問題ないと思います。

鳥海　それと、「思い出話を書くようになったらおしまいだし」という感じもあってね。

――それは、やはりあくまで「現役のクリエイター」という矜持からなんですね。

鳥海　山崎巌さんが、「男が爆発する時」だったかな、日活の裏話をオール読物に連載してたんですよ。たまたまそれは読んでいましたけど、確かに関係者にとっては面白くもねえだろうと（笑い）。

――僕は、遅れてきた『ガッチャマン』世代でしたが、大好きだったので、同人誌のお姉さんお兄さん方が鳥海さんにインタビューされている記事を読んでました。だから、何で最近語られないのかなあと思っていたんです。

鳥海　こういったインタビューがイヤになった部分もあります。実は『しまじろう』をやっていて一番の幸せは、インタビューに引っ張り出されることがない、ということなんです。

――……、すみません。

鳥海　ほんとに静かにやっていられる（笑い）。この前、葦プロの『魔装機神サイバスター』を手伝ったときに、「ヘエー、現場はこうなのか」ってびっくりしたんです。それでも、「おまえさんが、あくまで監督なんだから」といって、取材でも植田（秀仁）くんを前に前に押し出して逃げてしまいました。

――今後は小説を書かれないんですか。とりあえず今は『しまじろう』でしょうけど。

鳥海　最近、書きたいと思って、それなりに自分で資料を集めているんですけど、去年は『サイバスター』をやっちゃったということもあるんですけど、時間が全然とれなかったんですよね。

――『サイバスター』はどのくらい関われたんですか。

鳥海　僕は、一話、二話、三話の絵コンテをかいて、それから、みんな上がりが遅いので、遅れたコンテを助けたり、でしたね。

――では今後、『しまじろう』がある程度落ち着いたら……。

鳥海　ええ落ち着いたら、書いていきたいと思っています。

――本当の意味のファンタジーといいますか。

鳥海　ファンタジーになるかどうなるか。今、ちょっと書きたいことはあって。

――構想はあるんですね。しかし、改めてリストアップすると、すごくいっぱいあったんですね。

鳥海　そうですよね。書いてるんだなあ。ほんとに売れなかったなあ（笑い）。売れたといえば『光の騎士伝説』は五刷。これだけだなあ。あとは、初版―絶版、初版―絶版ばかり（笑い）。

魅力に溢れた吉田竜夫さんの思い出

――最後にお聞きします。吉田竜夫さんという方は、魅力的な人だったんですか。

鳥海　今やたら「カリスマ性」という言葉が使われるでしょう。そうじゃないんですよ。カリスマと言われている人たちは、周りに阿諛追従する連中を従えているだけじゃないですか。竜夫さんの場合は、亡くなった落合茂一さんがいみじくも言いましたよ。「あの人は生まれながらにして、帝王学を身につけている」と。そういう人だったんです。恐怖の対象じゃないんですよ。ものすごく親しみやすいし、それでいて、ちゃんと部下の面倒を見る。僕らみたいな新入社員でも、「こいつ」と思うとヨイショしてくれるんですよ。どこへ連れて行っても、「こいつは将来タツノコを担ってくれる、俺がものすごく期待している男だ」と、やってくれたりね。で、「今度はこういう世界を作りたい」と企画が出ると、あの人はキャラクターを描くだけでしたが、そのキャラクターに〝ひとつのドラマ〟を感じさせてしまうものがあったんですね。初めは「こんな大変なものやりたくない」と思っても、だんだん話をしているうちに、社長室を出るときには結局引き受けている（笑い）。

――いつのまにか魅きつけられているんですね。

鳥海　なんかね、帝王学というんでしょうか、魅力がありました。それは、いま評判になっているカリスマ性とは違うんです。文化人でもなければ何でもない。マスコミについてどうのこうのじゃないですからね。社内にいてもいなくても、ちゃんとそういう目がありましたし、外へ行っても、臆することなく堂々と社員をかばって大切にしてくれた。ほんと魅力いっぱいの人ですよ。

――余談ですけど、物作りの世界でのトップの条件として、政治力、人事力、クリエーターとしての能力というのがありますよね。

鳥海　ごく自然に持っていた、ということでしょうね。だから社員は陰ではこそこそ悪口は言うでしょうけどね。やっぱり、それを言わせない何かがあった。絵に関して言うと、『ガッチャマン』も『マッハ』の時もそうでしたけれど、「これはアニメのキャラクターじゃない」というのが、当時のアニメーターの考えだったんです。アニメのキャラクターといえば『しまじろう』じゃないけれど、こう丸いものでね。ところが、じゃあといって竜夫さんが描けば、やっぱりちゃんと描く人がそこにいるんですから。で、『紅三四郎』のオープニングの原画なども、竜夫さんがちょこっと描いてたんですよ。原画を勉強している人じゃないんだけど、やはり動きをつかんでいる絵描きさんが描くと、原画家から見て直しようがないくらいに、ちゃんとツボを心得てるということだったんです。だから、やっぱり正面切って反論できない。

――人格者であり、クリエーターとしても一流だった方なんですね。

鳥海　はい。当時の失敗談で、飲んだときに僕が竜夫さんに、かなりからんじゃったらしいんですね（笑い）。尽三さんが翌日、「おまえなあ、昨日とんでもないこと言ってたんだぞ、謝ってこい」っていうから、社長室へ行って、「何かとんでもないことを言いまして」と。そしたら、「いやいや、何でもないよ、実にいいこと言ってくれた」と。肩をポンポンッと叩いて、「頑張ってな」と、そういう人だったんですよ。だからそういった意味での魅力を感じちゃうとね。

――格好いいですねえ。それだからこそ、当時の鳥海さんをはじめ、天野さん、宮本貞雄さん、中村光毅さん、尽三さんなど、あれだけのスタッフの要となっていらしたんですね。

鳥海　竜夫さんて、いつもピシッと決めてたカッコマンだったんです。僕なんか、いつもこんなラフな格好でどこへでも行くんです。それでも、こういうだらしない格好をしている男を連れてあちこちに行く。ほんとはイヤだったんでしょうね。僕が、『ピエール君』のことでフランスへ行くときに、ドルが三百何十円というときですから、こっちも緊張して初めてスーツ着てネクタイ締めたんです。今なら、パリへ行くのに日本からネクタイをして行くこともないんだけど、本社のほうに挨拶に車で回ったんです。で、下で待っていたら、竜夫さんが上から降りてきてくれて、「成田まで見送りたいんだけれども、体調が悪いから」と言って餞別をくれて、「あっ、ネクタイしてる」って、嬉しそうにこうやって締めてくれた。そして「頑張ってきてくれ！」と。

——両手で締めてくれたんですか。

鳥海　ええ。車の窓の外から手を伸ばしてきて、ピュッとやってくれたんだよ……。それが生前の顔を見た最後だったんです。帰ってきたら、もう体調を崩して寝ていた。だから本当は、きちんとスーツを着てネクタイ締めて会社に出入りして欲しかったんでしょう。下駄やらゴム草履やら、カラカラひっかけてスタジオに通ってるようじゃ、どうしようもなかったな……。

——『ピエール君歴史を行く』の後、タツノコを退社されたのも、竜夫さんがいらっしゃらなくなったということもあるんでしょうか。

鳥海　……、ありますね。

——では、本日はお忙しいところ長い時間お話いただきまして、どうもありがとうございました。

鳥海　いや、良かったですよ。毎回インタビューというと同じことばっかり聞かれてましたんでね。どの本を見ても同じでしょ。本当にイヤでね。今日はそんなことは無かったですからね。

——恐縮です。ありがとうございました。

鳥海　まあ、そんなところで。

（二〇〇〇年四月十六日収録　於・京王多摩センター）

鳥海永行　アニメとファンタジーは近いんです。幼児に楽しい物語をおくりたい。

■小説

SF ロマン 科学忍者隊ガッチャマン	朝日ソノラマ刊
ニルスのふしぎな旅①〜③	立風書房刊
時の影	朝日ソノラマ刊
標的は悪魔	朝日ソノラマ刊
フルムーン伝説インドラ 前後編	朝日ソノラマ刊
ダロス ルナリアン伝説 神話崩壊編	講談社刊
水無し川かげろう草子	朝日ソノラマ刊
LILY ー C.A.T.	朝日ソノラマ刊
黄金の国から来た男 球形のフィグリド①	朝日ソノラマ刊
天使の仮面を持つ悪魔 球形のフィグリド②	朝日ソノラマ刊
双頭の虎	角川書店刊
死神たちの戦場 球形のフィグリド③	朝日ソノラマ刊
南国水狼伝上・中・下	朝日ソノラマ刊
妖門記	朝日ソノラマ刊
光の騎士伝説①〜③	メディアワークス刊
聖　八犬伝①〜⑤	メディアワークス刊
信長幻記 覇王欧州伝	ベストセラーズ刊

鳥海永行主要作品リスト

星まこと／編

■テレビシリーズ

マッハＧｏＧｏＧｏ	1967年4月～68年3月	演出
おらぁグズラだど	1967年10月～68年9月	演出
ドカチン	1968年10月～69年3月	演出
紅三四郎	1969年4月～9月	演出
昆虫物語　みなしごハッチ	1970年4月～71年12月	演出
決断	1971年4月～9月	演出
科学忍者隊ガッチャマン	1972年10月～74年9月	総監督
破裏拳ポリマー	1974年10月～75年3月	総監督
宇宙の騎士テッカマン	1975年7月～12月	総監督
ゴワッパー5 ゴーダム	1976年4月～12月	総監督
ピエール君歴史を行く	国内未公開	総監督
ニルスのふしぎな旅	1980年1月～81年3月	チーフディレクター
太陽の子エステバン	1982年6月～83年6月	総監督
星銃士ビスマルク	1984年10月～85年9月	企画
雲のように風のようにSP	1990年3月	総監督
満ちてくる時のむこうにSP	1991年	監督・脚本
しましまとらのしまじろう	1993年12月～08年3月	総監督
白雪姫の伝説	1994年4月～95年3月	絵コンテ
ピンカと海のお友達	1998年4月～9月	演出
魔装機神　サイバスター	1999年5月～10月	監修
はっけんたいけんだいすき！しまじろう	2008年4月～00年3月	総監督

■劇場版

科学忍者隊ガッチャマン	1978年7月	脚本・監督
宇宙戦士バルディオス	1981年12月	総監督
バリバリ伝説	1987年8月	監修

■オリジナルビデオアニメ

ダロスⅠ～Ⅳ	1983年～84年	原作・総監督
バオー来訪者	1984年	総監修
エリア88 Ⅰ～Ⅲ	1985年～86年	監督
LILY－C.A.T.	1987年	原作・監督
沙羅曼蛇3部作	1988年～89年	監督
夢枕漠　とわいらいと劇場	1991年	監督
創竜伝⑤⑥	1993年	監督

＊年月はテレビ放送、公開時期を表す

取材後日譚　その7

鳥海　永行さん

取材場所は、京王相模原線京王多摩センター駅近くのホテルの喫茶店でした。

こちらから取材依頼のお手紙を差し上げていましたので、既に古くからのアニメファンだとお分かりいただいていたのでしょう。

待ち合わせの場所に行くと「オウ」と手を上げ、「この場所分かりますか」と、声を掛けてくれました。こちらが、『ダロス』ですね。というと、「そう、あの舞台はここがモデルだったんだよ」と、外の景色を指差しながら話してくれました。確かに駅周辺のロータリーは、モノポリスのように見えました。

鳥海さんは『科学忍者隊ガッチャマン』の総監督として有名ですが、『ガッチャマン』のことは、これまであちこちで喋ったから、今更もう話すことはないと、最初はおっしゃっていました。まだアニメ誌などもなかった頃でしたが、熱心なファンの同人誌などの取材で何度も同じことばかり聞かれ、辟易されていたそうです。

ですが、それも含めて鳥海さんの手がけてきた作品や小説が好きだったということをお話すると、こちらの趣旨もご理解いただけました。そして、これまでの歩みや、当時心血を注いでおられた『しましまとらのしまじろう』のことまで、いろいろとお話してくれました。

作家としても、数々の作品のある鳥海さんは、編集者ともよく飲みに行らっしゃるそうでした。その場で、アニメ時代の現場のバタバタを面白おかしく話すと皆「先生、それ書いてください」って言うんだよ、と苦笑していました。「そんなこと、書けるわけないだろう。なあ」と、おっしゃる鳥海さんの笑顔は、まさにあの『ガッチャマン』の総監督の顔そのものだったと思います。そのようなエピソードはこちらもぜひ知りたいですと申し上げると、「そんな答え合わせのようなことは、アナタには必要ないでしょう」と、まるで知っているだろうというように、一笑に付されました。

最後に、吉田竜夫さんのことをお尋ねすると、在りし日の吉田さんのお姿を思い出すように、姿勢を正し一言一言搾り出すようにお話いただいたことも印象的でした。

北原健雄

本当はもっとハードでカッコイイ、ルパンを描きたかったんです。

　アニメ『ルパン三世』といえば、一九七一年のテレビシリーズ第一作の放映以来、現在も新作が作られ話題を呼ぶ人気シリーズだ。ただアニメ版『ルパン三世』と言えば、いつもテレビシリーズ第一作か『カリオストロの城』ばかりが、クローズアップされがちだったのも事実。だが、ここでは敢えて『新ルパン三世』に注目したい。旧作と比較され、これまでなかなか評価される機会もなかったが、やはり、今のファンにはルパンといえば赤いジャケットの〝北原ルパン〟が強烈な印象として残っているハズ。

　ハードボイルドあり、スラップスティックあり、オカルトありのバラエティーに富んだシリーズを、三年間に渡って支え続けて来られた作画監督、北原健雄さんに当時を振り返っていただいた。

北原健雄（きたはら・たけお）

1942 年（昭和 17 年）長崎県生まれ。アニメーター。

　戦前からのアニメーターである前田一が主宰していた東京光映が改組し発足したテレビ動画にて、アニメーターとなる。同社では『怪盗プライド博士』の原動画を手がけた後、東京ムービーへ移籍。第一作の『ビッグ X』から、原画として参加する。

　その後、A プロ提携中も同社のアニメーターとして『巨人の星』の原画、『新オバケの Q 太郎』、『ジャングル黒べえ』、『エースをねらえ！』、『侍ジャイアンツ』などの作画監督を歴任。A プロ離脱後の東京ムービーで作画監督として『元祖天才バカボン』を支えた。

　『ルパン三世』の第二シリーズでは、キャラクターデザインと作画監督を 3 年間に渡り担当。赤いジャケットのルパンで、数多くのファンを魅了した。『ルパン三世』放映終了後は、フリーとなってサンライズの『シティハンター』や劇場版『機動戦士ガンダム F91』、東映動画の『Gu-Gu ガンモ』、劇場版『河童の三平』など各社作品の作画監督を務めた。

　2000 年代には日本アニメーションに勤務後、故郷である長崎に戻り、自身の作品を描きながら地元の小学校などに赴き絵の子どもたちに絵の指導をしていた。

　著書に、後年さし絵を手がけた絵本『きせきの子牛』（ぎょうせい）がある。2013 年 9 月没。

―― 本日は、お忙しい中ありがとうございます。

北原 いえいえ。ただ私、あまり上手くしゃべれないかもしれませんけど。

―― 北原さんが日本アニメーションにいらっしゃるとは、意外でした。

北原 まだ入って半年程なんですけどね。まあ、お酒で身体を壊しまして。今年の二月から入院して、三月に退院したんです。

―― 一カ月間も、入院されたんですか。

北原 そうです。ちょうどその前に、日本アニメーションのゲームソフトのオープニングをセルアニメでやるからっちゅうんで、やってたんですよ。だいたい終わってたんですけど、カッティングまで終わって、それから入院しちゃったもんでね。その関係で、古い付き合いの佐藤昭司さんに、「守衛さんでもいいから、なんか仕事くれよ」って（笑い）。冗談で言ってたんですよ。

―― 北原さんのほうからですか。

北原 ええ。そしたら、「うちも、メシ食えるぐらいしか出せないけど」って誘ってくれましてね。それで結構だから、ということで、お世話になることになったんです。まあ、助けてもらったんですよ（笑い）。

―― 今のところ、こういった作品が、北原さんのお仕事で分かっているところなんです（別掲の作品リストを見せる）。ちょっと抜けてるのも多いと思うんですけども。最初、テレビ動画からお仕事を始められて、それから東京ムービーに移籍されたんですよね。

北原 東京ムービーでやり始めた頃は、まだ原画をやりたてで、『ビッグX』をちょっとばかり、一本ぐらいだったかな。

―― で、その後『オバケのQ太郎』。

北原 ええ、すぐモノクロの『オバケのQ太郎』から始まって、『パーマン』や『怪物くん』とか、一連の藤子作品をやったんですよね。あとは『ジャングル黒べえ』、『エースをねらえ！』。まっ『巨人の星』も、やってることは、やってるんですけどね。この間、しばらくずーっと原画をね（笑い）。まあ、それ以降も、いろんな作品をやってますね。

『ルパン三世』との出会い

―― 北原さんは、大隅正秋さんや大塚康生さんがやってこられた最初の『ルパン三世』には、参加されてなかったんですよね。

北原 実は、あれに参加したくて、しょうがなかったんです。でも芝山（努）さんとかね。Aプロのほうでやってましたんで、参加できなかったんですよ。

「アニメージュ」徳間書店刊・1979年4月号表紙絵。北原さんが描かれた不二子。

——そもそも、ご自身も『ルパン三世』をやりたかったんですか。

北原　だから、あのパイロットを見てね。「あーやりたいなー」と、思ってたんですよ。「カッコいいな」と。でも、シリーズが始まっても、参加できなかったんですよ。そのとき私、何をやってたのかな。そうだな『巨人の星』だったかな。

——別の仕事に入ってらして。

北原　なんでしょうね。何か、私は参加できなかった。でも、心の中では「参加できたらいいなあ」とは、思ってたんです。

——やっぱり、それは、完全に大人向きの洒落た劇画という、そういったものをやりたかった…。

北原　そうです、そうです。だから、もう『巨人の星』も飽きていましてね。あれ、けっこう長く続いてましたから、嫌になってましたからね。

——当時、『ルパン三世』の原作はご存知だったんですか。やっぱり連載を読んでらしたとか。

北原　いや、全然知らなかった。ハハハ。

——パイロット版は見覚えあります。東宝と作ったやつでしたよね。

北原　あーそうです。とても良く出来ててね。ちょっと洒落てました。テレビシリーズよりも、もっとカッコよかった。

——ただ、その時点では別な仕事にかかってらしたから、スタッフには入れなかったんですね。

北原　まあ、そうですね。Aプロのスタッフ中心で、やったんだと思うんですけどね。

——そのAプロで、ちょっと疑問だったのは、宮崎駿さんたちが中心となった『パンダコパンダ』という劇場版がありますよね。あれで北原健二さんという名前で原画描いていらっしゃいませんか。

北原　そうなんですよ（笑い）。あれは名前、間違ってるんです。

——ペンネームを使われたのかと思ってました。

北原　違うんです。当時、北原健二という歌手がいたんですよ。あれと、間違えてるんですよ。

——絶対、北原さんだと思っていたんですよ。

北原　『パンダコパンダ』、やりましたね。

――じゃあ当然、大塚康生さんとも交流はあったんですね。

北原　そうです。実は、東京ムービーで『ムーミン』をやってたんですよ。

――最初の第一シリーズですね。

北原　ええ。『ムーミン』でも、原画をちょっとやってたんです。

――ですが、途中で虫プロに制作が移行して、絵が変わっちゃいましたね。

北原　そう、あれね。大塚さんのほうが可愛くて良かったですね。まあ、日本では当たったんだけど、原作者が、ダメだっていうことだったんです。その『ムーミン』の原画のときから、大塚さんに、いろいろ指導してもらったんですね。まあ、私の第二のお師匠さんなんですよ。

楽しい思い出のテレビ動画時代

北原　第一の師匠は二人いまして、テレビ動画時代の、まあ、あまり知らないと思うけど…。福原(悠一)さんという方に教えてもらったんですよ。

――ごめんなさい。ちょっと存知あげないです。

北原　そして、岡部一彦という先生がいましてね。岡部冬彦という漫画家のお兄さんでね。『山と渓谷』にイラストを描いたりする方でした。その先生に、当時、三鷹にあったテレビ動画に引っ張られたんです(笑い)。アルバイトでね。

――その頃は、学生さんかなんかですか。

北原　学生なんです。だって、三〇年前で日給七百円でしたから、結構いいんですよ。だって、七百円で二十日で一万四千円でしょ。当時のサラリーマンがやっぱり月給一万四、五千円の時代でしたから。

――それは、いいですね。では、その時から、もう動画をやってらした訳ですね。

北原　いや、それがまた、いいんですよ。なにもしないんですよ(笑い)。

――えっ、何もしないんですか(笑い)。

北原　スタジオは、深大寺のすぐそばだったんです。朝、出勤すると、ちょっとテストするって言われましてね。アメリカのアニメーションの本を渡されまして、それを見て好きなように描いてっていうんです。そしたら、「北原くんはアニメーター向きだな」、あと同じ学校から来ていた水野ちゅうのは、「美術向きだなー」、なんて言われまして。それで、まあアニメーターになったんですよ。しかし、なんにも作ってないから、フィルムが余ってるんです。そしたら撮影スタッフが、「北原くん、なんかあったらちょっと撮ってみるから」っていって、私がいたずら描きしたのを、撮ってくれるんですよ。それで、現像所からあがってくると、ほんの二、三分のフィルムを「試写会だーっ」なんてね。大袈裟だったんですよ（笑い）。

――でも、自分で描いた動きがテストできて良かったですね。

北原 テストっていっても、そんな厳しいもんじゃないですよ。さっき言ったように暇だから、絵を描いてるでしょ、ずーっと。その時は、まだ先生らしい人はいませんでしたから、パラパラっと自分で描いたものを見て、それを撮ってもらって、「あー動いた、動いた」ってやってたんです。それでグラフィックよりいいやって、学校を辞めちゃったんですよ（笑い）。

――最初はやっぱりアニメーター志望というよりグラフィックの方を目指していらしたんですね。

北原 だってアニメの仕事があるとは、知らなかったんですよ。昔はもう、卒業したら、デザイナーでね。版下とかなんとか、ああいう感じでやるんだなあー、と思ったんですよ。ところが、アニメの世界を初めて知ってね。もちろん東映動画の長編とかディズニーの『バンビ』とか見てましたよ。ちっちゃい時から、知ってたけど、そういう仕事があるとは知らなかったんですよ。ハハハハ。

――美術専門学校か美術大学かなんかに。

北原 いや、専門学校ちゅうかね。今、つぶれてなくなったんですけどね（笑い）。デザインスクールがあったんですよ。そこに岡部一彦先生がいたんですね。

――ああ、その伝手で。

北原 そうです。まあ、三鷹の頃の話がいちばん楽しいんですけども。一時そうやって、暇で、なにも仕事らしいものもなくお金だけもらってね。そうしていると深大寺のそば屋のおやじがね、バットとグローブを持ってやって来るんですよ（一同爆笑）。昼休みが終わる頃ね、来るんです。それで、野球やるほどは人数が揃ってないから、結局、みんなでバッティングやったりね。なんかキャッチボールやったりなんかして。ひがな一日を終わってね。夕方になると、帰るんですよ（笑い）。

――はあー、その頃ってテレビ動画が……。

北原 それで、市ヶ谷の方にスタジオがあるっていって、テレビ動画というのができた。

――当時は、まだ東京光映でしたか。

北原 そうです、そうです。よくご存知ですね。

――それで改組して、今度はテレビ動画になったんでしたよね。

北原 共同テレビかなんかの、傘下だったと思うんですけどもね。

――フジテレビ系ですね。

北原　そうです。市ヶ谷の方にプレハブの掘っ立て小屋みたいなのを最初作って、それからビルに移ったんですけど。それでもまだのんびりしてましたからね。ツブれるはずですよね（笑い）。

――フフフ。ですが、あの『プライド博士』とか、結構のほほーんとした、のんびりしたいい感じでした。創世期ならではのアニメでしたよね。

北原　そうなんです。それでテレビ動画で一緒だった、石黒昇さんが「東京ムービーで新しいのやるから、北原くん一緒に行こう」ちゅうんで、誘われたんですよ。でも、あの人もいいかげんな人でね。私も移って、『ビッグX』をやってたらね、もういないんですよ。辞めたって（笑い）。

――誘っておいて（笑い）。

北原　「辞めるよ、健ちゃん」って。それで「何すんの」って聞くと、「俺、演出やりてえんだよ」なんてね。「あっそう。俺は、しょうがないから残ってるよ」ということでね。結局、東京ムービーに、十七年もいるはめになったんですよ。

――それでまた、おもしろいのは、石黒さんも『新ルパン』の絵コンテをかなり描いてますよね。

北原　うん、そうですね。

――また出会うことになりますね。

北原　いや、時々ひょっこり出てくるんですよ。で、ひょっこり会うんですよね。

『新ルパン三世』颯爽登場

――話は戻りますけど、もともとパイロットフィルムを見て『ルパン』に憧れてらしたというのは初耳でした。

北原　あー、そうですか。僕はもう大塚さんと出会ったことで、またひとつ、アニメというものへの考えかたが少し変わったんですよ。ですが、あの頃の大塚さんが作った『ルパン三世』は、まだ人気が無かったでしょ。視聴率が悪くて、二十六本作らなかったと思うんです。

――二十三本でしたっけ。

北原　二十三本。で終わって、それから後に、再放送で少し評判が……。

――何回かしていくうちに、すごかったですね。

北原　えー、すごかった。それで『ルパン三世』の新シリーズということで、読売テレビさんがやるっていう話になったんです。そしたら、今度は大塚さんが、宮崎さんと日本アニメーションで『未来少年コナン』をやってたんですよね。

――あー、はい。

北原　東京ムービーに居なかったんですよ。東京ムービーとしても多分、声は掛けたと思うんですよね。でも、出来ないっちゅうことで、急遽、「北原、お前やれ」と、いうことになったんです。

――願ったり叶ったり、というところでしょうか。

北原　ハハハ。私も『ルパン』のファンでしたから、「わー、やらしてもらえるんですか」ってね。「じゃあ、喜んで！」ちゅうことで、「ちょっと私、力量がないけど」と言いながらも、やり始めたわけです。でもまあ（作品リストを見て）、こうやって見ても、もう三頭身、四頭身の作品ばかりでしたから。せいぜい『巨人の星』でやったくらいでしたからね。キャラクター作りから苦労しました。もちろん、大塚さんのを参考にもしたんですけどもね。

――キャラクター設定はやはり、大塚さんの設定を参考にされたんですか。

北原　ええ、参考にしましたけど、どうしてもね、私の絵になっちゃうんですよ。

――僕は逆に、北原さんほど自分の絵というのをあまり出さずに、その原作の絵とかを動かす方っていらっしゃらないと思ってたんですけど。

北原　ハハハ。

――ですが『新ルパン三世』だけは、まさに北原さんの絵だと思っているんですよ。

北原　ああー（笑い）。いや、そうなっちゃうんですよね。

――『シティーハンター』とかもそうでしたし、その作品のタッチに求められる絵をずっと描いてらっしゃるじゃないですか。

北原　そうです、そうです（微笑）。

――でも、『新ルパン』というのはこの長丁場もあったでしょうけれども、かなり北原さんのタッチが出てるなと。

北原　私の絵になっちゃいましたね（笑い）。それとね、大塚さんのとは路線が違ったんですよ。私の場合は、ファミリー向けの〝ズッコケ・ルパン〟なんですよね。だから、五ェ門や次元も、本来なら出なくてもいいところでも、常に五人出すという路線だったんですよ。僕なんか、最初の頃は企画やシナリオ会議では、かなり反発したんです。「なんで、こんなとこに五ェ門出すの」ってね。だって、せっかくカッコいい五ェ門なのに、いつもなんか金魚のフンみたいにくっついてるのは嫌だなー、なんて、言ってたんですよ。やっぱり〝大塚ルパン〟では、そういうことは絶対ないですからね。

――ですけど結局、北原さんもご存知だと思うんですけど、ここ二、三年『ルパン三世』は若い世代に再評価されてきました。『パンチ・ザ・モンキー』というCDアルバムも出てまして、若手のミュージシャン達が、大野雄二の曲とかをアレンジしたりして取り上げてますよね。やはり、今の子供達とか若い世代は、ルパンというと〝北原ルパン〟なんですよ。赤いジャケットでね。

北原　あー、ありがたいですね（笑い）。でも、私には全然、声掛かってこないですよ（笑い）。

――声、掛かってこないんですか。

北原　声、掛かってこない。まあ、若い人にもやらしてみたいっちゅう、ところもあるんじゃないですか。まあ、私も随分批判されたこともありましたね。〝大塚ルパン〟と違うってんでね。

――ああ。それは、聞いたことがあります。

北原　それと、五ェ門と不二子ちゃんの声優さんも、前作と変わったもんだから、その声優さんたちにも随分、批判の葉書なり手紙なりきたんですよね。でも、そのうちだんだん視聴率が良くなっていって。何本か続けてるうちに、まあ〝北原ルパン〟として認知されてくると、だんだん視聴率も二〇％超え、二十五％超えだしましてね。三〇％超えたらハワイ旅行だ、なんて言われてましたが、結局ウソでしたね（笑い）。

――行けませんでした？

北原　そんな行ける程の、暇なんかないですよ。こんな（背丈ぐらい）に原画が、積まれていましたからね。

――ちょうどそこらへんの話も、お伺いしたかったんですけど。当時、お独りで全話の作画監督を通してやっておられましたね。

北原　いや、最後の方はね。今、『名探偵コナン』の演出をやってる児玉兼嗣さんとか……。

――朝倉隆さんとかですか？

北原　朝倉さんとか、それから社内に高畑……。

――高畑順三郎さん。

北原　ええ、順三郎さんとか、横山広美さんたちがいたんです。まあ社内を二班に分けて、それで、それぞれ各話作監みたいなかたちで。

――そして、総作監で北原さんが…。

北原　ええ、それでキャラが違うと、メインキャラのね。カッコいいところとか、そういうとこだけ見たり、それとレイアウトをちょっと見たりとかでしたね。その程度にしていかないと、とてもじゃないけど、シリーズが回らないっちゅうことなんです。だから実際は、朝倉隆さんや、児玉兼嗣さんなりが、作監としていたんですよ。

――だけど、〝北原ルパン〟の特長として、面白かったのは、適度にハードボイルド調もあったし、適度に青木悠三さんの回のような遊びもありましたし。

北原　ハハハ。

――キャパシティ、広かったじゃないですか。

北原　なんでもありでしたから（笑い）。

――そこらへんが逆に、スラップスティックありハードな部分もありと、すごくバラエティにとんで、しっくりいってたと思うんですよ。

北原　そうですか……（微笑）。ありがとう。僕は、反発したこともあったんですよ。

――ご自身は、やはりハードな方向を。

北原　まぁ、基本的には、そうでしたね。大和屋竺さんは、なかなかしっかりしててよかったんです。でも監修で、鈴木清順さんが途中で入ってきたんですよ。そこで、焼酎呑みながら、いろいろ今後どうするかって、いわゆるシナリオ会議みたいな感じをやるんです。あの人は、血を出すのは平気なんですね。でも、「それはないですよ。とにかく人は殺さない、血は流さないって、決まってるんですから、よろしくお願いします」なんて言って（笑い）。いろいろと、呑みながらよくやりましたよ。まあそういうシーンはなかったですけどね。実際には、本当の血をリアルに見せる、明らかな殺人はやらないっていうことは、最後までできてたと思うんですけど。

――と思います。オープニングで、不二子がドアにマシンガンを撃って人が倒れるシーンでも、全然血が出てませんでしたし。

北原　ハハハ。そうですね。ああゆう風なごまかしってゆうか、隠しかたで。

――殺伐さは、なかったですね。逆にそれがお茶の間に受けたというか。

北原　まあ子供に、小さい子供たちにも受けたのが、あんなに視聴率を取れたわけでしょうね。

――そうですね。

北原　まあ〝大塚ルパン〟はどっちかというと中学生の高学年から、高校、大学生が、好んだ作品だと思うんです。でも私がやったのは、さっき言ったように、ファミリー路線でしたから。

――北原さんも当初は、旧作みたいなハードボイルドを目指していたけれど、どこかで吹っ切れたわけですね。これはこれでいい、というように。

北原　結局ね。抵抗しても、そういう路線ですから、血を流さない。明らかに残酷な殺し方をしない。そういうのを守るぐらいでね。あとはもうだんだんね。「まあいいか」という部分に（笑い）。

――そのうち乗ってこられたからか、だんだん顔が変わってきますよね。これちょっと持ってきたんですが（放映当初の番宣広告を出して）、一番最初はこういう顔で。

北原　それはねー、ああ。

――最後の方は、こういう顔で。

北原　そうなんですよね。あっ、これがね（パイロット版の設定を見て）、私の見た最初のルパン。憧れのルパンです（微笑）。

――いろんなルパンが出てますね（笑）。

北原　ええ、そうなんですよ。最近のスペシャルなんかね。私この前ちょっと見ただけで、もうやめましたけどね。今風の、若い人に受けるような、ルパンになってしまってね。まあ、私の時も大塚さんとは、違いましたけどね。もう、明らかに違うんで、「えっ」と思ってね（笑い）。

宮崎駿（照樹務）氏の『新ルパン三世』参加

北原　ともかく『ルパン』が終わって、合作の『ユリシーズ31』をやって、ようやく東京ムービーを辞めたんです。退職金、もらってね。子供を連れて、一ヵ月間、田舎に帰ってました。

――仕事に追われる日々から逃れて、ですね。

北原　もうその頃は、嫌で嫌で、アニメは二度とやらないと思ってたんですよ、本当は。

――じゃあＴＶ版『じゃりン子チエ』の頃は、フリーで受けられたんですか。

北原　いや、『じゃりン子チエ』は、どうだったかな。高畑勲さんについてやってましたからね。テレビシリーズでしょ。私、この作品で、何本か演出をやらしてもらったんですよ。

――絵コンテですね。

北原　ええ、コンテ演出。それで高畑さんにいろいろ演出のことも、勉強させてもらって、初めて演出をやってねえ（笑い）。いやぁ、なんか僕、今日は随分おしゃべりだなー（苦笑）。

――いえいえ。

北原　まあ、そういう風な感じでね。『じゃりン子』はいつですか。八十一年、あら、おかしいな。じゃあ『ルパン』は、いつまででしたっけ。

――八〇年ですね。丸三年間ですね。

北原　じゃあ、一年ちょっとばかり居たのかなあ。

――この作品の途中くらいかも知れませんね。

北原　はー、そうですね。もうこの辺で辞めてたんですね……。

――では『名探偵ホームズ』は外部でお受けになられた。

北原　そうです。あれは、イタリアので。

――ＲＡＩーですね。

北原　ええ。それで、イタリア側のプロデューサーというのか、ディレクターなのかが、一ヶ月に一回ぐらいしか来ないんですよ。それで、三本なり四本なり各話数を通して見るんです。

――えっ、出来ちゃったやつを見るんですか。

北原　ええ、そうです。

――ではリテイクは、それから出るわけですか。

北原　そういうことです。それで、最初はあんまり難しいことは言わなかったですけど。結局、一話、二話、三話と見ていくでしょ。主人公のキャラクターが、それぞれ違うわけですよ。それは、困るということになって、私が呼ばれまして、ともかく主人公のホームズとその……。

――ワトソンやポリー夫人ですね。

北原　ええ、だけでも統一してくれ、と。ということで参加することになったんです（笑い）。

――そうなんですか。そういった話が。

北原　ええ、だから作監といってもね、ホントにメインキャラだけを直す、顔直しというか、ハハハ。それぐらいだったんですよ。

――でも、こうしたお話を伺っていますと、北原さんと、大塚さん宮崎さんというのは、不思議なご縁というか、すれ違いすれ違いの連続ですね。

北原　そうなんですよ。あの人たちの尻拭いというか、後始末ばかりやってるような（笑い）。

――後始末ですか（笑い）。

北原　で、やってると、またね、途中で帰ってくるんですよ。私の『ルパン』でも最後の二本ぐらい宮崎さんがやってるんですよ。

――そうですね。あの「さらば愛しきルパンよ」とか、どんなお気持ちでしたか。今までのはニセ者です、とかって、なんかちょっと……。

北原　無神経だなと思って、実を言うとムッとしてたんですけどね。ホントはキャラクターも直そうかと思ったけども、もう疲れ切ってるもんだから、それでいいっと思ってね、通したんです。

――一応テロップには、『死の翼アルバトロス』と『さらば愛しきルパンよ』にも、作画監督でお名前入ってますけども、直されなかったんですか。

北原　もう全然、手をつけなかった。もう好きにやってちょうだいって。

――でも、ちょっとムッとしますよね。シリーズをずっと頑張って来たスタッフからすれば、あのラストには。

北原　ムッときたんですよ。『コナン』が終わってから、ひょっこりムービーに来て。確かに『カリオストロ』を作った時は僕も、ビックリしましたけどね。さすがに「やっぱり」と思いました。あの人たちは、ホントにうらやましいぐらいの作り方をしますからね。あれにはホント、頭下がります。それを許されるほどの力がね（笑い）、スケジュールを幾らでも持てるような。

――実は今日は、こんなの持ってきたんです。これ、家宝なんですけど。（当時の原画を見せる）

北原　そうですか。ああ、これ私のかな、あーホントだ。こんなぶっとい線、引いてたんだなぁ。ああ、懐かしいなあ。こんなの持ってるんですか。

――一番、乗ってらしたころでしょうか。

北原　ありがたいですね、こんなのとっておいてもらって。大体、みんな棄てちゃってるんですよね。それで僕、シリーズのキャラクター表は全部家に持って帰ってたんです。ですがこの前、東京ムービーに寄付しました。管理が巧くいってるみたいだから。

――東京ムービーにですか。

北原　東京ムービーに。そのかわり全部コピーしたものを私がもらって、生は寄付しました。

――それこそ、お宝ですね。

北原　宝っていえば、宝があるんですよ。B3ぐらいの大きさかな。ルパンを中心に、五人並んでるところに、山田康雄さんたちからサインしてもらったのがあるんです。それは宝です。山田さんも亡くなっちゃいましたしね。あれはもう最後、話が終わる頃だったと思うんですけど、プロデューサーや読売テレビの人とか誰かに、五枚ぐらい描いたんですよ。その一枚が、手許に残っている宝です。ハハハ。あとは残ってないですね。

――当時の原画こそ、ホントに残しておかなければ、と思いますけどね。

北原　ここまでじゃなくてもね。キャラクター設定は、よく無くなるんですよ。

――あ、そうですか。

北原　初期の頃の作品のキャラクターって、ほとんど残ってないんですね。だから、『エースをねらえ！』とかね。コピーは、残ってたりもするんですけども。

――もう、初期のは無いでしょうね。『ビッグX』とか、なんにもなさそうですね。

北原　だから、私は持って帰ってたんですよ。全部（笑い）。黒いファイルで、段ボールちょうどいっぱいぐらい。

――ここらへんの（持参した新・ルパンのムック本のキャラ設定をさして）ゲストキャラクターですね。

北原　そうです。そうです。

――それで、もうひとつお尋ねしたかったのは、ルパンもスタート時の顔から、だんだんいろいろな顔に変わっていきましたね。その都度メインキャラの、設定まで描き変えられ

ルパンを筆頭に主要キャラ全員と、その声優のそれぞれのサインが入ったイラスト。放映当時の1979年に描かれたもの。

作画監督時代、カット袋に押されたOKのハンコ。

たんですか、それとも、もう前のままで修正原画をコピーして。

北原　いや、もうそのままです。私の修正を、修正集というか表情集といった感じで、渡してました。だから、少しずつ変わってたからね。

――　別に、その当時は、ご自分で絵を変えようというわけじゃなく、ルパンが変わってきちゃったわけですね。描いてるうちに。

北原　そうですね。話の内容で、表情がそういう表情を求められてきたんでね。

――　要求された。

北原　そうすると、自然に、そういうちょっと顔になっていくんですね。カッコイイ顔っていうのは滅多に、出ればいい方でしたからね。

――　でも、オープニングが変わって、あのピンボールをカチーンとやるやつとか、車をスピンさせながら回転していくやつとか、カッコイイ顔も、ありましたよね。

北原　ああ、ああ、そうですね。

――　だから、けっこうハードにバシッと決まるときは決まる顔で、ファンもこの顔にいちばん印象受けてると思うんですけども。

北原　ハハハ。それで、今日、描いてこいって言いましたよね。

編集部　描いてこいとは……、すいません。お願いしたんですけども（笑い）。

北原　何十年ぶりに。

――　八〇年だから二〇年くらいですか。

北原　色紙に一枚だけ描いてきたんですけど。これが、どうも似ないんですよ。ちょっと違うんです。字も下手くそでね。

「新・ルパン三世」中巻・双葉社刊。
上・中・下の全三冊が刊行された。

――　わあ、すごいですね。これ持って写真撮ってもらった方がいいですね。麻雀牌の「北」か落款なんですか（笑い）。

北原　そうなんです。作監の修正で〝原画ＯＫ〟のときはそのハンコを押してた。ホントはＯＫなんです。でも、私の健雄のＴに直しちゃったんですよ。ただ顔がね、やっぱりちょっと違うんですよね。しょうがないですね。字もいきなり描いたものでへたくそでね。

――　でも、やっぱり、不二子ちゃん、この不二子ちゃんですね。

北原　あー、不二子もちょっとねー、違うじゃないかなーっと思って……。

――　いやいやいやいや。

北原　まあ、そういうことでね。苦労もしましたけど楽しかった面と、ね。

――　しかし、やっぱり、やってらした当時、最初の頃は、特に批判とかすごかったんですよね。ですけど、こうやって振り返ってみていかがでしょうか。

北原　それはもう、「わたしの財産なんだな」と思います。あの時、もうやめる間際は、嫌で嫌でしょうがなかったけど……。

――　やっぱり、嫌というのは、マンネリということなんでしょうか。

北原　それもあるけど、当時、週のうち家に帰れるのが、二日とか三日だったんです。息子が二人いるんですけど。それが、まだ上が幼稚園か、下が三つぐらいだったかな。たまたま、家に帰るとね。きょとんとした顔をしてるんですよね。

――誰だか分からないんですか。

北原　いやー（笑い）。それで一日いると、ようやく〝お父さん〟と認識するんですよ。で、翌朝、行ってくるねー、と出るとね。「また、来てねー」っちゅうんです。ハハハ。

――あー、それは辛いなあー。

北原　だから、それが三年続きましたからね。まあねー。最初のうちは頑張ってたんですけど、三年目に入ると、最後の方は、もうくたくたでね。もう……、見るのも嫌になって、二度とアニメはやらない、と思ってたんですよね。

唯一経験した巨大ロボット作品
『機動戦士ガンダムF91』制作秘話

――でも、こうして見て（作品リスト）びっくりしたのは、まあ、東京ムービーにいらしたからかも知れませんけど。一時、ロボットアニメブームがあったにもかかわらず、ロボットものを一切やってらっしゃらないですね。

北原　あっ、僕、『ガンダム』やってるんですよ。

――ええ、劇場版の『F91』ですね。

北原　ハハハ。

――いきなりポンッと、安彦良和さんのキャラをやられた印象があります。

北原　そうなんです。いやあ、あれは嫌だったんで、断ったんですよ（笑い）。僕は『ガンダム』みたいなメカモノ嫌いなんです。『ルパン』のようなメカぐらいだったらいいんですよ。ジープとかああゆうのは。

――銃火器とか。

北原　ええ、あの程度だったらね。だから、最初断ったんですよ。しかし、今度はサンライズの当時の社長がね、「頼むからとにかく見てくれ、劇場に間に合わないんだよ」って。「若手の作監がいるんだけど、どこをどうしていいかわかんなくて、原画が山積みになってるから」って頼まれたんですよ。ちょうど『シティーハンター』が終わってましたんで、「じゃあキャラクターだけ、人物の方だけ……」

――メカじゃなくて。

北原　メカは見ないよ、ということで。そしたらレイアウトも見てくれ、ということになってね。ですけど、結局ね。富野（由悠季）さんと僕、衝突しましてね。あの人も『新・ルパン』の絵コンテなんかやってたんですよ。そういうことで少しは知ってはいたんですけど。あそこでは、もう偉い大将でした

ルパン三世

からね。

――サンライズでは。

北原　僕はそんなの知らないからね。で、「今度やることになったんで、よろしく」ということになったんです。そうしたら、「これは違う」って言い始めたんですよ。だから、「私は、ガンダムの世界というのは知らないから、ちゃんと教えて下さい」って、最初はおとなしくしていたんです。しかし、なにかにつけてでかい態度だから、私ももう怒ってね。「こんなの、やれるかー」って、バーンってやって帰ったんですよ（笑い）。そしたら社長が、プロデューサーときてね。「とにかくあと一回頑張ってくれ」って、頭下げられたんですよ。「じゃあ、自宅で絵を見るだけ、作監チェックだけやるから。それでもいいですか」って。「あの人の顔、見るのは、俺もう嫌だから」と。そうしたら「それで結構だからやってくれ、とにかく上映に間に合わしたい」って頼まれまして、それでやったんですよ（笑い）。実はあれは不本意な、もう見たくない作品なんですよ。

――あー、そうだったんですか。

北原　ええ。

――でも、びっくりしたのは、面倒なタッチと言ったら失礼なんですけど、安彦良和さんのキャラクターは難しいですよね。

北原　私は安彦さんのキャラクター、好きなんですよ。品があってね。だから、安彦さんにも、「北原さんなら、安心してます」、なんて言われましてね。いやーっと思って。

――なにか、義理と人情でやってらっしゃるようですね。

北原　そうなんですよ。ありがたいと思うときもあるんですよ。わーっと、声かけてくれるというのはね。

――それだけ、その力量が、欲しいわけですよね。やっぱり。

北原　いやー、ほんとにねぇ（微笑）。なんだか『ルパン』とは、随分話が離れましたけど。

――面白いです。ところで以降は、どのような作品を手掛けられたんでしょうか。

北原　もう……、ハハハ。何をやったかなー。だから、また気が抜けましてね（苦笑）。それで、ジュニオさんから仕事もらったりね。そうやって、ぼちぼちと好きなように自宅で、やってたんです。

――おひとりで。

北原　生活できるだけ稼げばいいやって。それで、今度、日本アニメにお世話になることになったわけです。さっき言ったような状態でね（笑い）。

――いやー、長い時間お話し頂き、ありがとうございます。

北原　いやいや、こんなもんでいいんですかね。

――光栄です。ここまで話していただければ。

北原　いや、なにもないんですけど。だいたいそういう状態で作ってきた、ということですね。あっ、これ（作品リスト）もらって行ってもいいですか。いつ頃、何をやったかわかるんでね。

――ええ、喜んで。それでは、本日はいろいろと興味深いお話を、ありがとうございました。

（一九九九年一〇月二日収録
於・聖跡桜ヶ丘・ケトルドラム）

■劇場版映画

パンダコパンダ	1972 年	原画
少年ケニヤ	1984 年	原画
超人ロック	1984 年	原画
カッくんカフェ	1984 年	原画
Gu ー Gu ガンモ	1985 年	原画
アモン・サーガ	1986 年	原画
チロヌップのきつね	1987 年	原画
機動戦士ガンダム F91	1991 年	作画監督
カッパの三平	1993 年	作画監督

＊年月はテレビ放送、公開時期を表す

北原健雄主要作品リスト

星まこと／編

■テレビアニメ作品

ビッグX	1964年8月～65年9月	作画
怪盗プライド	1965年5月～11月	原画
オバケのQ太郎	1965年8月～67年3月	原画
がんばれ！マリンキッド	1966年10月～12月	原画
パーマン	1967年4月～68年4月	原画
巨人の星	1968年3月～71年9月	原画
怪物くん	1968年4月～69年3月	原画
六法やぶれくん	1969年4月～9月	原画
ムーミン	1969年10月～70年4月	原画
新オバケのQ太郎	1971年9月～72年12月	作画監督補
ジャングル黒べえ	1973年3月～9月	作画監督
エースをねらえ！	1973年10月～74年3月	作画監督
侍ジャイアンツ	1973年10月～74年9月	原画
はじめ人間ギャートルズ	1974年10月～76年3月	原画
元祖天才バカボン	1975年10月～77年9月	作画監督
(新)ルパン三世	1977年10月～80年10月	作画監督
怪物くん	1980年9月～82年9月	絵コンテ
新・ど根性ガエル	1981年9月～82年3月	絵コンテ
じゃりン子チエ	1981年10月～83年	演出・作画監督
一ツ星家のウルトラ婆さん	1982年10月～83年1月	キャラクターデザイン
フクちゃん	1982年11月～84年3月	絵コンテ
パーマン	1983年4月～85年7月	絵コンテ・作画監督
スプーンおばさん	1983年4月～84年3月	絵コンテ・作画監督
Gu－Guガンモ	1984年3月～85年3月	作画監督
ルパン三世 PART III	1984年3月～85年12月	作画監督
名探偵ホームズ	1984年11月～85年5月	作画監督
宇宙船サジタリウス	1986年1月～87年10月	オープニング作画・北原プロ
青春アニメ全集	1986年4月～86年12月	演出・作画監督
シティーハンター	1987年4月～88年3月	総作画監督
宇宙伝説ユリシーズ31	1988年2月～4月	原画 （制作は1980年頃）
キテレツ大百科	1988年3月～96年6月	演出・原画
シティーハンター2	1988年4月～89年7月	総作画監督
シティーハンター3	1989年10月～90年1月	総作画監督
おばけのホーリー	1991年1月～92年4月	演出・作画監督
燃えろ！トップストライカー	1991年10月～92年9月	作画監督
ちびまる子ちゃん(第2期)	1995年1月～	原画
はりもぐハーリー	1996年8月～97年6月	演出・作画監督
中華一番！	1997年4月～98年9月	原画
ドキドキ・伝説 魔法陣グルグル	2000年4月～12月	絵コンテ・作画監督
神鵰俠侶 コンドルヒーロー	2001年10月～92年9月	絵コンテ・演出

取材後日譚　その8

北原　健雄さん

取材場所は、聖蹟桜ヶ丘駅近くの喫茶店。

当時は、日本アニメーションのスタジオに勤務されていました。

取材の際、『新ルパン三世』のことなどお聞きしたいとお願いすると、「私のは、ねえ……」とちょっと遠慮される感じでした。制作当時の複雑な思いも、お持ちだったのでしょう。ですが、いろいろお聞きしていくうちに、だんだん当時のことを思い出していただけ、楽しい雰囲気になりました。こちらが持参した、『新ルパン三世』の現場に配られたキャラクター表情集のコピーなどをお見せすると、喜んでいただけました。

以降も何度かお電話をいただき、絵本『きせきの子牛』を描かれた時は、その刊行記念展覧会にもお誘いいただきました。絵本も昔からやってみたかったジャンルということで、念願叶ってうれしそうなご様子は、今でも印象に残っています。

かつて手掛けられた長編の『河童の三平』をもう一度見たいとのことでしたので、ビデオソフトを探してお送りすると、懐かしかったと喜んでおられました。

突然、故郷の長崎に戻るとお知らせをいただいた時は、驚きました。ただ、あちらでもアニメの原画の仕事をやりつつ、自分の絵を描いたり、地域の子どもたちに絵を教えるのが楽しい、とそれからもお聞きしていました。

また向こうでは、同じ九州出身の絵本作家、黒崎義介さんのことに興味を持ち調べておられました。こちらから黒崎さんがアニメーションの背景を描いておられたことがあるとお教えすると、「アニメーションにもたずさわっておられたのなら、私にもご縁があるのかもしれませんね」と、より関心を持たれていました。

こちらからも黒崎さんが描かれた絵本を見つけてお送りすると、これは知りませんでした、とその都度喜んでいただけたことも覚えています。

ある時期より、ご体調を崩し入院され、その後は通院のために病院の近くの町に引っ越したそうです。それ以降、いただくお電話の回数も減り心配していました。

病院で診てもらった医師の方が、『シティハンター』のファンだったそうで色紙を描いてあげたら、とても喜んでくれましたよ、と楽しそうにお話くださったことは、今でも印象に残っています。

「きせきの子牛」ぎょうせい刊

巻末特別企画

十九年めの「アニメーション・インタビュー」

金山明博

自分の絵の良し悪しは、人が評価してくれると思っています。

本書収録のインタビューから、十九年が経った。

金山さんは、その取材後、専門学校での激務がたたって六〇代で身体を壊され手術のため入院されたという。だが、不屈の意志で復活されたうえ初の個展を地元の画廊で開き、七〇代にして同人誌活動を始められる。そして、以降は夏冬に行われるコミケにも自ら出展され、訪れたファンとの交流を楽しまれてきた。

またフランスやロシア、アメリカなど、海外からの招きにも積極的に応じ、現地では大歓迎を受けている。

その間『まんだらけZENBU』では、ご自身のアニメ時代を振り返る自伝マンガ『あめんぼうの詩』を二年間連載するなど、その活動はより更拡がっている。

八〇歳を迎える来年に向け、新たな個展を準備中だという金山さんに、常に若々しくエネルギッシュな活動の源や、インタビュー後の激動の十九年間を振り返っていただいた。

――今日は、寒い中ありがとうございます。

金山　**こちらこそ、わざわざ遠いところを来ていただきまして。**

――実はお電話でもお話しいたしましたが、『まんだらけＺＥＮＢＵ』の「アニメーション・インタビュー」が本にまとまることになりました。以前金山さんにお話を伺った回も収録させていただくのですが、特別企画として改めてインタビューさせていただければと、今日はお願いいたしました。最初に取材させていただいてから、もう十九年になるんです。

金山　ああ、そんなになるんですね。では、星さんとも長いお付き合いですね。こないだ西部邁さんが亡くなられましたでしょう。勿論面識はありませんし、あちらは私とは違って立派な方なんですが、実は同じ昭和十四年生まれなんです。ですから、もういろいろ考えさせられますよ。

――金山さんもいつも若々しいですが、今年で七十九才になられるんですよね。

金山　いやあ、そうなんですよね（苦笑）。いつも年なんか考えないようにしていて、自分の誕生日も騒がれるのがイヤなくらいなんです。ですけど僕なんかが長生きしていられるのは、いろいろ周りに話を聞きに行くからかもしれないですね。なにも分からないから。ハハハハハ。

――いえいえ。それだけお気持ちもお若いんでしょう。最初にインタビューをさせていただきましたのが、一九九九年の十二月でした。

インタビュー後の激動の日々

金山　ああ、覚えていますよ。中野のまんだらけさんの事務所でしたね。そうすると、僕が代々木アニメーション学院の講師になった年です。五十九歳で入社したんです。それで六十五歳で辞めたんですね。だから学校勤務は足掛け六年になります。

――そうですか。実はその前後あたりから、金山さんの激動の時代が始まったようにも思います。学

校勤務を始められた五十九歳で「アニメインタビュー」にご登場いただき、二〇〇三年に六十四歳でパリで行われた「ＴＡＩＦＵ ＦＥＳＴＡ」に招待されました。そして、二〇〇六年に個展を地元の新狭山で開催。その年に同人誌も始められ、コミケにも夏冬と出られるようになります。翌年二〇〇七年は、杉並アニメミュージアムでの個展と、ＮＨＫ－ＢＳ特番の「とことん『あしたのジョー』」にも出演されました。そしてロシアのウラジオストックに民間交流で招かれ、ＪＡｎｉＣＡが立ち上げられたのもこの年です。

金山　ああ、芦田（豊雄）氏も、亡くなりましたね。

――はい。芦田さんにはＪＡｎｉＣＡの立ち上げ前に、三人でお会いしていろいろ相談されたこともありましたね。二〇一一年には、ご親友の荒木伸吾さんも亡くなられました。石黒昇さんは、翌年の二〇一二年でしたね。

金山　ああ、そうでした。僕も付き合いのあるアニメ界の大物が、相次いで亡くなられました。

――その間も金山さんの海外への活動は続いていて、ロシアの次には中国にも行っくいらっしゃいました。

印象深い、中国山東省の高密市

金山　そうそう。山東省の高密市ってところでした。そこに大きな河があって、その中州の二万平方メートルの土地にアニメの学校を作ろうという計画だったんです。二年にわたって行き来していたんですけど結局、形になりませんでした。それで失敗しましたよ。実現したら一千万円入るって言われていたから、それだけ入るなら大丈夫だろうって気を大きくしちゃって、結構散財しちゃいましてね（苦笑）。

――その学校は建たなかったんですか。

金山　ハハハハハ。結局、話自体が無くなったみたいでダメでしたね。でも、あちらの高密市はいろいろ見れたので良かったですよ。ノーベル文学賞を取った莫言さんという人の記念館もあるんです。だけど、私が行ったとき、莫言記念館には客は一人もいなかったですね。

――ちょうどその頃は、中国も建築バブルであちこちに高層マンションが建設されていた頃じゃないですか。

金山 そうです。それで高密市も郊外は、見渡す限り高層ビルが立ち並んでました。あれはマンションだったのかな。いいですか、こんな話をして。

――面白いです。お願いします。

金山 それで、その辺をちょっと歩いたんですけど、誰一人として住んでいない。一軒も売れていないようなんです。

――まるで、新築のゴーストタウンのようですね。

金山 そうなんです。そんな中にも、農家の人が、「いや、誰が何と言っても俺はこの土地は売らない」みたいな家が、ポツンポツンと、そんなビルの間にあるんです。ほとんど一階建てで下が土間のようになってましてね。それを見に行っていたら、関係者が追っかけてきてホテルに連れ戻されました（苦笑）。なんでそんな神経質になるのかな、とは思いました。

――それは、それだけの高層ビルが建っていても、誰も入っていないということを知られたくなかったんじゃないでしょうか。

金山 だって、そのホテルの前の芝生や植え込みも、全部スプレーで緑色にしてあるんです。

――ええっ、人工的に着色しているんですか。不自然じゃないですか。

金山 本当の緑じゃない。その周辺の外は植え込みがあっても、全部枯れているんです。それで、横にこんな立派な河があるのに、なんでここに水を引かないのかな、と不思議に思いましたよ。だって道も汚いんですよ。ちゃんと舗装してあってもね。

――埃っぽいんですね。

金山　だから、なんだかお金儲け優先になってしまっているのかな、とも思いました。

海外のアニメフェスからの招待

――そして中国を訪問されていた時期の次には、二〇一三年にフランスのニースで行われたイベントに招かれていらっしゃいます。

金山　そうなんです。それも星さんはご存じですけど、自腹でね（苦笑）。

――招待側が航空運賃が出せないから、自費でって言われたんでしたね。それでもいらっしゃるんですから、すごいです。

金山　いやいや、でも向こうのファンの人たちが待っているからっていうからね。それでやっぱり大歓迎してくれたんですから、行って良かったですよ。

――そして、翌年二〇一四年には、アメリカの「ジャパンエキスポ」にもいらっしゃいました。

金山　いや、アメリカには行ったんですけど、ほとんどホテルと会場の往復だけで、結局アメリカにいる感覚がしなかったですよ。ハハハハハ。

――そうやって、海外にもお出かけになられて、現地のファンと交流を続けていらっしゃるのは、素晴らしい活動ですね。やはり、いつもおっしゃっている「何事もまず体験してみる」という人生哲学そのままですよ。

金山　ハハハハハ。まあ、結局自分の名前が多少知られるようになったのも、インターネットのおかげなんですよ。ネットが無かったら、おそらく知られていないでしょう。今は何処へ行っても、誰かが知っているんです。

――日本だけじゃなく、海外もですね。

金山　そう、ロシアへ行ってもそうなんです。

――普段、日本のアニメーターに会う機会なんかはないでしょうから、大歓迎でしょう。

金山 ウラジオストックでは、ファッションモデルのような大学生の女の子から、「もう帰らないで」って言われたんですよ。通訳を通してね。あれはびっくりしました。本当に綺麗な子でね。それで、距離が近いんですよ、向こうの女性は。だから、そのままウラジオストックで行方不明になる若い男性がいるって聞きましたけど、そういうことなのかなって思いましたよ。通訳の女の子も、最後まで僕と腕を組んで歩いてましたけど。そうすると、その彼氏が心配してずっと後ろをついて来るんですよ（笑い）。

――大事な彼女を、外国から来たおじさんにとられたくないでしょうね。

金山 そうすると、彼女は「アナタは彼氏じゃないです、フレンドです」って（苦笑）。

――ちゃんと言ってくれたら、あちらの彼氏も安心ですね。でも、そんな言葉も通じない国に行っても、フランクに現地の人たちと付き合えるのは、すごいことですね。

金山 僕は本当は、五〇歳過ぎまでは人に好かれなきゃいけないって、考えていたんですよ。どうやったら人に好かれるんだろう、それこそ女性にもモテるんだろうってね（笑い）。ただ、それも含めて、やはり物事すべてが体験しなきゃ身につかないんですよ。そう勝手に思っていたんです。

――そういう蓄積があったからこそ、国境や世代を越えて誰とでも仲良くフレンドリーに付き合える金山さんになられたんですね。

金山 ハハハハハ。そうなんでしょうかねえ。

ドラマチックなこの二〇年間

――それで、おかげ様で「アニメインタビュー」もこんな本になるんです。（見本のダミー本を見せる）

金山 ほおー。こういう感じになるんですね。立派な本ですね。ああ、大工原さん、鳥海さんですか。大工原さんは、長靴を履いて酔っぱらっていらっしゃるところを何度か見かけたことがありますよ。お話したことはないんですけどね。

――あとは、荒木さん、石黒さん、北原さん、うしおそうじさん、森川さんです。

金山　ええ、金山さんとは接点がありませんでしたけど、東京ムービーに長くおられて、『新ルパン三世』などの作画監督をやっていらっしゃいました。

――北原さんって、アニメーターの方ですよね。

金山　ええ、有名な方ですね。でも荒木さん、石黒さんも亡くなりましたね。残念ですよ。

――実はこの中で、ご存命なのは金山さんだけになりました。

金山　ええっ、生きているのは僕だけですか。僕もしつこいですねえ(苦笑)。

――いえいえ。サバイバーですから。

金山　でも、いい本になりそうですね。出来上がったら僕も何冊か買いたいな。

――ありがとうございます。勿論お送りさせていただきます。それで今回、連載時のインタビューをまとめるということで改めて原稿の整理を始めたんです。そうして、やはりこれまで連載を読んでいただいた読者の方も新しい記事をお読みになりたいだろうということで、新規に金山さんに取材させていただこうと思ったんです。このインタビュー以降が、またすごく濃密な二十年だったように思えまして。

金山　そうなんですよね。だから僕は、この五十九歳からがドラマチックでした。この二十年が、一番長かったような気がするんです。

――アニメの学校で先生になられてから、ですね。

金山　というのは、こういうことが言えると思うんです。楽しい仕事とか、自分に合っている仕事はつらくない。眠いとか忙しいだとか、そういうことはどうでもいいんですよ。だけど、つらい仕事って大体、五、六倍に感じます。例えば僕は六年いましたけど、三〇年いたような気もしてますね。つらいことって、本当に長く感じるんですよ。

――それは、置かれた環境なんですね。若い生徒さんと触れ合うのは面白かったでしょうけど。

過酷だったアニメ学校の講師

金山 そう、生徒さんとはものすごく良かったんです。だけど、先生たちからはね。

―― 嫉妬されたりとか、あったんでしょうか。

金山 特に女性の先生がひどかったです。やってもないことを当時の理事長に逐一言いつけられて、「この先生は、コミック課の授業を一切やってません」とかね。こっちは全部ちゃんとやっているんですよ。それなのに、勤務先だった横浜校から東京まで呼びつけられて、「オマエ、何やっているんだ」とか、理事長に怒鳴られるんです。最初に入るときには、「アナタが来てくれたら、ウチの学校はもう万々歳です」なんて言っていた人からね。

―― うわあ、それはひどい手のひら返しですね。

金山 そのほかにも、ステージの照明係とかね、便所掃除もやりましたよ。ビラ配りとか、雪の中で看板持って立っていたりしてね。

―― 入学志望者を集める説明会の時ですね。

金山 夏は、蚊に刺されながらね。アニメーターの後輩が特別講師で来たときには、お茶を入れたりしましてね。

―― いきなり、先輩の金山さんにお茶を持ってこられたら、後輩の方だって恐縮しますよ。

金山 でもね、これまで人の言うことをわがままで聞かなかった人間が、今度は人の面倒を見なきゃいけない仕事になったんです。生徒は、五〇人、一〇〇人といるんですよ。それで、パソコンも出来ないのに、いじらなきゃいけない。ですから、一番辛かったのは、二〇歳くらいのアニメーター出身の同僚に、コンピューターが出来ないことを馬鹿にされたこと。

―― ひどいですね。それまでのアニメーションの実績と、パソコンが使えるかどうかは別の話でしょう。

金山　そうなんですが、あの時、若い先生たちに馬鹿にされながら使い方を聞いて学んだからこそ、今の僕があると思ってます。「聞くは一時の恥、聞かぬは一生の恥」って、ことわざもあるじゃないですか。それは、こんな僕だってプライドはありましたから「こんなことも、分からないの」なんて言われたら、コンチクショーと思わなかったとは言えないです。ですが、「分からないので、教えてください」って、頭を下げてね。

――口では簡単におっしゃってますけど、それはなかなかできることではありませんよ。

透視図法の授業で四苦八苦

金山　最初、アニメの学校の授業なんてと、僕も甘く見てたんです。現場でこれだけやってきたから、大したことないだろうって。でも授業では、現場ではやらないようなこともあって、結構事細かく説明しなきゃならない。例えば「透視図法」を知っていても、それは一点透視から三点透視まであって、どういう風に説明していくかってことなんですよ。それを入って一発目の授業で生徒に尋ねられて答えられなかったから、「なんだ、作画監督をずっとやってきたって言っても透視図法も説明できないなら、ごまかして八百長で作監やってたんでしょ」って、大きな声で言われましたよ。

――ええーっ、それはあまりにも失礼じゃないですか。

金山　だけど、そんな生徒ばかりじゃなくて、授業が終わったら生徒が五、六人集まってきて、「あの、あんまり気にしないでください」って（笑い）。

――要するに、金山さんは現場では実体験としてやってこられましたけど、それを人に説明するにはそのための別の技術が必要になるわけですね。

金山　そういうことです。それが難しいんですよ。だから、荒木（伸吾）さんだって、僕に「金山さん、東映で今講師やってるんだけど、透視図法、三点透視図法って何？」って聞いてきました。だから、これまであなたがやってきたことがそうですって、説明しましたよ。僕らは、パースって言葉を使ってたんです。

――消失点がどこにあって、というやつですね。

金山 そうそう。それだけなんですよ。だけど、生徒は透視図法を教わっても、実際の現場では全部直される。結局それは不動産の図面と一緒なんです。

――映画のレイアウトとは別物なんですね。

金山 そう、生きていないんですよ。だからアニメーターは、あまり透視図法を知らないんです。

――でも、無意識に描いていますよね。

金山 そう無意識でね。だからカメラで見て焦点が真ん中に行った時に、周りがボケたりすると、そこをわざと透視図法を無視して歪めたりするんです。そこが不動産や建築図面などとは違うんです。

――でも、アニメの学校では、それを教えなければならなかったんですね。それは、現場を長年やっていらしたから、こんなことを教えても、という葛藤が出ますね。

いつしかストレスで蝕まれていた身体

金山 僕は、特別優れているわけではないし、ごく普通のアニメーターなんです。だけど、ある場所に行くと、どうやら特別な人間になるようなんですね。悪い言い方をすれば、普通の集まりなんかでも、そこにちょっといいオンナが入ると、いじめに遭っちゃうじゃないですか。

――目立ちますからね。

金山 そういうことが、キツかったですね。だから、それが原因で例のしゃっくりが五年間止まらなくなっちゃいましたし、心臓病を患いましたからね。

――そうですよ。あんなにお元気でいらっしゃったのに心臓を悪くされてペースメーカーを入れられたとお聞きして、びっくりしました。

金山　やっぱり人間って自分では強いと思っていても、体の方がいうことを聞かなくなってくるんですね。

――意志の力でいくら自分を偽ったとしても、やはり体は正直ですよね。

金山　とはいえ、僕はこのことを恨みつらみの話にはしたくないんです。そのことによって、社会の仕組みとかそれまで知らなかったことを身を持って覚えました。それで、女房からの評価が上がりましたから（笑い）。

――それは一番大事なことですね。

金山　「あなたは、変わった」って。だけど、元々のひねくれた根性は、一生治るもんじゃない、とは言われましたけどね。

――完全には認めてはくれないんですか。手厳しいですね。

金山　あの野村（克也）監督の奥さんを、もう少し優しくした感じですから。

――なにをおっしゃるんですか。以前ご紹介していただきましたけど、大人しくて優しそうな奥様だったじゃないですか。

金山　いやあ、京都の女性だからなんでしょうけど、あの厳しさがあるからこそ、僕もこうやって長生きできているのかなって気もしていますよ。刺激を受けていますからね。そういえばこの前、さいとう・たかをさんがテレビに出ていらっしゃったんです。それで、お酒を飲みますかって聞かれて、「僕はもう一切飲みません」って。仲間はみんなお酒が好きで、劇画工房の人なんてみんな六〇歳くらいで亡くなってるんです。さいとうさんは、昭和十一年生まれで、僕より三歳年上です。だから、あの方は長生きなんですよね。

もがいていたマンガ家修業時代

——そうですね。劇画時代のお仲間では、一緒に長年さいとうプロでやってらした石川フミヤスさんも二〇一四年に亡くなられましたね。

金山　ああ、亡くなったんですか。石川フミヤスさんも、僕が二十歳の時にやってたファイト会に、来てくれたんですよね。

——金山さんたちで作っていた、マンガ家志望の人たちの研究会でしたね。楠勝平さんもいらしたという。

金山　そうそう。そこに石川さんが来てくれて、ちらっと愚痴をこぼしたのを覚えています。せっかく故郷から友達が上京したから、なけなしの金をはたいて御馳走したそうなんです。そしたら、その友達に「お前はバカだ。そんな金もないのに無駄遣いして」って、言われたらしいんです。

——いや、それは友人に対しての精一杯の心遣いじゃないですか。全然馬鹿なことじゃないですよね。

金山　ハハハハハ。そうなんですよね。あとは、浜慎二さんや辰巳ヨシヒロさんも来てくれましたね。辰巳さんは、穏やかで親切な方でね。町屋のガード下の北町会館って広いところを借りてたんです。そこに楠君がいましたから。

——勉強会として、描いた原稿などを見ていただいていたんですね。その頃、金山さんは白土三平さんのところにも行かれたそうですね。

金山　『忍者武芸帳』が一番売れている時だったんですけど、随分汚い木造のアパートでしたね。それでふすまの向こうに白土先生がいらっしゃって、ふすまが開いたら黒ずくめの先生が座っていらっしゃったんです。そして、こんないてもいなくてもいいような若者に対して、持って行った原稿を一時間くらい見てくれるんですよ。

——格好いいですね。

金山　そうなんです。さいとう・たかを先生のところにも行きましたよ。飯田橋の戦争中にも焼けなかったボロボロのビルに、二間借りてたんです。そこに絵を持って、見ていただいたんですよ。ガンベルトをして、真っ黒な上下で、銃をクルクルと廻してストーンと入れてたのを覚えてますね。

――西部劇がお好きだったんでしょうね。

金山　あの頃は、みんなそうでしょう。僕はあの時期、何が一番辛かったかというと、生活なんです。生きるためには、やっぱりお金が欲しかったんですよ。佐藤まさあきさんのところにも、アシスタントに行きましたね。それで、何か重労働、材木屋だとか鉄工所で働いても、とにかく並以下で不器用なんですよ。どこでもよく怒られました。そうすると、何かやるとまた怒られるんじゃないかみたいになって、社会に出て働くことが怖くなっちゃって。でもそうすると、働かないからお金が出ないですからね。

――そうですね。働かないことには、お金も入ってこないです。

幼い頃に父親を亡くしたことに比べたら、大したことはない

金山　そんな頼りない男ですから、兄弟からもコイツはもうダメだなんて思われてたんでしょう。それから講談社や光文社に原稿を持って行っても、「もうちょっと直しましょう」なんて、それが半年、一年続くんですよ。それは僕のためを思って言ってくれてるんだけど、若いですからね。イライラしてくるんですよ。「一体いつになったら、この原稿が……」と。

――陽の目があたる時が来るんだ、と思いますね。

金山　そうなんです。僕は若いときは、不安だらけのまま来ちゃいましたからね。だから、今ようやくその不安な部分が解消されてきた。そしたら皮肉なもので、だんだんお墓が近づいてきたなって感じでね(苦笑)。僕の父親も三十六歳で戦死しましたからね。僕はいつも格好つけて言うんですけど、僕の生涯は非常に裕福な家庭で育って、だけど父親が沖縄戦で戦死したことによって、家自体が大変なことになった。母親は疎開先で、僕ら三人を育てなければならない、金山家にとって大事件だったんです。ですから、もうこれ以上の悲しみはない、と。だからなにが起ころうとも、そんなことは大したことはない、

みたいに敢えて自分に言い聞かせているところもあるんですよ。

――かつての苦難に比べたら、でしょうか。

金山　そうです。やなせたかしさんが、いつも「過去のことなど、夢と同じさ」って言ってました。これは詩集にも書かれてましたけど、そう考えないと物事を冷静に見れないんじゃないかって気がする。

――やなせたかしさんとも、虫プロの『千夜一夜物語』時代に仲良くされていたそうですね。

思い出す、やなせたかしさんや坂口尚さん

金山　そうです。「アニメーターには、ろくな奴はいない」とか言われながらもね（苦笑）。「金山君、この詩集を売ってきてくれ」って言われて、虫プロ社内を売り歩いたこともありましたよ。

――ろくな奴はいないって言われながらも、親しくされていたんですから、やなせさんもお仲間と思っていらっしゃったんでしょうね。

金山　そうでしょうかね。仲間って言えば、亡くなった坂口尚くんは仲が良かったんです。彼は努力家で、コンピュータがまだ盛んじゃなかった頃に、もう３Ｄの勉強をしていました。僕より若くて後輩なんですけど、虫プロでも異端児だったんです。だけども、なぜか二人とも馬が合いました。彼が初めてクルマを買った時も、彼女の前に「金山さん、乗ってよ」って、乗せてくれましたよ。

――坂口さんは、後に手塚プロでも『バンダーブック』の作画監督を手塚さんに抜擢されて任されましたね。

金山　ああ、あれは僕も原画を描きました。彼も醒めたように見せていますけど、内面は実は熱い男なんですよ。『バンダーブック』の時も、虫プロ時代の先輩が描いてきた原画でも、ダメなものは使えないからってホチキスでとめてゴミ箱に捨ててました。

――いくら先輩が描いたとしても、坂口さんが求めている水準に達していなかったんですね。

金山　そうなんです。僕のは全部、捨てられませんでしたけど（苦笑）。

――醒めたように見せて中身は熱いって、金山さんもそうじゃないですか。

吉田竜夫さん、手塚治虫さんの素顔

金山　うん。吉田竜夫さんも、そういう方でしたね。タツノコに入って四日でクビになったんですよ。ギャラは結構良かったんですけど。竜夫さんには怒鳴られましたから。だけど、あの目はイヤな感じはしなかったんです。

――元々、まだタツノコプロがアニメを始める前の、マンガプロダクションだった時代に、アシスタントとして入られたんでしたね。

金山　そう、確か『少年忍者部隊月光』だったかの背景でした。岩場か何かを描いている時に、呼ばれてね。「オマエはこんな石ころひとつ描けないのか」って。まあ、以前も話しましたけど、ちょうどタツノコプロが『宇宙エース』をやろうとしていた時期でした。僕の兄もアニメーターだって向こうも知っていましたから、マンガではダメだからアニメのスタッフでどうだって、東映に出向させるつもりだったみたいです。

――ですが、金山さんはお兄さんの仕事をご存知でしたから、尚更アニメーションではなく、マンガを描きたかったんですね。

金山　そうです。それで国分寺を飛び出して、自転車を漕ぎながら国立の多摩蘭坂を「バカヤロー」って叫んでね。それで穴ぼこに引っかかって、藪に頭から突っ込んだんです（苦笑）。

――ですが、それは竜夫さんなりの、金山さんを奮起させるための愛情表現だったかもしれませんね。

金山　そうです。後から思えば、あの人から怒鳴られはしましたけど、暖かい感じはしたんです。

――そして、マンガ家時代を経て、憧れてきた手塚治虫さんの虫プロに入社されました。手塚さんはどんな方でしたか。

金山　いやあ、最初入社して、どれくらい経ってかな。お会いした時、こちらも緊張していましたから、「あっ、社長」って挨拶をしたんです。そしたら、「僕は社長なんかじゃありません。先生と呼んでくださいっ」って、いきなり怒られました（苦笑）。

——だって、虫プロの社長だったんですから、普通はそうお呼びしますよね。

金山　ハハハハハ。やっぱり、手塚先生は、会社組織って言ったって、やはりクリエーター集団だと思っていたんです。ですから、僕を呼ぶ時も必ず呼び捨てじゃなくて「金山君」とか「金山氏」でしたから。それで、絶対一度会ったら名前を覚えてくれているんです。

——自分が雇っているアニメーターであっても、同じクリエーターとして見ておられたんでしょうね。やっぱり人格者だったんですね。

金山　そうなんです。僕が人にサインを描く時、「○○様恵存」と書くでしょう。あれも、手塚先生に教わったんです。サインを描いていらっしゃる時、先生がそう書かれたから「先生、恵存ってなんですか」とお聞きしたんです。そうすると「金山君、これは側に置いておいてって意味なんです」って分かりやすく教えてくれて、「あっ、これ使おう」と（笑い）。

——あの「恵存」は、手塚さんからお聞きになって使っていらっしゃるんですか。それは、由緒ある表現ですね。

金山　手塚先生は、どんな難しい話でも小学生でも分かるようにできるでしょう。『火の鳥』とか『罪と罰』とか、表現力がすごいですよね。僕は、小学校の時に手塚先生の『罪と罰』を読んでましたから、今でもラスコルニコフとか描けるくらいですよ。

自分の個性が出た『闘将ダイモス』のキャラクター

――それで、金山さんは、虫プロでは『ジャングル大帝』で勝井千賀雄さんの指導を受けられ、『佐武と市捕物控』では、村野守美さんとも交流されました。ただ、劇画家時代の作品を読みますと、既に金山さんの絵はあの頃から完成していた気がします。

金山 僕は一応は講談社みたいな大きな出版社ともやったりしましたけど、半年と続かないんです。結局ストーリー構成が弱くて、画力不足でしょう。すべてが整ってなかったんです。まんがって、連載が終ると失業じゃないですか。大体絵が好きでそっちが中心になってたから、ストーリーが駄目だったんです。だから、今ひとつどうすればヒットするかってことが全然ね。

――ですが劇画時代の絵は、当時から構図もずば抜けてましたよ。映画的なロングの引きや、カメラが下からあおる様な立体的なコマは、今見ても迫力があります。キャラは手塚調を基本としたスマートな絵でしたし、格好いいじゃないですか。

金山 ハハハハハ。だから、こんなことを言えば怒られるんですけど、もう完成されてきっちりと描く人の絵を見て、どこか心の中でバカにしていたんですかね。「絵なんて、デッザン力だとか、形じゃないんじゃないの。中から湧き出てくるようなものが、描けないとダメなんじゃないの」なんて、生意気にね（苦笑）。当時から僕の贔屓は、山森ススムさんとか、一峰大二さんでしたから。

――まさに、金山さんのお好きなマンガ家さんの絵が頭に浮かびますよ。

金山 ですからアニメーターになったら、すぐキャラクターデザインの話が来るだろうって思っていたんですよ。だけど、これが来ないんです（苦笑）。

――キャラクターデザインは、サンライズ作品からでしょうか。

金山 最初は、朝日ソノラマの本みたいなものに、ちょこっと描いたりしました。

――それでは『あしたのジョー』のソノシートマンガでしたか。『あしたのジョー』でも、力石などのキャラの大元は金山さんだったそうですね。

金山 ただ本格的に描き出したのは、サンライズに入ってからですね。一番最初に描いたのは、『超電磁

ロボ コン・バトラーV』からです。

――ゲストキャラクターを描いていらっしゃいましたね。ミーアの優しい顔とか、十三の私服コスチュームなどを覚えています。

金山　そうです。メインは安彦良和さんでしたけど、ゲストを描き始めてそれが出発点です。

――それから『超電磁マシーン ボルテスV』と来て、金山さんの個性が一番出たのが『闘将ダイモス』でしょうね。

金山　うん。今見ても僕もそう感じました。やっぱり『ダイモス』なんだってね。それでも、あの頃安彦氏に、言われたんですよね。「これだったら、絶対原案のキャラの方がいいよ」っていう風に（苦笑）。

――元になった、聖悠紀さんの絵ですね。

金山　ハハハハハ、そうなんですよ。

――『ダイモス』は、聖さんの繊細なタッチと、金山さんのリアルな絵の融合がうまくいった、生きている絵でしたよね。僕も、あの作品のキャラクターは今でも好きです。それぞれの演技もよかったです。

金山　ありがとうございます（笑い）。

――そういえば、サンライズでは別々の作品で交流はなかったですけど、芦田豊雄さんとも長いお付き合いでしたね。お会いすれば、「金山さん、金山さん」って喜んで寄って来られた印象があります。

慕ってくれていた芦田豊雄さん

金山　いやあ。結構飲みにも行ったんですけど、実は最初、芦田氏が苦手だったんですよ。僕の昔描いたマンガを持ってて、ニタニタ笑ってくるようなところがあったんです。だけど、最初エイケンから彼が虫プロに来たとき、「俺は外様だから」って、なにか意識していたんです。虫プロって、別に譜代も外様も、どうでもいい人ばかりだったんだけど、妙に彼は意識していたようでね。僕は、そういうの関係ないから、「いつ入ったの」って、そんな調子で付き合ってました。

——そうですね。芦田さんは、「いつも金山さんだけが、虫プロに入ったときフランクに付き合ってくれた」って、言ってました。

金山 今も彼がくれた茶筒を使う度に、思い出しますよ。桜の皮で出来た、中に蓋のあるいい茶筒を昔プレゼントしてくれたんです。いい奴でしたよ。

——芦田さんも、ＪＡｎｉｃＡで苦労されたようですね。だいたい、ＪＡｎｉｃＡの発足のきっかけも、金山さんの最初の個展のパーティーだったじゃないですか。

金山 そうでしたね。僕と星さんで、全員に招待状を出してね。

——あの場で、芦田さんが、集まった皆さんに会の発足を話されたんですよね。

金山 ああ、そうでした。それまでも、会の立ち上げについていろいろ相談されましたね。

——芦田さんも、あれからいろいろご苦労されたと思います。

金山 芦田君の描いたマンガも、星さんが貸してくれたんでしたね。

——『新撰組異聞 暴流愚』でしたね。金山さんがお読みになって、首がポンポン飛ぶのが感覚的で面白いっておっしゃっていたのを、覚えていますよ。芦田さんもそれをお聞きになって、ちょっと嬉しそうでした。

金山 こんな電話帳みたいな分厚い本でしたね。

——かつての劇画誌のようなＡ５サイズでしたね。やっぱり、芦田さんも昔劇画誌に投稿されてましたから、金山さんや荒木さん、杉野（昭夫）さんたちに憧れていた部分もあったんじゃないですか。皆さんは、作品が掲載されてましたけど、自分は載った事がなかったからって、おっしゃってました。ようやくマンガを描けて、喜んでいらしたと思います。

金山 あの『暴流愚』は、いかにも芦田君らしい作品でしたよ。

——時代劇なのにかなりぶっ飛んだ内容でしたけど、そこが芦田さんらしかったですね。

金山　ハハハハハ。ぶっ飛んでましたねえ。

荒木伸吾さん、石黒昇さんとの晩年の付き合い

――あの最初の個展とパーティーに、荒木さんも来てくれましたね。

金山　荒木さんは、個展の時に「僕も出していいかな」って、絵を一枚描いて来てくれたんですよ。

――あの時、荒木さんの自伝マンガ『スーリール』の構想をお聞きしたんですよ。荒木さんも金山さんがご自身の活動を始められたので、刺激になっていたようでしたね。

金山　そうですね。あれから、荒木さん、上梨（一也）さん僕と星さんの四人で、何度も会うようになりましたね。

――皆さん、同世代でとても仲が良くてうらやましかったです。私にとってはそんな憧れの方々の集りに、いつも呼んでいただいて、本当にいいのかとも思ってましたけど。

金山　星さんがいてくださって、良かったんですよ。話題が新鮮で会話も進みましたから。実は、アニメーター同士ってそんなに仲良くないものなんですよ。やっぱり、それぞれプロとして自分の絵がありますから。荒木さんともお互い現役だった頃はやはり、ちょっと距離を置いていた時期もあったんです。だけど、あれで最後また仲良くなりましたからね。

――そうですね。皆さんの若い頃からのお話は、いつも伺っていて勉強になりましたし楽しかったです。荒木さんも金山さんと同じで、ご自分の作品に情熱を燃やしておられましたから、格好よかったです。

金山　石黒（昇）さんも、星さんから連絡いただいたんでしたね。

――二〇〇八年の『タイタニア』の時ですね。石黒さんが久々にご自身で監督をする事になったので、「ぜひ金山さんに参加して欲しいんだ」と、ご連絡をいただきました。それで、その頃もうアニメの原画はお休みされていた金山さんに、私からも是非にとお願いしました。

金山　石黒さんは、『ムーミン』の頃は社員じゃなかったんですけど、虫プロに机があったんです。あの方も昔は劇画を描いていたんですよね。結構気が合ってたんですよ。ですから星さんに連絡をもらって、武蔵境まで打ち合わせに行きました。ファミレスで思い出話とかいろいろ話をして、楽しかったですよ。

――ラストの重要な殴り合う格闘シーンのカットを、お願いされたんですよね。

金山　そうなんです。自分では『あしたのジョー』のように、迫力を出すためにフレームからはみ出てしまう感じで描いたんですけど、全部普通に直されちゃいましたね。

――石黒さんは、金山さんの原画には修正を入れるなって言っていたそうで、すまなさそうでしたよ。

金山　ハハハハハ。そうでしたね。あれはそこまで指示が伝わらなかったんでしょうから、仕方なかったんでしょう。

――アニメブームの頃は、荒木さん、石黒さんたちはアニメ雑誌で大活躍でした。芦田さんも『月刊ＯＵＴ』で連載を持つくらいでしたね。金山さんも、お忙しい中各アニメ雑誌の表紙などに描き下ろしイラストを発表していらっしゃいました。

忘れられない『アニメディア』の描き下ろし

金山　うん、それについては、忘れられない事があったんです。あの頃、学研から依頼されたイラストを適当に描いたことがあったんですよ（苦笑）。そしたら、学研の編集者から「金山さん、こういうお仕事をされると、あなたにとってもマイナスです。もう一回お金を払いますから、イラストを描き直してください」と。

――学研でしたら『アニメディア』でしょうか。

金山　うん、あれは今も残っていますね。

――それはいい編集者ですね。

金山　いい編集者です。僕ももう売れていたんで、調子に乗っていたんでしょう。適当に描いたって、売れるんだからって。

――そんなことがあったんですか。『アニメディア』ですと、『戦闘メカ ザブングル』とか『聖戦士ダンバイン』あたりなんですか。

金山　いやあ作品名はもう忘れてますが、あれは印象深い出来事なんです。

結局、ギャラはもう一度もらわずに、描き直されたんですね。

金山　そうなんですよ。なんと言いますか、あれは勉強させていただきましたよ。そういう、これまでいろいろな方々と出会ったことが、こんな僕にとっては糧になって生きていると思っているんですよ。

――ですが、金山さんは、日本サンライズの二スタに常駐されていた時ですから、かなりお忙しかった時期ですよね。そんな頃でも、『月刊ＯＵＴ』の表紙に『ザブングル』のイラストを描かれた時は、キャラクターが全員裸で、インパクトがありましたよ。（Ｐ１５８参照）

金山　ハハハハハ、そうでしたか。いや僕もサンライズにいた時代、どれだけ人気があったんだろうって、後になっていろいろ調べたことがあるんです。そしたら、どの世界でも周期というものがあって、目立つのはだいたい五、六年位なんだそうです。そこを過ぎると、それまでいい加減にやっていた奴はどんどん落ちていくって書いてありました。

――そうしますと、サンライズ時代は十年ですし、それ以前の一九七〇年の『あしたのジョー』から入れると、十六年以上トップに立ってこられたんですからすごいことですよ。

金山　だから、やっぱりそんな十年というのは、会社勤めと一緒なのかなと思います。

――しかも、実はその後も、『仮面の忍者 赤影』も東映動画で描いていらっしゃいましたから、十六年どころか本当に息の長いレジェンド級なんですよね。

金山　この年になっても、いまだに海外に行くと「『赤影』が好き」って言って来る人も多いんですよ。

――あの作品も、金山キャラがピッタリで良かったですよね。忍者とか、チャンバラも海外の人には印象的なんじゃないですか。

金山　そうなんでしょうね。

どういう気持ちで描くのかが大事

――最初フランスに行った時も、向こうで色紙を百枚以上描かれたんだそうですね。

金山　そうなんですよ。今も覚えてますけど、正確には百三十枚なんです。それも全部タダであげちゃった。

――ええっ、全部サービスだったんですか。

金山　パリに行けるなんて思ってもなかったから、興奮しちゃって（苦笑）。

――それは、向こうのファンも喜んだでしょうね。

金山　色紙百三十枚って、ものすごく重いですよ。それを、向こうの人に持ってもらってね。

――それを、ホテルに戻っても描いていらしたんですね。それなのに全部あげちゃったって、すごい話です。みんな家宝モノですよ。

金山　会場ではトークショーをやったりするんですけど、そこに行く時、エレベーターから降りる度に、大きな黒人のガードマンから腕をつかまれて、「キミは何者だ」って聞かれるんです。だから、一緒の人にいちいち説明してもらいました。

――現地の主催者側に白人の方が多いと、我々のような東洋人が一緒にいると不審者に思われてしまうんでしょうか。

金山　アメリカに行った時も、二時間くらいストップさせられましたから（苦笑）。いや、僕はスーパーなんかに行っても、万引犯と間違われたりすることが、たまにあるんです。

――なんですかそれ。怪しく見られるんですか。

金山　自転車に乗っていても、警察官に職務質問受けましたし（笑い）。なにか、正体不明って感じがするんでしょうかね。

――もしかしたら、それはあるかもしれません。お会いしたら誰だって、もう来年八〇歳を迎える方とは思えないですよ。

金山　何かね。元々、僕は虫プロに入った時は、二十六歳だったでしょう。周りの二十前後のアニメーターからは、荒木さんともう一人、溝上さんと合わせて、「トリオ・ジイサンズ」なんて言われてました。その頃から、既にじいさんなんですから（笑い）。まあ溝上さんはアニメーターを辞めて、建築関係で成功されたので良かったんですよ。でも、人って大体年を取るたびに、時の流れって早く感じませんか。

――それは、日々感じています。

金山　ねえ。光陰矢のごとしなんて、本当ですよ。

――ですが、こうして今も若々しく活動されて、生き生きと溌剌とした絵を描ける秘訣は何なんでしょうか。気になりますよ。

金山　やっぱり葛飾北斎とかでも、年齢じゃなくて、どういう気持ちで描いたのかなってことが、大事なんでしょうかね。僕は北斎と違って、歴史には残らない人間なんですけど。

――なにをおっしゃいますやら。ちゃんとアニメ史に残るレジェンドじゃないですか。

金山　改めて考えると、アニメーターとか漫画家だとか、絵描きとして僕より優れている人は一杯います。でも、それと戦おうとするから辛くなるんです。そうじゃなくて、自分の範囲でやれることをやれば、それでいいんじゃないかと今は思うんです。そこに劣等感とかは持たないで、自分の世界でまだやれることがあるんじゃないか、と。それで、またいろいろやろうと考えているんです。ですから、こうしてこの本に取り上げてもらえることも、僕にとってそうした一歩でもあるんですよ。

――この本をそこまで評価していただき、ありがとうございます。そうして、今も若い気持ちを保っていらっしゃるからこそ、絵も生き生きしているんですね。

金山　ただ僕の絵の評価って、自分では絶対分からない。だから絵が良いか悪いか、進歩しているかどうかなんて、人が評価してくれるものと思っています。

――大丈夫です。ですから、今も個展をやっても多くのファンが集まってくれるじゃないですか。

金山　ありがたいですね。

――マンガ家、アニメーターと経て、絵師として、今も現役でいらっしゃるのは格好いいですよ。

計画中の八〇歳での個展開催

金山　ハハハハハ。絵師としてもね、そろそろちょっとストーリーものも描かなきゃって思っているんです。

――それも楽しみですね。

金山　これから絵物語を描いてみたいんですよ。

――山川惣治とか、小松崎茂みたいなペン画タッチですか。

金山　そうなんです。ちょっと自伝みたいな要素を入れましてね。マンガと違って文字が入るから、絵に集中出来るわけです。文章的なところは、最終的に星さんにチェックしてもらってね。

――はい、喜んで。それも楽しみですね。金山さんの歩みは、戦後の激動の時代とも重なってますから。八〇歳を記念して行う予定とうかがった個展で発表できるといいですね。

金山　そうなんですよ。いやあ、だけど今日はちょっと喋りすぎちゃいましたね。大丈夫ですか。この前も女房にみんなの前で言われたんです。「この人は喋りすぎだから」って（苦笑）

――いえいえ、とても面白いですよ。ありがとうございます。

金山　外国に行っても喋りすぎて、通訳の人に「説明が大変だからあんまり喋るのをやめてくれ」って頼まれたこともありましたよ。僕は喋りながら、どんどん三つ四つ先の言葉が入っていっちゃうんです。そうすると、一個一個の話題が飛んでしまうんです。だから今日もそうですけど、聞いている人は大変なんだろうなって（苦笑）。

――いえいえ。でも金山さんご自身が、常に世界情勢や政治など、リアルタイムの情報をインプットされていらっしゃるから、話題も楽しいです。

金山　それは、スマホのおかげもあるんです。機種変更に行っても、僕が八〇歳近いからビックリされるんですよ。スマホは小さなコンピューターみたいなものでしょう。だから、アニメ学校時代にパソコンを学んでいたことも、しっかり役立っているんです。やっぱりどんなことでも体験したことは、決して無駄ではないんですよ。

――ここで、前回のインタビューと同じ結論になりましたね。今日も勉強になりました。またいろいろとお話しいただき、ありがとうございました。

金山　こちらこそ。楽しかったですね。これまで受けてきたいろいろな取材の中でも一番、本音が話せた気がしますよ。本の出来上がりが楽しみです。僕もなんでも協力させていただきますから。

――光栄です。ありがとうございます。その時はぜひよろしくお願いします。

金山　こちらこそ、これからもよろしくお願いしますよ。ハハハハハ。

（二〇一八年一月二十七日　於・新狭山）

解説

誠を尽くす

アニメーション研究家
五味洋子

本書は、マンガ・アニメ探究者と自称される星まこと氏が、まんだらけの目録誌『まんだらけZENBU』に連載中の「アニメーション・インタビュー」の中から比較的初期に掲載された8人を収録したものだ。

『まんだらけZENBU』は私も毎号楽しみに拝読させて頂いている。連載は本書巻末のリストによると1999年12月発行の№5に始まり、現在までに各分野の方々80名余りを取り上げている。前々から何とか単行本にまとまらないものかと思っていたので、今回の実現は喜ばしい。

第1巻に収録された方々は本書登場順に、大工原章、森川信英、うしおそうじ／鷺巣富雄、石黒昇、荒木伸吾、金山明博、鳥海永行、北原健雄の各氏。アニメファンならばすぐにその代表作が浮かぶだろうレジェンド揃いだ。

激動の昭和の時代を背景に、アニメーションの世界を目指されたきっかけも様々なら、その道のりも人それぞれ。各人の歩みはそのまま日本のアニメーションの歴史と重なり、興味は尽きない。第一動画の設立や東京ムービー誕生秘話などアニメーション史上に貴重な証言もある。複数のインタビューを突き合わせることでもう一人のレジェンド政岡憲三氏の動向が浮かび上がるのも嬉しい。

インタビュアーである星まこと氏の聞きぶりは謙虚そのもの。常に礼節をもってお相手と接しておられる。インタビューの最後はしばしば「勉強させて頂きありがとうございました」の言葉で締め括られ、人生の先達への敬意が籠る。お相手の方々ご自身も持っておられないような古い貸本劇画やアニメーション原画等の貴重な資料を持参してのインタビューも多い。

その姿勢はお相手の心を開き、取材を苦手とされる方々も、これまで語られなかったご苦労や作品にかける思い、実生活の中で掴んだ人生哲学を明かして下さる。大御所・大工原章氏が職場を共にされた奥様と一緒に足跡を辿られる和やかな雰囲気もいい。

単行本用に各人の取材後日譚が載っているのだが、個展のお手伝いをされる等、インタビューを機に交友が開けた様子も多々伺え、それは星氏の誠を尽くす姿勢あっての賜物だろう。

記事のまとめ方の塩梅も程良い。世にインタビュー記事は多いが、編集の度が過ぎるとその人らしさが失われ、逆に語りに忠実過ぎると読みにくく意が伝わらない。その点、本書は適度に語り口調を残しつつまとめているので、お相手の話し声さえ聞こえてきそうな親近感があり、人となりがよく伝わる。

もちろん、星氏も書いておられるように、アニメーションはひとりの秀でた才能だけで出来るものではない。ここに名の挙がった方々の証言の背後に多くの人と力があることを心に留めて本書を読まれると、ひとつの山脈のような日本のアニメーション界が浮かび上がるのではないかと思う。

この第1巻所収の中には既に鬼籍に入られた方も多い。本書は日本のアニメーション史の貴重な証言集であると共に、人生を生き抜いた先達からの生きた言葉としても掛け替えが無い。

連載20年も近いこの仕事は正に星氏のライフワーク。今後も末永く続くことを、また単行本の続巻にも期待してやまない。

あとがき

「はじめまして」

「はい、今日はどんなお話をすればいいですか」


このような会話から、インタビューを続けてきました。

取材慣れしていない方がほとんどですので、最初は戸惑うご様子の方もいらっしゃいました。そこで、これまで手掛けられた作品のファンであることや、作った人がどんな方なのか、是非教えていただきたいのです、とお願いすると、ご理解いただきお話しくださいました。

こうして『まんだらけZENBU』にてアニメ関係者の方々へのインタビュー連載『アニメーション・インタビュー』を続けて、今年で十九年になります。

始まりは一九九九年（平成十一年）の秋、まんだらけの古川益三さんから次の号で『ルパン三世』の特集を大々的にするが、ついてはアニメでも良い記事の企画があったら教えて欲しい、と連絡をいただいたことからです。

当時『ルパン三世』のアニメ版といえば、大塚康生さんの手がけられた第一シリーズと宮崎駿さんが監督として手掛けられた劇場版『ルパン三世 カリオストロの城』が人気で、赤いジャケットの第二シリーズは、まだ正当に評価されているとはいえませんでした。

私はもちろん第一シリーズは好きでしたが、バラエティに富んだファミリー路線の「ズッコケ・ルパン」（北原さん談）も、楽しみにしていました。

それまでアニメ雑誌やムックでも、大塚康生さんや宮崎駿さんのインタビューは掲載されていましたが、北原健雄さんのまとまった記事はありませんでした。そこで『ルパン三世』の特集であれば、第二シリーズを作画監督としてまとめてきた北原さんを取り上げてみては、と提案したのです。

古川さんも、それは面白いと即ＯＫしてくれ、「じゃあ、星さんがインタビューしてくれる？」と声を掛けてくれました。

最初は企画のお手伝いだけのつもりでしたが、学生時代から出入りしていたまんだらけの古川さんからの依頼です。私自身まんがやアニメの歴史について興味を持っていましたし、北原さんにもお会いしたかったので取材・構成を担当させていただくことにしました。

記事の掲載された『まんだらけＺＥＮＢＵ』第５号が同年十二月に発売され、売れ行きも読者からの反響も良かったようです。

その次には「日本のアニメーション」を特集したい、と編集会議に呼ばれました。その際、古川さんより「あのインタビュー、評判良いからまたやってくださいよ」とうれしいお誘いをいただき、今度はテレビアニメの歴史を歩まれた方ということで、虫プロから日本サンライズで活躍されたアニメーターの金山明博さんに取材させていただきました。

こちらもマニアックに劇画家時代からお聞きした内容が好評だったようで、それ以降「アニメーション・インタビュー」シリーズとして、続けさせていただいています。

連載当初の同誌は、古川さんがレジェンド級のマンガ家のインタビューを担当し、私がアニメ関係者のインタビューと、なんとなく棲み分けされていました。古川さんは常に自然体で、登場されるマンガ家の方もその人となりが分かる楽しい雰囲気のページでしたので、かなり刺激を受けていました。

今年で足掛け十九年もの間、アニメ関係者の方々からお話をうかがってきたことになります。その間、アニメに関しては門外漢にもかかわらず快く取材をお受けいただいた方々に、どれだけ感謝してもしきれるものではありません。

小さいころから熱中した作品のテロップに登場していた方にお会いするのですから、取材の時間は私にとっても至福の時でした。

創刊初期の『アニメージュ』や当時の研究系同人誌などには、スタッフへのロングインタビューがよく掲載されていました。同人誌は聞き手がファンということもあり、荒削りの記事ながらも話し手の人物像も分かりました。私もこれらの記事が好きで、「ああ、こういう方々が作っているんだ」と改めて作品への思いを強くし、むさぼるように読んでいました。

そこで、アニメブームから時を経た今、あの頃どんなお気持ちで作品に向かっていたのか、またどのような人生を歩んでこられたのかをテーマに、お話いただいたのです。

登場いただいた方々の中には、すでに鬼籍に入られた方も少なくありません。あの魅力的な作品群を作っていたのはどんな人物だったのかを知っていただき、より作品を愛する気持ちの一助にしていただけたら、これほどの喜びはありません。

『まんだらけZENBU』は当初季刊だったのですが、二〇一四年からは年六回の隔月刊となっています。今もこの連載は継続中で、すでに八十一名の方に出ていただきました(二〇一八年三月現在)。巻末にこれまでお話いただいた方々をリスト化しました。よろしければ、単行本未収録の記事も合わせてお読みいただけましたら幸いです。

最後に謝辞を

まだ二〇代だった頃、人物からスポットをあてたマンガやアニメ史をまとめてみたいと、漠然と思い描いていました。そんな時「それは絶対にやるべきです。アナタだったらきっとやれますよ」と優しく背中を押してくださった、タツノコプロの出版部門を長年支えてこられた天馬正人さん。「これは面白い、続ければどえらい資料になる」と連載を読み、励まし続けてくださった演出家の石黒昇さん。ことあるごとに気にかけ、目をかけていただいているＴＣＪ（現エイケン）の元コーディネーターの鷺巣政安さん、日頃からお付き合いいただき、本書の新たな取材も快くお受けくださった金山明博さん、そして素敵な解説をお寄せいただいた五味洋子さんに、この場をお借りして感謝申し上げます。

そして、この貴重な場を与えてくださった、まんだらけ社長の古川益三さん。連載第一回より、編集と撮影を担当された編集部、奥山文康さん。出版に際しご尽力いただいた副社長の辻中雄一郎さん、連載中から応援してくださった読者の皆さま、ありがとうございます。

それでは、また二巻でお目にかかります。

二〇一八年四月

星　まこと
（マンガ・アニメ探求者）

『まんだらけZENBU』アニメインタビュー掲載リスト

＊は本書収録

＊北原 健雄
まんだらけZENBU5／1999年（平成11）12月20日発行／1999（平成11）年10月2日収録
本当はもっとハードでカッコイイ、ルパンを描きたかったんです
『新ルパン三世』キャラクターデザイン・作画監督

＊金山 明博
まんだらけZENBU6／2000年（平成12）3月20日発行／1999（平成11）年12月26日収録
何事もまずやってみる。その体験がボクの絵になっているんです
『あしたのジョー』、『超電磁マシーン ボルテスV』、『闘将ダイモス』作画監督

＊鳥海 永行
まんだらけZENBU7／2000年（平成12）6月20日発行／2000（平成12）年4月16日収録
アニメとファンタジーは近いんです。今は、幼児に楽しい物語をおくりたい
作家・『科学忍者隊ガッチャマン』、『しましまとらのしまじろう』総監督

若林 忠生
まんだらけZENBU8／2000年（平成12）9月20日発行／2000（平成12）年7月23日収録
僕はあくまで現場派。動けなくなるまでフットワーク軽くやっていきたいんです
『鉄人28号』動画監督、『黄金バット』アニメーション・キャラクター、『妖怪人間ベム』キャラクターデザイン、演出

高橋 信也
まんだらけZENBU9／2000年（平成12）12月20日発行／2000（平成12）年10月7日収録
原作が気に入ったら、アニメ用に直す気が全然しないんです
『ひみつのアッコちゃん』、『魔法のマコちゃん』、『ヤマトよ永遠に』キャラクターデザイン・作画監督

四辻 たかお
まんだらけZENBU10／2001年（平成13）3月20日発行／2001（平成13）年2月3日収録
僕の作品は、僕自身だと思っているんです
『銀河旋風ブライガー』、『銀河旋風サスライガー』、『魔境伝説アクロバンチ』チーフディレクター

鈴木 伸一
まんだらけZENBU11／2001年（平成13）6月20日発行／2001（平成13）年4月14日収録
僕は、横っちょのほうにチョコッといる脇役タイプなんです
『レインボー戦隊ロビン』原案構成・作画監督、『パーマン』、『怪物区くん』演出・作画監督

河井 ノア
（下元 明子）
まんだらけZENBU12／2001年（平成13）9月20日発行／2001（平成13）年7月21日収録
吉田竜夫は私にとって人生最大の先生であり、尊敬する人です
『ポールのミラクル大作戦』、『一発寛太くん』、『風船少女テンプルちゃん』キャラクターデザイン、絵本作家

＊大工原 章
まんだらけZENBU13／2001年（平成13）12月20日発行／2001（平成13）年10月14日収録
東映動画の初期の頃は、森さんと二人で楽しい雰囲気に心がけました
『白蛇伝』、『少年猿飛佐助』、『安寿と厨子王丸』、『西遊記』原画、画家

*石黒 昇

まんだらけZENBU14／2002年（平成14）3月20日発行／2002（平成14）年1月4日収録

僕は何でも、声高に主張することが苦手なんです

『鉄腕アトム』原画・演出、『宇宙戦艦ヤマト』アニメーション・ディレクター、『超時空要塞マクロス』監督、『メガゾーン23』原作・監督、『銀河英雄伝説』総監督

*森川 信英

まんだらけZENBU15／2002年（平成14）6月20日発行／2002（平成14）年3月31日収録

『バット』、『ベム』は、韓国のスタッフたちと一緒に必死で作ってました

『黄金バット』動画監督、『妖怪人間ベム』作画監督、『まんが日本昔ばなし』作画・演出

*荒木 伸吾

まんだらけZENBU16／2002年（平成14）9月20日発行／2002（平成14）年8月4日収録

アニメーターになっても、劇画家時代の作風は生きているんです

『巨人の星』原画、『バビル二世』キャラクターデザイン・作画監督、『魔女っ子メグちゃん』キャラクターデザイン・作画監督、『ベルサイユのばら』キャラクターデザイン・作画監督、『聖闘士星矢』キャラクターデザイン・作画監督

*うしおそうじ（鷺巣 富雄）

まんだらけZENBU17／2002年（平成14）12月10日発行／2002（平成14）年10月5日収録

僕は特撮とアニメーションを分けて考えてないんです

『0戦はやと』、『ハリスの旋風』、『ドンキッコ』、『ちびっこ怪獣ヤダモン』制作、ピープロ代表取締役社長

岡迫 亘弘

まんだらけZENBU18／2003年（平成15）3月20日発行／2002（平成14）年12月21日収録

誰からも愛され、面白くて楽しく可愛い。そんな漫画映画を作っていきたい

『白蛇伝』色彩、『鉄腕アトム』原画、『宇宙戦艦ヤマト』アニメーションキャラクター・作画監督、『ドカベン』作画監督、『キャプテン翼』キャラクターデザイン・作画監督

市川 治

まんだらけZENBU19／2003年（平成15）6月20日発行／2003（平成15）年4月15日収録

ジェッターやハイネル、そういう代表作を持てて幸せと思ってます

声優。『スーパージェッター』ジェッター、『勇者ライディーン』プリンス・シャーキン、『超電磁ロボ コン・バトラーV』大将軍ガルーダ、『超電磁マシーン ボルテスV』プリンス・ハイネル、『闘将ダイモス』リヒテル提督

二宮 常雄

まんだらけZENBU20　2003年（平成15）9月20日発行／（平成15）年6月29日収録

いつまでも様々な絵に挑戦して、描き続けたい

『ハクション大魔王』チーフアニメーター、『いなかっぺ大将』作画監督、『科学忍者隊ガッチャマン』原画、『破裏拳ポリマー』作画監督、『ななこSOS』、『メイプルタウン物語』キャラクターデザイン・作画監督

森下 圭介

まんだらけZENBU21／2003年（平成15）12月10日発行／2003（平成15）年10月13日収録

可愛い世界は僕の原点。だから『アンパンマン』が続く限り、描き続けたい！

『オバケのQ太郎』、『巨人の星』原画、『忍者ハットリくん』作画監督、『マジンガーZ』、『グレートマジンガー』、『UFOロボ グレンダイザー』作画監督

香西 隆男
まんだらけZENBU22／2004年（平成16）3月20日発行／2004（平成16）年1月25日収録
これからは、自分自身のオリジナル作品をやっていきたい
『ハッスルパンチ』作画監督、『巨人の星』原画、『新巨人の星』、『新巨人の星II』作画監督、『ムーの白鯨』キャラクターデザイン・作画監督、『おやようスパンク』作画監督

高橋 資祐
まんだらけZENBU23／2004年（平成16）6月20日発行／2004（平成16）年4月17日収録
自分でも「職人」という言葉が、気にいってるんです
『科学忍者隊ガッチャマン』演出・作画、『超電磁マシーン ボルテスV』、『闘将ダイモス』演出・作画監督、『超スーパーカー ガッタイガー』チーフディレクター、『ブロッカー軍団IV マシーンブラスター』、『女王陛下のプティアンジェ』キャラクターデザイン、『るーみっくわーるど 炎トリッパー』監督・作画監督

小泉 謙三
まんだらけZENBU24／2004年（平成16）9月20日発行／2004（平成16）年7月24日収録
どちらかというと、脇役を描く方が好きなんです
『宇宙戦艦ヤマト』作画監督、『宇宙戦艦ヤマト2』、『宇宙戦艦ヤマトIII』総作画監督、『アローエンブレム グランプリの鷹』メカニックデザイン・作画監督、『宇宙空母ブルーノア』総作画監督

出崎 哲
まんだらけZENBU25／2004年（平成16）12月10日発行／2004（平成16）年10月11日収録
キャラクターの欠点も弱点も、削ぎ落とさず描きたいんです
『巨人の星』、『ろぼっ子ビートン』演出、『アタックNo.1』脚本、『侍ジャイアンツ』絵コンテ、『キャプテン』、『マリンエクスプレス』監督、『GREY』、『11人いる!』、『ハッピーバースデー』監督

進藤 満尾
まんだらけZENBU26／2005年（平成17）3月20日発行／2005（平成17）年1月30日収録
少女モノを描いてると、楽しいんですよ
『鉄腕アトム』動画、『リボンの騎士』原画・演出、『ラ・セーヌの星』作画監督、『キャンディキャンディ』キャラクター設計・監修・作画監督、『魔法少女ララベル』チーフアニメーター、『ガラスの仮面』作画監督、『ドラゴンボール』作画監督

宇田川 一彦
まんだらけZENBU27／2005年（平成17）6月20日発行／2005（平成17）年4月23日収録
生涯アニメーターでいようと、決意したんです
『鉄腕アトム』原画・動画、『宇宙戦艦ヤマト』作画監督、『ヤマトよ永遠に』、『宇宙戦艦ヤマト完結編』総作画監督、『マリンエクスプレス』原画、『ブレーメン4』作画監督、『機甲創成記モスピーダ』作画監督

田中 保
まんだらけZENBU28／2005年（平成17）9月20日発行／2005（平成17）年7月9日収録
穴があきそうなピンチの時、一晩で八〇カットを描きあげました
『マッハGoGoGo』、『ドカチン』、『紅三四郎』、『みなしごハッチ』原動画、『ブロッカー軍団IV マシーンブラスター』、『女王陛下のプティアンジェ』、『宇宙戦士バルディオス』、『戦国魔神ゴーショーグン』作画監督

鷺巣 政安

まんだらけZENBU29／2005年（平成17）12月20日発行／2005（平成17）年9月30日収録

テレビアニメ創成期には、誰も商品化権など考えもしませんでした

『仙人部落』、『鉄人28号』チェッカー、『エイトマン』、『スーパージェッター』総合室制作、『サザエさん』プランナー、『キャプテン（TVスペシャル）』プロデューサー

我妻 宏

まんだらけZENBU30／2006年（平成18）3月20日発行／2006（平成18）年1月14日収録

『タイガーマスク』では、やりたかったことを全部出し尽くしました

『タイガーマスク』作画監督、『ミクロイドS』キャラクターデザイン・作画監督、『一休さん』キャラクターデザイン・作画監督、『三国志』作画監督、『少年ケニア』作画監督

須田 正己

まんだらけZENBU31／2006年（平成18）6月20日発行／2006（平成18）年4月2日収録

昔は気持ちが先走って描いていた気がします

『紅三四郎』原画、『科学忍者隊ガッチャマン』原画、『宇宙の騎士テッカマン』原画、『SF西遊記スタージンガー』キャラクターデザイン・作画監督、『がんばれ元気』作画監督、『地球へ…』作画監督、『世紀末救世主伝説 北斗の拳』キャラクターデザイン・作画監督

村田 耕一

まんだらけZENBU32／2006年（平成18）9月20日発行／2006（平成18）年7月8日収録

僕は、常に職人の立場にいたいんです

『海底少年マリン』原画、『アタックNo.1』原画、『ルパン三世』原画、『アルプスの少女ハイジ』原画、『フランダースの犬』原画、『母をたずねて三千里』原画、『未来少年コナン』原画、『セロ弾きのゴーシュ』制作

羽根 章悦

まんだらけZENBU33／2006年（平成18）12月20日発行／2006（平成18）年9月23日収録

フリーとして弱点を作らないため、いろいろな作品を描いてきました

『魔法使いサリー』キャラクターデザイン・作画監督、『海のトリトン』キャラクターデザイン・作画監督、『マジンガーZ』キャラクターデザイン・作画監督、『山ねずみロッキーチャック』原画、『アルプスの少女ハイジ』原画

塩山 紀生

まんだらけZENBU34／2007年（平成19）3月20日発行／2007（平成19）年1月20日収録

僕は「風流」という言葉を胸にやってきました

『巨人の星』原画、『科学忍者隊ガッチャマン』原画、『無敵鋼人ダイターン3』キャラクターデザイン・作画監督、『太陽の牙ダグラム』作画監督チーフ、『装甲騎兵ボトムズ』、『機甲界ガリアン』キャラクターデザイン・作画監督

加藤 茂

まんだらけZENBU35／2007年（平成19）6月20日発行／2007（平成19）年4月21日収録

僕は常に、いろんな人から刺激を受けてきました

『科学忍者隊ガッチャマン』原画、『破裏拳ポリマー』原画、『勇者ライディーン』原画、『科学忍者隊ガッチャマンII・F』原画作監、『星銃士ビスマルク』キャラクターデザイン・作画監督、『忍者戦士飛影』キャラクターデザイン

関 修一
まんだらけZENBU36／2007年(平成19)9月20日発行／2007(平成19)年6月30日収録
僕は簡略化したデザインの中にリアルさを求めてきました
『アンデルセン物語』ゲストキャラクターデザイン、『忍風カムイ外伝』、『小さなバイキングビッケ』、『ペリーヌ物語』、『トム・ソーヤの冒険』、『南の虹のルーシー』、『オズの魔法使い』、『トラップ一家物語』キャラクターデザイン

中村 和子
まんだらけZENBU37／2007年(平成19)12月10日発行／2007(平成19)年10月7日収録
手塚先生は本当に尊敬できる方でした
『白蛇伝』動画、『西遊記』動画、『ある街角の物語』原画、『鉄腕アトム』原画、『W3』作画監督、『リボンの騎士』作画監督、『ふしぎなメルモ』原画、『火の鳥2772 愛のコスモゾーン』アニメーションディレクター

佐々門 信芳
まんだらけZENBU38／2008年(平成20)3月20日発行／2008(平成20)年1月27日収録
年をとっても上手くなっていきたい
『国松さまのお通りだい』作画監督、『勇者ライディーン』作画監督、『超電磁マシーンボルテスV』キャラクターデザイン・作画監督、『無敵ロボ トライダーG7』キャラクターデザイン・作画監督、『最強ロボ ダイオージャ』キャラクターデザイン・作画監督、『聖闘士星矢』作画監督

西城 隆詞
まんだらけZENBU39／2008年(平成20)6月20日発行／2008(平成20)年4月19日収録
僕は原画を描きながら、その体験をキャラクターと共にしてきました
『マッハGoGoGo』原画・動画、『紅三四郎』原画、『新造人間キャシャーン』原画、『タイムボカン』原画、『ヤッターマン』原画、『オタスケマン』作画監督、『釣りキチ三平』作画監督、『剛Q超児イッキマン』キャラクターデザイン・作画監督、『湘南爆走族』作画監督

木村 圭市郎
まんだらけZENBU40／2008年(平成20)9月20日発行／2008(平成20)年6月28日収録
若い世代を育てて、新しい作品を生み出したい
『少年忍者風のフジ丸』原画、『レインボー戦隊ロビン』キャラクターデザイン・作画監督、『タイガーマスク』キャラクターデザイン・作画監督、『アタックNo.1』原画、『ルパン三世』原画、『空手バカ一代』作画監督

アベ 正己
まんだらけZENBU41／2008年(平成20)12月10日発行／2008(平成20)年10月11日収録
自分でデザインするよりいろいろな絵柄を動かしていきたい
『巨人の星』原画・動画、『あしたのジョー』原画、『ど根性ガエル』原画、『野ばらのジュリー』キャラクターデザイン・作画監督、『金髪のジェニー』キャラクターデザイン・作画監督、『パタリロ!』作画監督、『おそ松くん』作画監督、『おじゃる丸』作画監督

宮本 貞雄
まんだらけZENBU42／2009年(平成21)3月20日発行／2009(平成21)年11月29日収録
日本とアメリカのシステムをミックスした、より良い作品作りを手助けしたい
『鉄腕アトム』原画、『千夜一夜物語』作画監督、『リボンの騎士』作画監督、『決断』作画監督、『科学忍者隊ガッチャマン』作画監督、『星のオルフェウス』シークエンス・ディレクター、ディズニーコンシュマープロダクツ キャラクターアート・マネージャー

白土 武

まんだらけZENBU43／2009年（平成21）6月20日発行／2009（平成21）年4月18日収録

『宇宙戦艦ヤマト』はいつの間にかライフワークになってました

『タイガーマスク』作画監督、『デビルマン』作画監督、『ドロロンえん魔くん』キャラクターデザイン・演出・作画監督、『マジンガーZ』演出・作画監督、『宇宙戦艦ヤマト』作画監督、『大空魔竜ガイキング』キャラクター設計・演出・作画監督、『 休さん』作画監督、『めちゃっこドタコン』チーフディレクター・キャラクターデザイン・作画監督、『キン肉マン』演出・作画監督、『超ほじてぃぶファイタース』原作・監督

椛島 義夫

まんだらけZENBU44／2009年（平成21）9月20日発行／2009（平成21）年7月11日収録

『ガンバの冒険』があったからこそ、今でもアニメーターでいられると思ってます

『風のフジ丸』動画、『巨人の星』原画、『新オバケのQ太郎』キャラクターデザイン・作画監督、『ジャングル黒べえ』作画監督、『ガンバの冒険』キャラクターデザイン・作画監督、『ルパン三世（劇場版第一作）』キャラクターデザイン・作画監督、『さすらいの少女ネル』キャラクターデザイン・作画監督

中村 光毅

まんだらけZENBU45／2009年（平成21）12月10日／2009（平成21）年10月3日収録

幼い頃のディズニー作品との出会いで、アニメーションの美術を目指しました

『マッハGoGoGo』メカニックデザイン・美術監督、『紅三四郎』美術監督、『昆虫物語みなしごハッチ』美術監督、『決断』美術設定、『科学忍者隊ガッチャマン』メカニックデザイン・美術監督、『新造人間キャシャーン』美術監督、『機動戦士ガンダム』美術監督、『ニルスのふしぎな旅』美術監督、『風の谷のナウシカ』美術監督

村田 四郎

まんだらけZENBU46／2010年（平成22）3月20日発行／2010（平成22）年1月10日収録

ドイツでも台湾、韓国でも、アニメーションの現場は暖かいところでした

『おそ松くん』作画監督、『タイガーマスク』作画監督・原画、『男どアホウ甲子園』キャラクターデザイン・作画監修、『超スーパーカー ガッタイガー』キャラクターデザイン・作画監督、『ななこSOS』作画監督、『宗谷物語』キャラクターデザイン・作画監督

杉山 卓

まんだらけZENBU47／2010年（平成22）6月15日発行／2010（平成22）年4月10日収録

手塚さんは常に新しいことを求めるクリエーターでした

『白蛇伝』動画、『少年猿飛佐助』動画、『海底少年マリン（がんばれ！マリンキッド）』原作、『W3』チーフディレクター、『九尾の狐と飛丸（殺生石）』キャラクターデザイン・作画監督・共同演出、『アニマル1』チーフディレクター、『火の鳥2772愛のコスモゾーン』脚本・監督、『ワンワン三銃士』監督

森 利夫

まんだらけZENBU48／2010年（平成22）9月15日発行／2010（平成22）年7月3日収録

僕は絵を描いてることが楽しいんです

『レインボー戦隊ロビン』原画、『タイガーマスク』作画監督、『デビルマン』作画監督、『マジンガーZ』作画監督、『UFOロボ グレンダイザー』作画監督、『キャプテンフューチャー』作画監督、『走れメロス』キャラクターデザイン・作画監督、『宇宙海賊キャプテンハーロック』作画監督、『さよなら銀河鉄道999』原画、『キン肉マン』キャラクターデザイン・作画監督、『桃太郎伝説』キャラクターデザイン・作画監督、『ブレンパワード』原画

ながきふさひろ（永樹凡人）

まんだらけZENBU49／2010年(平成22)12月10日発行／2010(平成22)年10月3日収録

私にとって、マンガもアニメも事業も作品なんです

『わんぱく王子の大蛇退治』動画、『0戦はやと』原画、『鉄腕アトム』演出、『魔法使いサリー』原画、『魔法のマコちゃん』作画監督、『さるとびエッちゃん』作画監督、『ふしぎなメルモ』チーフディレクター、『カリメロ』演出・作画監督、『UFO戦士ダイアポロン』演出、『サザエさん』演出

みのわむねひろ（箕輪宗廣）

まんだらけZENBU50／2011年(平成23)3月15日発行／2011(平成23)年1月16日収録

大事なことは、常に自分自身で環境を整えることです

『エイトマン』動画・原画、『サスケ』原画、『アパッチ野球軍』原画、『ルパン三世』原画、『ゼロテスター』キャラクターデザイン

野崎欣宏

まんだらけZENBU51／2011年(平成23)6月15日発行／2011(平成23)年4月11日収録

僕はあくまでも裏方。現場のクリエイターを世に出したい

『鉄腕アトム』資料制作、『ジャングル大帝』資料制作、『アンデルセン物語』プロデューサー補、『宇宙戦艦ヤマト』設定制作、『超電磁ロボ コン・バトラーV』制作担当、『宇宙大帝ゴッドシグマ』制作担当、『宇宙戦艦ヤマトIII』プロデューサー

野田卓雄

まんだらけZENBU52／2011年(平成23)9月15日発行／2011(平成23)年7月2日収録

最近、僕は自分を絵を描く職人だと思っています

『タイガーマスク』作画監督、『ゲッターロボ』作画監督、『アローエンブレム グランプリの鷹』キャラクター設計・作画監督、『キャプテンフューチャー』キャラクター設定・作画監督、『幻魔大戦』作画監督、『カムイの剣』作画監督

山本優

まんだらけZENBU53／2011年(平成23)12月10日発行／2011(平成23)年10月16日収録

「J9シリーズ」でアニメの常識を破りたかった

『ど根性ガエル』脚本、『勇者ライディーン』脚本、『ブロッカー軍団IVマシーンブラスター』シリーズ構成・脚本、『ヤッターマン』脚本、『くじらのホセフィーナ』脚色構成・脚本、『機動戦士ガンダム』脚本、『銀河旋風ブライガー』シリーズ構成・脚本、『銀河烈風バクシンガー』シリーズ構成・脚本、『銀河疾風サスライガー』シリーズ構成・脚本、『亜空大作戦スラングル』シリーズ構成・脚本、『ななこSOS』シリーズ構成・脚本

芝山努

まんだらけZENBU54／2012年(平成24)3月25日発行／2012(平成24)年1月28日収録

どれだけ原作を大事にするかが、僕の演出の基本です

『ムーミン』作画監督、『オバケのQ太郎』作画監督、『巨人の星』原画、『天才バカボン』作画監督、『ガンバの冒険』レイアウト、『日本昔ばなし』作画・演出、『元祖天才バカボン』作画監督、『ルパン三世 劇場版第一作』レイアウト、『がんばれ!!タブチくん!!』監督、『ドラえもん のび太の海底奇岩城』監督、『ドラえもんのび太の魔界大冒険』監督、『ドラえもん のび太と鉄人兵団』監督、『ドラえもん のび太とふしぎ風使い』監督、『ちびまる子ちゃん』監督、『忍たま乱太郎』監督

沼本 清海

まんだらけZENBU55／2012年（平成24）6月15日発行／2012（平成24）年4月14日収録

黎明期のキャラクタービジネスに可能性を感じ、アニメから玩具業界へ

『鉄腕アトム』動画、『ジャングル大帝』動画、『わんぱく探偵団』作画、『ある街角の物語』作画 3Dプラネット株式会社 代表取締役

櫻井 美知代

まんだらけZENBU56／2012年（平成24）9月15日発行／2012（平成24）年7月7日収録

自然を描く作品が好きでした

『巨人の星』原画・動画、『やまねずみロッキーチャック』原画、『みつばちマーヤの冒険』絵コンテ・作画監督、『あらいぐまラスカル』作画監督、『ペリーヌ物語』作画監督、『赤毛のアン』レイアウト、『小公子セディ』キャラクターデザイン、『忍者ハットリくん』作画監督、『北斗の拳』作画監督

青鉢 芳信

まんだらけZENBU57／2012年（平成24）12月10日発行／2012（平成24）年10月6日収録

アニメーター初日から原画を描かされました

『マジンガーZ』原画、『大空魔竜ガイキング』作画監督、『アローエンブレム グランプリの鷹』作画監督、『さらば宇宙戦艦ヤマト 愛の戦士たち』原画、『機動戦士ガンダム』作画監督、『ちびまるこちゃん』作画監督、『新世紀エヴァンゲリオン』原画

月岡 貞夫

まんだらけZENBU58／2013年（平成25）3月15日発行／2013（平成25）年1月19日収録

手塚先生から「いずれアニメを作るから、必ず戻って欲しい」と言われてました

『西遊記』キャラクターデザイン・原画・動画、『アラビアンナイト シンドバッドの冒険』動画、『わんぱく王子の大蛇退治』原画、『狼少年ケン』原作・キャラクターデザイン・演出・作画

ひこねのりお

まんだらけZENBU59／2013年（平成25）6月15日発行／2013（平成25）年4月6日収録

キャラクターは作るのではなく、生まれてくるんです

『わんぱく王子の大蛇退治』動画、『どうぶつ宝島』原画、『狼少年ケン』原画、『ジャングル大帝』原画、『リボンの騎士』演出、『ファイトだ!ピュー太』演出、『パニポニ』原作・キャラクターデザイン

高橋 茂人

まんだらけZENBU60／2013年（平成25）9月15日発行／2013（平成25）年7月7日収録

大人として常に子どもに観てもらいたい作品を心掛けてきました

『鉄人28号』総合企画室長、『サスケ』プロデューサー、『スカイヤーズ5』プロデューサー、『ムーミン』企画・プロデューサー、『アンデルセン物語』企画・プロデューサー、『山ねずみロッキーチャック』プロデューサー、『アルプスの少女ハイジ』プロデューサー

斯波 重治

まんだらけZENBU61／2013年（平成25）12月10日発行／2013（平成25）年10月12日収録

役者同士の本当の交流がなければセリフは生きないんです

『科学忍者隊ガッチャマン』録音ディレクター、『ドカベン』録音監督、『未来少年コナン』録音監督、『うる星やつら』録音監督、『風の谷のナウシカ』音響監督、『天空の城ラピュタ』音響監督、『となりのトトロ』録音演出、『機動警察パトレイバー the Movie』録音演出、『ユンカース・カム・ヒア』音響監督

中村 英一

まんだらけZENBU62／2014年（平成26）3月15日発行／2014（平成26）年1月12日収録

アニメーター生活四十二年中、二十八年間『ドラえもん』を描き続けてきました

『オバケのQ太郎』動画、『アタックNo.1』原画・作画監督、『赤胴鈴之助』原画、『パンダコパンダ』原画、『元祖天才バカボン』原画、『草原の子テングリ』原画、『ドラえもん』キャラクターデザイン・総作画監督・原画

勝間田 具治

まんだらけZENBU63／2014年（平成26）5月15日発行／2014（平成26）年3月9日収録

実写感覚を取り入れたとよく言われますが、自分には普通のことでした

『狼少年ケン』演出、『タイガーマスク』演出、『デビルマン』演出、『マジンガーZ』演出、『キューティーハニー』演出、『UFOロボ グレンダイザー』チーフディレクター、『マグネロボ ガ・キーン』演出、『マジンガーZ対デビルマン』演出、『さらば宇宙戦艦ヤマト 愛の戦士たち』アニメーションディレクター、『わが青春のアルカディア』監督

本多 敏行

まんだらけZENBU64／2014年（平成26）7月15日発行／2014（平成26）年5月18日収録

自分がやっているアニメは社会に役立っているのか、ふと疑問を持ちました

『巨人の星』動画、『天才バカボン』動画、『ルパン三世』原画、『ど根性ガエル』原画、『パンダコパンダ』原画、『はじめ人間ギャートルズ』原画、『元祖天才バカボン』原画、『おれは鉄兵』原画、『一球さん』作画監督、『ドラえもん のび太の恐竜』作画監督、『怪物くん』作画監督、『だるまちゃんとてんぐちゃん』企画・製作、『フイチンさん』作画監督

白石 冬美

まんだらけZENBU65／2014年（平成26）9月15日発行／2014（平成26）年6月21日収録

十代の半ば、このままになるのはイヤだ、と上京を決意しました

『ビッグX』ニーナ、『W3』ボッコ、『怪物くん』怪物太郎、『巨人の星』星明子、『星の子チョビン』チョビン、『機動戦士ガンダム』ミライ、『伝説巨人イデオン』カーシャ、『釣りキチ三平』ユリッペ、『パタリロ！』パタリロ、『とんがり帽子のメモル』グレイス

豊田 有恒

まんだらけZENBU66／2014年（平成26）11月15日発行／2014（平成26）年8月24日収録

SFというジャンルで仕事をしたいと思っていました

作家、『エイトマン』シナリオライター、『鉄腕アトム』『スーパージェッター』、『宇宙少年ソラン』、『冒険ガボテン島』シナリオ、『宇宙戦艦ヤマト』SF設定・原案

冨岡 厚司

まんだらけZENBU67／2015年（平成27）1月15日発行／2014（平成26）年10月13日収録

虫プロに入ったら、いきなり大きな渦に巻き込まれた感じでした

『鉄腕アトム』制作進行、『W3』制作、『悟空の大冒険』制作担当、『千夜一夜物語』製作、『あしたのジョー』プロデューサー、『やさしいライオン』製作担当、『くるみ割り人形』プロデューサー

石黒 育

まんだらけZENBU68／2015年（平成27）3月15日発行／2014（平成26）年12月23日収録

数多くのスタッフを育てられてよかったと思っています

『ひみつのアッコちゃん』原画、『アパッチ野球軍』原画、『バビル2世』原画、『マジンガーZ』原画、『少年徳川家康』作画監督、『一休さん』総作画監督・演出、『Theかぼちゃワイン』チーフアニメーター、『出ましたっ！パワーパフガールズZ』シリーズディレクター、『墓場鬼太郎』演出

勝又 激

まんだらけZENBU69／2015年（平成27）5月15日発行／2015（平成27）年2月21日収録

黎明期の現場では徹夜が当たり前でしたが、楽しいものでした

『ビッグX』背景、『とびだせ！バッチリ』美術設定、『原始少年リュウ』背景、『マジンガーZ』背景、『鋼鉄ジーグ』美術デザイナー、『さらば宇宙戦艦ヤマト 愛の戦士たち』美術監督、『ヤマトよ永遠に』美術監督、『宇宙戦艦ヤマトIII』美術監督、『1000年女王』美術監督、『BIRTH』美術監督

勝田 久

まんだらけZENBU70／2015年（平成27）7月15日発行／2015（平成27）年4月29日収録

「声優」とは、僕の人生そのものでした

『鉄腕アトム』お茶の水博士、『サスケ』ナレーター、『闘将ダイモス』和泉博士、オルバン大元帥、『海底超特急マリンエクスプレス』ナーゼンコップ博士、『ベルサイユのばら』ルイ十五世

吉田 茂承

まんだらけZENBU71／2015年（平成27）9月15日発行／2015（平成27）年7月12日収録

一番印象に残っている作品は『おはよう！スパンク』です

『少年猿飛佐助』動画、『太陽の王子 ホルスの大冒険』動画、『狼少年ケン』原画、『アタックNO.1』演出、『ルパン三世』演出助手、『荒野の少年イサム』チーフディレクター、『新ルパン三世』演出、『ルパン三世 カリオストロの城』演出助手、『おはよう！スパンク』チーフディレクター

久保田 圭司

まんだらけZENBU72／2015年（平成27）11月15日発行／2015（平成27）年9月22日収録

アニメでも人間ドラマを書こうと思っていました

『科学忍者隊ガッチャマン』脚本、『山ねずみロッキーチャック』脚本、『けろっこデメタン』脚本、『破裏拳ポリマー』脚本、『宇宙の騎士テッカマン』脚本、『タイムボカン』脚本、『ゴワッパー5ゴーダム』脚本、『タイムボカンシリーズ 逆転イッパツマン』脚本

森田 浩光

まんだらけZENBU73／2016年（平成28）1月15日発行／2015（平成27）年11月23日収録

いつの間にか自分のテーマが「家族」だと気づいていました

『悟空の大冒険』作画、『わんぱく探偵団』原画、『佐武と市捕物控』原画、『ムーミン』作画監督、『あしたのジョー』原画、『わんぱく大昔クムクム』作画監督、『まんが日本昔ばなし』演出、『コボちゃん』総監督

窪 詔之

まんだらけZENBU74／2016年（平成28）3月15日発行／2016（平成28）年1月11日収録

みんなの力を合わせれば、よりよい作品が出来ると思ってやってきました

『宇宙エース』原画、『レインボー戦隊ロビン』作画監督、『ゲゲゲの鬼太郎』作画監督、『タイガーマスク』作画監督、『十二国記』作画監督

杉井興治

まんだらけZENBU75／2016年（平成28）5月15日発行／2016（平成28）年3月20日収録

一番良い時代にアニメーションをやれたのは幸せでした

『仙人部落』動画、『新宝島』動画、『悟空の大冒険』動画、『決断』動画、『科学忍者隊ガッチャマン』動画、元タツノコアニメ技術研究所 所長、アニメーション資材株式会社 社長

上條修

まんだらけZENBU76／2016年（平成28）7月15日発行／2016（平成28）年4月26日収録

今でもそうですけど、アニメーションの仕事は楽しいですよ

『宇宙戦士バルディオス』作画監督、『戦国魔神ゴーショーグン』作画監督、『魔法のプリンセス ミンキーモモ』作画監督、『特捜機兵ドルバック』キャラクターデザイン・作画監督

八村博也

まんだらけZENBU77／2016年（平成28）9月15日発行／2016（平成28）年6月26日収録

最初は、アニメの背景から逃げようと思っていました

『鉄腕アトム』美術・背景、『ジャングル大帝』美術・背景、『千夜一夜物語』背景、『巨人の星』背景、『いなかっぺ大将』背景、『まんがはじめて物語』美術・背景、『まんがどうして物語』美術・背景、『まんがなるほど物語』美術・背景

飯野皓

まんだらけZENBU78／2016年（平成28）11月15日発行／2016（平成28）年9月4日収録

リアルな劇画調の絵は嫌いじゃなかったです

『佐武と市捕物控』作画監督、『赤き血のイレブン』作画監督、『空手バカ一代』オープニング作画・作画監督、『グレートマジンガー』作画監督、『タイムボカン』作画監督、『宇宙円盤大戦争』作画監督、『大恐竜時代』作画監督、『宇宙大帝ゴッドシグマ』作画監督、『（新）鉄腕アトム』作画監督、『しましまとらのしまじろう』作画監督

本田保則

まんだらけZENBU79／2017年（平成29）1月15日発行／2016（平成28）年11月5日収録

吉田竜夫さんに出会ってなければ、今の僕はありません

『マッハGoGoGo』録音ディレクター、『冒険コロボックル』音響ディレクター、『破裏拳ポリマー』録音ディレクター、『宇宙の騎士テッカマン』録音ディレクター、『超時空要塞マクロス』録音ディレクター、『ヤマトよ永遠に』音響制作、『ちびまる子ちゃん』音響監督、『天地無用！魎皇鬼』音響監督、『ドラゴンボール超』音響監督

勝田稔男

まんだらけZENBU80／2017年（平成29）4月15日発行／2017（平成29）年1月22日収録

少しでも作品に自分の思いを込めたものを入れたいと思っていました

『白蛇伝』動画、『わんわん忠臣蔵』原画、『狼少年ケン』演出、『ハッスルパンチ』脚本・演出、『魔法使いサリー』脚本・演出、『キューティーハニー』企画、『ゲッターロボ』企画、『UFOロボ グレンダイザー』企画、『SF西遊記スタージンガー』企画、『あさりちゃん』企画、『ジャングル大帝』アニメーションプロデューサー

川本征平

まんだらけＺＥＮＢＵ81／２０１７年（平成29）6月15日発行／２０１７（平成29）年4月23日収録

描き手の意気込みや心意気が画面に出ないと、伝わらないんです

『ビッグＸ』美術、『巨人の星』背景、『エースをねらえ！』背景、『アルプスの少女ハイジ』背景、『フランダースの犬』背景、『未来少年コナン』背景、『おれは鉄兵』美術監督、『ドラえもん』美術監督、『怪物くん』美術監督、『小公女セーラ』美術設定、『ドラえもん のび太の恐竜』美術監督、『ドラえもん のび太の大魔境』美術監督

福田皖

まんだらけＺＥＮＢＵ82／２０１７年（平成29）8月15日発行／２０１７（平成29）年6月24日収録

今でもアクションを描くのは楽しいんです

『エイトマン』作画、『スーパージェッター』作画、『カムイ外伝』原画、『小さなバイキングビッケ』作画監督、『みつばちマーヤの冒険』原画、『あしたへアタック！』キャラクターデザイン・作画監督、『太陽の牙ダグラム』作画監督、『サイコアーマー ゴーバリアン』キャラクターデザイン・作画監督、『横山光輝 三国志』演出・作画監督、『ＮＡＲＵＴＯ』演出・原画

木下としお

まんだらけＺＥＮＢＵ83／２０１７年（平成29）10月15日発行／２０１７（平成29）年8月11日収録

アニメが生みの親で、マンガが育ての親なんです

『鉄腕アトム』中期オープニング演出・作画、『宇宙エース』演出・絵コンテ・作画監督、『海賊王子』作画監督、『戦え！オスパー』作画監督、『ななこＳＯＳ』作画監督、『アタッカーＹＯＵ！』演出・作画監督

多田 喜久子

まんだらけＺＥＮＢＵ84／２０１７年（平成29）12月15日発行／２０１７（平成29）年10月8日収録

タツノコプロの頃は、気力だけで仕事をしてきました

『マッハGoGoGo』背景、『紅三四郎』背景、『昆虫物語みなしごハッチ』美術設定、『てんとう虫のうた』美術監督、『風船少女テンプルちゃん』美術監督、『とんでも戦士ムテキング』美術デザイン、『光の伝説』美術監督、『赤い光弾ジリオン』美術監督

水本 完

まんだらけＺＥＮＢＵ85／２０１８年（平成30）2月15日発行／２０１７（平成29）年12月10日収録

どの作品にも、それだけのエネルギーをつぎ込んだという自信は持っています

『紅三四郎』録音ディレクター、『ハクション大魔王』録音ディレクター、『昆虫物語みなしごハッチ』録音ディレクター、『新造人間キャシャーン』録音ディレクター、『タイムボカン』録音ディレクター、『おそ松くん』録音監督、『幽々白書』録音監督

人名索引

作品名索引

初出

大工原 章インタビュー　『まんだらけZENBU』13号（まんだらけ出版部・発行）2001年（平成13）12月20日発行
森川 信英インタビュー　『まんだらけZENBU』15号（まんだらけ出版部・発行）2002年（平成14）6月20日発行
うしお そうじインタビュー（鷺巣 富雄）　『まんだらけZENBU』17号（まんだらけ出版部・発行）2002年（平成14）12月10日発行
石黒 昇インタビュー　『まんだらけZENBU』14号（まんだらけ出版部・発行）2002年（平成14）3月20日発行
荒木 伸吾インタビュー　『まんだらけZENBU』16号（まんだらけ出版部・発行）2002年（平成14）9月20日発行
金山 明博インタビュー　『まんだらけZENBU』6号（まんだらけ出版部・発行）2000年（平成12）3月20日発行
鳥海 永行インタビュー　『まんだらけZENBU』7号（まんだらけ出版部・発行）2000年（平成12）6月20日発行
北原 健雄インタビュー　『まんだらけZENBU』5号（まんだらけ出版部・発行）1999年（平成11）12月20日発行

＊今回の書籍化で再収録にあたり、ご承諾をいただきました皆様に感謝いたします。
また、大工原章さんの連絡先について調査をいたしましたが、現在のところ不明の状態です。

ご存知の方は編集部までご一報くださると幸いです。

著者略歴

星 まこと

マンガ・アニメ探究者

一九六四年福岡県生まれ。幼少期より、本やマンガ、アニメの世界に親しむ。一九七七年、『宇宙戦艦ヤマト』の劇場公開前後から起きた〝アニメブーム〟の洗礼を浴び、よりアニメに耽溺するようになる。その後、出版物の編集を経て会社勤めの傍ら各誌に寄稿。子どもの頃からのライフワークである、マンガやアニメの探求活動を続ける。マンガ家やアニメ関係者との親交も広く、個展やイベントの企画運営、DVD企画構成のアドバイザーやマンガ復刻企画、Webサイトへの執筆など活動も多岐にわたる。

編著に、御園まこと名義の『図説アニメ全書』(原書房)。解説に『世界の子どもたちに夢を』但馬オサム著(メディアックス)、『アニメプロデューサー 鷺巣政安』鷺巣政安・但馬オサム共著(ぶんか社)、インタビューに『小松原一男アニメーション画集』(東急エージェンシー出版部)、マンガシナリオに『あめんぼうの詩』(金山明博著)などがある。

ブログ「アニメに感謝」http://animenikansya.blog.fc2.com/

アニメーション・インタビュー

伝説《でんせつ》のアニメ職人《クリエーター》たち 第1巻

2018年5月4日　初版第1刷発行

編・著者　星 まこと

発行者　古川益三
発行　まんだらけ出版部
東京都中野区中野5-52-15　〒164-0001　Tel 03-3228-0007
印刷　大日本印刷株式会社
ISBN978-4-86072-142-8 C0074